日本語とアラビア語の
慣用的表現の対照研究

比喩的思考と意味理解を中心に

アルモーメン・アブドーラ

国書刊行会

まえがき

　これまで、慣用表現の分野に関して様々な研究がなされてきた。世界のほとんどの言語に慣用表現は存在する。いずれの国においても、民族の生き方、習俗規範、価値観など、一言で言えば民族の文化、慣用表現という形をもって各世代に受け継がれ、それぞれの国の文化遺産として残されているのである。

　そういう意味で慣用表現は私たちの日常生活の中に深く浸透していると言えよう。また、認知言語学の視点では、慣用表現を現実世界の反映ではなく、言語共同体のメンバーがそれをいかに認知し解釈しているかを反映するものと捉える。この観点から見れば、慣用表現こそ、現実に対する私たちの捉え方・解釈を具現化しているものと考えられる。

　これらの点を受け、本書は、従来の慣用表現の研究においてほとんど分析されていない日本語とアラビア語（以降日アとする）を比較対照し、日アの慣用的表現を、語彙、統語構造、意味理解、概念特性等、様々なレベルにおいて分析し、両言語の慣用的表現にみられる個別的・普遍的特徴を明らかにする。また、そのことを踏まえて、日本語およびアラビア語における慣用的表現の概念的意味とその比喩性の働きという点について注目して分析を行った。比喩という人間の言語活動および思考に深く関与している現象の実践的研究対象として、日本語とアラビア語の「死」「恋愛」「時間」の抽象概念と、「顔」の具象概念に関する慣用的表現とその概念体系、心的イメージの解明に挑んだ。

　以上のような研究目的で生まれた本書であるが、言語学に関心のある人々、日本語とアラビア語の対照研究に関心にある人々、また日本語教育や翻訳を志す人々に何らかの貢献ができれば幸いである。

　また、なにぶん初めての試みであるから、重要な事項を見落としたり、間違いを犯している可能性がある。お気づきの点は是非ご教示たまわりたいと願うばかりである。

まえがき

　本研究は、学習院大学の人文科学研究科の博士課程での研究活動から生まれたものである。また、この本の中で述べられている日本語とアラビア語の対照考察についての見解は私の考えを述べたものであるが、もし良い点があるとすれば、それは、これまで私を導いて下さった先生方のご指導の賜物である。幸いなことに多くのすばらしい先生方のご指導を受ける機会に恵まれたが、その中でも、言語に対する新しい見方や広い視点を教えていただいた長島善郎先生をはじめとして前田直子先生、田中章夫先生、徳川家賢先生、その他の学習院大学日本語日本文学科の先生方に心から厚く御礼を申し上げる次第である。

　また、実務面では、本書による研究成果のこの世への公表は、文部科学省研究費をなくしてできなかった。改めてこの機会に御礼を申し上げたい。

2014/06/29

アルモーメン・アブドーラ

目次

まえがき …………………………………………………………………… 1

第1章　はじめに ………………………………………………………… 11

　第1節　慣用的表現の研究意義
　　　　　――概念体系と意味理解―― ……………………………… 11
　第2節　先行研究 ……………………………………………………… 14
　　2.1　日本語における慣用的表現に関する先行研究 ……………… 14
　　2.1.1　包括的視点による先行研究 ………………………………… 14
　　2.1.2　日本語教育における慣用表現に関する先行研究 ………… 16
　　2.1.3　先行研究における慣用句の定義について ………………… 17
　　2.1.3.1　日本の研究者によるの定義 ……………………………… 17
　　2.1.3.2　欧文文献における研究者の捉え方 ……………………… 20
　　2.1.3.3　本書の立場 …………………………………………………… 21
　　2.1.4　慣用表現の下位分類 ………………………………………… 23
　　2.1.5　比喩的慣用表現における概念規定と意味拡張 …………… 26
　　2.2　アラビア語の慣用的表現に関する先行研究 ………………… 28
　第3節　本研究の目的と対象 ………………………………………… 30
　　3.1　研究目的 ………………………………………………………… 30
　　3.2　研究アプローチと背景的理論 ………………………………… 32
　　3.2.1　分析点①：アラビア語慣用的表現の意味による分類 …… 33
　　3.2.2　分析点②：「死」「恋愛」「時間」に関する
　　　　　　概念特性と意味拡張 ………………………………………… 33
　　3.3　本研究におけるアラビア語の音韻表記 ……………………… 37
　第4節　本書の構成 …………………………………………………… 38
　第5節　調査資料および研究のデータ収集について ……………… 41
　　5.1　アラビア語資料 ………………………………………………… 41

5.2　　日本語資料 …………………………………………………… *42*

第2章　日本語とアラビア語の慣用的表現の構成と特徴 …… *45*

第1節　日本語の慣用的表現の構成とその仕組み ……………… *45*
　1.1　　慣用的表現の品詞 ………………………………………… *45*
　1.1.1　日本語の品詞による慣用的表現の分類 ……………… *45*
　1.1.2　品詞別の特徴 …………………………………………… *46*
　1.2　　日本語の慣用的表現の構成 …………………………… *51*
第2節　アラビア語の慣用的表現の構成とその仕組み ………… *53*
　2.1　　アラビア語の品詞による分類 …………………………… *53*
　2.2　　アラビア語の複合形式慣用的表現 …………………… *53*
　2.2.1　アラビア語の動詞句慣用表現 ………………………… *54*
　2.2.1.1　複合形式動詞句の慣用的表現・複合動詞句表現 … *55*
　2.2.1.2　単純動詞句表現 ……………………………………… *61*
　2.2.1.3　疑問文型表現 ………………………………………… *63*
　2.2.1.4　感嘆文型表現 ………………………………………… *63*
　2.2.1.5　命令形型表現 ………………………………………… *63*
　2.2.1.6　動詞句慣用表現による構成要素の諸形式のまとめ ……… *64*
　2.2.2　前置詞句表現の構成 …………………………………… *65*
　2.2.2.1　前置詞句表現の構成的特徴のまとめ ……………… *67*
　2.2.3　名詞句表現の構成 ……………………………………… *67*
　2.2.3.1　肯定的名詞句表現 …………………………………… *68*
　2.2.3.2　否定的名詞型慣用表現 ……………………………… *69*
　2.2.3.3　名詞句表現の構成的特徴のまとめ ………………… *69*
　2.2.4　形容詞・比較級型表現 ………………………………… *70*
　2.3　　単純形式の慣用的表現 ………………………………… *74*
　2.3.1　名詞句慣用的表現 ……………………………………… *75*
　2.3.2　形容句慣用的表現 ……………………………………… *76*
　2.3.3　まとめ …………………………………………………… *77*

第3節　アラビア語慣用的表現の
　　　　　形式的・意味的特徴について ………………… *80*
　3.1　アラビア語慣用的表現の形式上の特徴 ………… *80*
　3.2　日本語とアラビア語の慣用的表現の意味的特徴 …… *87*
　3.2.1　アラビア語の慣用的表現の意味的特徴 ………… *87*
　3.3　日本語とは異なるアラビア語慣用的表現の特徴 ……… *90*
　3.4　アラビア語の慣用的表現の語彙的意味特徴 ………… *92*
　3.5　まとめ ……………………………………………… *96*
徒然なるままに……　アラブと慣用的表現の世界①
　　　　　　──言葉の力、アラブ人の心象スケッチ──　*98*

第3章　アラビア語慣用的表現の分類
　　　　　──意味による分類とその応用の試み── ……… *101*

第1節　比喩と意味理解 ……………………………………… *102*
　1.1　隠喩の形式 ………………………………………… *103*
　1.2　類似性と慣用的意味 ……………………………… *104*
　1.3　類似性に基づく慣用的表現の分類 ……………… *105*
　1.4　直喩について ……………………………………… *110*
第2節　アラビア語の慣用的表現の意味的分類 ………… *111*
　2.1　本節での慣用的表現の分類内容と構成 ………… *118*
　2.1.1　アラビア語慣用的表現の人間的項の意味分類 ……… *126*
第3節　まとめ ……………………………………………… *136*

第4章　慣用的メタファー表現に見る意味拡張と認知的基盤
　　　　　──概念メタファー理論の概要── ……………… *143*

第1節　意味ネットワークの形成と
　　　　　メタファー表現の理解について ………………… *143*
　1.1　概念化に基づく意味分析の背景的理論 ………… *144*
　1.2　概念メタファーの種類と写像関係のパターン ……… *148*

1.3　Lakoff（1993）および Johnson（1987）による
　　　　メタファー写像とイメージ・スキーマ ……………………… *151*
　1.3.1　人間の概念体系とイメージ・スキーマの関係 ………… *151*
　1.3.2　イメージ・スキーマの写像のパターン
　　　　（Lakoff and Turner：1989） ………………………… *153*
1.4　メタファー表現の理解における推論プロセス ……………… *154*

第5章　日本語とアラビア語の抽象的概念における慣用的表現の個別事例分析
　　　——「死」にまつわる慣用的メタファー表現—— …… *157*

第1節　日本語の「死」にまつわる
　　　　慣用的メタファー表現の意味分析 ………………… *157*
　1.1　「死は移動である」 ……………………………………… *158*
　1.2　「死は眠りである」 ……………………………………… *161*
　1.3　「死は有機体（花）である」 …………………………… *162*
　1.4　「命は貴重品である」 …………………………………… *164*
　1.5　日本語における「死」の慣用的メタファー表現の分類案 …… *166*
第2節　アラビア語の「死」にまつわる
　　　　慣用的メタファー表現の意味分析 ………………… *167*
　2.1　「死は移動である」 ……………………………………… *169*
　2.2　「死は特定の時点または地点に達することである」 ……… *172*
　2.3　「死は果たさねばならない約束または誓いである」 ……… *173*
　2.4　「死は追跡者である」 …………………………………… *175*
　2.5　「死は眠りである」 ……………………………………… *177*
　2.6　「死は味覚による経験である」 …………………………… *178*
　2.7　アラビア語における
　　　　「死」の慣用的メタファー表現の分類案 ……………… *179*
第3節　日本語とアラビア語の類似点と相違点 ………………… *181*
徒然なるままに……　アラブと慣用的表現の世界②
　　　　　　　　——死とアラブ人—— ……………………… *185*

第6章　日本語とアラビア語の「恋愛」にまつわる慣用的メタファー表現 …… *189*

第1節　日本語慣用的メタファー表現の意味分析 …… *189*
- 1.1　「恋愛は個体の燃焼である」 …… *189*
- 1.2　「恋愛は落とし穴である」 …… *190*
- 1.3　「恋愛は個体の熱である」 …… *191*
- 1.4　「恋愛は火である」 …… *192*
- 1.5　「恋愛は奪い取りである」 …… *194*
- 1.6　「恋愛は繋ぎ合わせる物（糸、くさりなど）である」 …… *195*
- 1.7　「恋愛は導管である」 …… *196*
- 1.8　「恋愛は有機体である」 …… *197*
- 1.9　「恋愛は水の泡である」 …… *198*
- 1.10　「恋愛は病である」 …… *199*
- 1.11　日本語における恋愛の慣用的メタファー表現の分類案 …… *200*

第2節　アラビア語の「恋愛」にまつわる慣用的メタファー表現 …… *202*
- 2.1　「恋愛は狂気（精神異常）である」 …… *202*
- 2.2　「恋愛は個体の燃焼である」 …… *203*
- 2.3　「恋愛感情の高揚は、体の上昇・下降である」 …… *206*
- 2.4　「恋愛は支配者である」 …… *208*
- 2.5　「感情（恋愛）の高揚を摂食することである」 …… *210*
- 2.6　「恋愛は盗み、奪い取り行為である」 …… *211*
- 2.7　「恋愛は魔法である」 …… *212*
- 2.8　「恋愛感情による展開は、有機体の生死である」 …… *213*
- 2.9　「恋愛は繋ぎ合わせる物（縄、ロープなど）である」 …… *215*
- 2.10　「恋愛は流動体である」 …… *216*
- 2.11　「恋愛は身体への損傷である」 …… *217*
- 2.12　アラビア語における恋愛の慣用的メタファー表現の分類案 … *219*
- 2.13　アラビア語の〈恋愛〉における概念メタファーと文化的モデルについて …… *221*

第3節　日本語とアラビア語の類似点と相違点 ………………… 223
徒然なるままに……　アラブと慣用的表現の世界③
　　　　　　　　　──アラブ人と恋愛── ………………… 229

第7章　日本語とアラビア語の
　　　　〈時間〉にまつわる慣用的表現 ……………………… 237

　第1節　日本語の〈時間〉に関する
　　　　　慣用的メタファー表現の意味分析 …………………… 237
　　1.1　「時間は物質的資源である」……………………………… 239
　　1.2　「時間はモノである」……………………………………… 240
　　1.3　「時は貴重品または財産である」………………………… 242
　　1.4　「時間は動く者である」…………………………………… 244
　　1.5　「時間は空間である」……………………………………… 245
　第2節　アラビア語の「時間」にまつわる
　　　　　慣用的メタファー表現の意味分析 …………………… 248
　　2.1　「時間は動く者である」…………………………………… 248
　　2.2　「時は盗人である」………………………………………… 252
　　2.3　「時間は貴重品である」…………………………………… 253
　　2.4　「時間は約束の地点に達することである」……………… 254
　　2.5　「時間は争う相手である」………………………………… 255
　　2.6　「時間は物質的資源である」……………………………… 256
　　2.7　「時間はモノである」……………………………………… 257
　第3節　日本語とアラビア語の類似点と相違点 ………………… 259
　　3.1　日本語とアラビア語の「時間」と概念メタファー …… 259
　　3.2　〈時間〉における概念メタファーと文化的モデルについて … 261

第8章　日本語とアラビア語の慣用的表現における
　　　　個別事例の分析のまとめ……………………………… 263

第 9 章　日本語とアラビア語の身体語の意味の慣用化
　　　　──「顔」と「wajh」にまつわる慣用表現を中心に── … *273*

　第 1 節　要旨 ……………………………………………………… *273*
　　1.1　目的と問題設定 ……………………………………………… *273*
　第 2 節　日本語とアラビア語の顔にまつわる慣用的表現 …… *276*
　　2.1　概念的側面とのかかわり：日本語とアラビア語で対応する用法
　　　　──「顔」と「wajh」の表す身体的概念── ……………… *276*
　　2.2　日本語とアラビア語で対応しない用法 ………………… *282*
　　2.3　情緒的側面とのかかわり
　　　　──〈顔〉と〈色〉の関係── ……………………………… *286*
　　2.3.1　「恥ずかしさ」と「怒り」 ………………………………… *286*
　　2.3.2　「驚き、動揺、恐怖」 ……………………………………… *287*
　第 3 節　まとめ ………………………………………………… *290*

第 10 章　結び ……………………………………………… *293*

　註 ………………………………………………………………… *299*
　参考文献 ………………………………………………………… *302*
　アラビア語要旨 ………………………………………………… *i*

第1章　はじめに

第1節　慣用的表現の研究意義
――概念体系と意味理解――

　言語は、人間相互の伝達であり、世界のそれぞれの言語には、言語がパターンとなって意味を持った慣用的表現が存在する。中でも、「死」「恋愛」「時間」などの意味分野にまつわる慣用的表現には、種々のものがある。しかし、同じ意味分野を表わす慣用的表現であっても、言語によってその言語特有の意味が形成されている。その原因は慣用的表現の形成にその言語が属する社会や文化の生活経験、思考体系などが反映されるからであると考えられる。平澤洋一（1978）では、「我々は身の回りの世界のできごとの論理的や感情的意味を、ことばなしで行われることは全くない。ということは、ことばは、集団や社会や文化と密接に結びついていると言えるし、見方を変えれば、言葉には文化や民族性が映し出されているということになる」と述べている。このように、慣用的表現もその言語が育つ民族の文化に非常に深く密着したもので、その言語共同体の成員のもつ概念とその思考形態、社会通念などを色濃く反映している。ゆえに、慣用的表現の理解は、その言語と文化の深い理解に通じるに違いない。

　言語の意味は、我々の概念体系から切り離された単なる現実世界の反映としてではなく、人間の経験に動機付けられた、言語使用者による外界認識の産物であると考えられる。このような観点から慣用的表現の意味を分析することによって、日本語、またアラビア語に属する言語共同体の成員が外界をどのように把握しているかということについて、その一端を示すことができる。

第1章　はじめに

本研究は、日本語とアラビア語（以降日アとする）を比較対照し、日アの慣用的表現を用法や概念特性など、様々なレベルにおいて分析し、両言語の慣用的表現にみられる重なりとズレを明らかにする。従来の対照言語学的立場の慣用的表現研究では、英語、フランス語、ロシア語、ドイツ語といったヨーロッパ系の言語同士が分析対象とされてきたが、本研究によりアジア系の言語（アラビア半島が発祥）も考察対象に加えられたことから、対照言語学的立場からの慣用的表現研究の領域を広げることができるといえよう。

日アとは、文法構造はもとより、互いに非常に異なる言語構造を有しており、また、その背景にある文化という点においても、大きな差異が認められる。

このように、大きな差異の見られる日アの文法体系、語彙などについての対照研究としては、すでにWalid Faruk S (2002) とEbeid Ehab A (2004) があるが、そこでは慣用的表現は考察対象とされておらず、両言語の慣用的表現についての対照研究は、これまで行われてこなかったということができる。

慣用的表現を対照言語学的に考察する場合、他の言語現象を考察する場合と同様に、まず通時的方法と共時的方法に区別することができる。対照研究という場合には、一般に、共時的立場からの考察を指す場合が多い。共時的対照研究では、同時代のいくつかの言語における慣用的表現の現状を、様々なレベルにおいて、比較対象するというものである。なお、本書では、後者の共時的対照研究の立場に立ち、日アの慣用的表現を対象とする。

本研究で焦点を当てるのは慣用的表現である。慣用的表現には、その言語共同体の成員に共通の期待や仮定等、何らかの価値判断とその判断が暗示する価値基準といったものが組み込まれている。そのため、慣用的表現は、その言語使用者の世界の捉え方が反映されていると言えよう。しかし、世界の捉え方・ものの見方は母語話者にとっては当然の前提であり、意識されることがほとんどない。異なる言語の比較が意味を持つのは、その両言語にある共通性を確認することよりもむしろ、比較によってにしか見え

てこないものを明らかにすることにあると思われる。そしてそれは、その言語共同体の捉え方やその捉え方の背景にある概念を明らかにすることでもある。一方、複雑に絡み合う要素から構成される概念は、端的に表わされる1つの特徴を明示するだけでは、その概念のすべてを論ずることはできない。

　しかし、慣用的表現は、人の性格や生活、ものの捉え方などを示すものとして、一般的言語表現とは異なる特徴を持っている。対照する両言語の「死」「恋愛」「時間」のような抽象概念にまつわる慣用的表現の分析を通して、言語共同体の外側に特定の視点から光を当てれば、特に両言語の顕著な傾向が、コントラストとして浮かび上がってくると思われる（田中聰子、ケキゼ・タチアナ 2005）。日本人とアラブ人は、互いが地理的にも、また文化的にも遠く離れており、両言語における慣用的表現、とりわけ「抽象概念」にまつわる慣用的表現を対照言語学の立場からアプローチすることは、日本人とアラビア語圏の母語話者（アラブ人）がお互いを理解する重要な役割を果たすものと考えられる。

第1章　はじめに

第2節　先行研究

2.1　日本語における慣用的表現に関する先行研究

　日本語の慣用的表現における先行研究は、大きく、3つの類に分けて捉えることができる。先ず第1は慣用的表現というものを全体から眺め、捉えようとする視点、第2は身体語彙および身体語彙慣用句を対象分析するとする視点、第3は日本語教育における慣用的表現の学習とその理解を課題とする視点である。

　慣用的表現というものを全体から体系的に捉えようとする見解はさほど多くない。中でも注目に値するものに、次のような研究が挙げられる。

　まず、以下、慣用的表現を体系的に捉え、慣用的表現のその定義や意味、形式などの分類を行った研究を簡略にまとめて紹介する。

2.1.1　包括的視点による先行研究

（1）白石大二

　日本語における「慣用句」や「慣用語」の問題に目を向け、比較的早い時期に考察を行った研究者として、白石（1950）が挙げられる。彼は、「イディオム」の訳語として用いられている慣用語とか慣用句などの語の用い方を中心として、そのことばが指し示す事実を見極め、慣用語（イディオム）をいかに考えるべきかという問題を提起した。その上で、日本語における「慣用語」とか「慣用句」とかいう用語に対する一般的使い方や、英語idiomの概念をもとに、日本語においてのそれらの対象を、「イディオム」「慣用語」「慣用句」、ときには「成句」などと呼び、基本的な性格を、文法的・論理的な意味とはことなる意味を持っているひとまとまりの特殊な言い方のように規定する。

（2）宮地裕

宮地裕（1985）は「言語の特性、言語による表現の特性も、それに見られる様々な類型の認識なしには明らかにすることができない」という前提のもとに、中国語や韓国語、タイ語などの他言語と日本語との対照を行った初めての研究であり、慣用句研究の意味と用法について詳しく論じている。

(3) 国広哲弥

国広（1985）は、慣用句の文体論、意味論的研究の必要性を提唱している。言語研究において、文法論・意味論とは別に慣用句が問題にされるのは「慣用句が文法の一般的な規則ならびに個々の語の普通の意味だけでは律することのできない性質のものであるから」と指摘し、今まで慣用表現が研究対象にされてこなかったことを指摘している。

(4) 木村新次郎

木村新次郎（1985：15 - 27）は、名詞と動詞の語結合を取り上げ、慣用句を、1. 慣用句、2. 機能動詞結合、3. 自由な語結語の3つのタイプに分けている。

(5) 籾山洋介

籾山（1997：36 - 42）は、構成語の意味の総和としてその慣用句は意味が成り立つか否かに基づき、慣用句を次のように分類している。
(1) 構成語の意味の総和としての意味が成立しない慣用句
 1・1　意味不明語を含む：あっけに取られる、うだつが上がらない、など
 1・2　解釈不能：世話を焼く、腹が立つ、など
(2) 構成語の意味の総和としての意味が成立する慣用句
 2・1　構成語の意味の総和としての意味から比喩に基づき慣用的意味が成立
 2・2　構成語の意味の総和としての意味と慣用的意味の比喩に基づく関連付けが不能：手を焼く、油を売る、など

第1章　はじめに

　以上の分類で、籾山は、その慣用句の意味やその解釈を判定基準にして慣用句の分類基準を提案している。つまり、ある特定の慣用句を理解するためには、その慣用句が用いられている状況が考慮されるべきであると思われる。したがって、本研究が取り上げる〈慣用的表現〉の分類基準として適していると筆者は考える。

2.1.2　日本語教育における慣用表現に関する先行研究

(1) 森田良行

　森田（1966）は、「慣用的言い方は、辞書的意味の理解や文法的知識のみでは理解できない場合が多い。しかも、その言い回しは形式的にも機能的にも極めて多種多彩であって、たやすくこれに通達することは至難のわざである。」と前提し、さらに、このような慣用的言い方は生きた表現として、日常生活において多用され、これを1つの体系のもとに理解・学習することがどうしても必要になってくることを強調する。森田は、慣用的表現を次の5つの類に分ける基準を提案している。

ⅰ) あいさつ・応答語

　　あいさつ語や応答語は、これを単語に戻しては、意味をなさない場合が多く、その意味では、慣用的表現の中に含めてもよいであろう。たとえば、「おはようございます」は、もはや「お早く＋ございます」の意味範疇を超え、今では、「朝の挨拶」としてしか使われない。

ⅱ) 慣用化された特定の言い回し

　　これは表現において1つの言い方として形が固定しているものを言う。この類の慣用的表現は、表現を文字通り訳しただけでは、意味をなさない場合が多く理解できない点が特徴的である。

　　例：何かにつけて〜する、〜して余りがある、〜した義理ではない、など

ⅲ) 慣用化されている文語表現

　　現代語の慣用的言い方の中には、書き言葉としての言い回しが見

られる場合がある。そのうち、書き言葉のみに使用されるものもあれば、論説や演説などに多用されるものもある。
　　例：あるまじき、言わずとしれた、有り得べからざる、など。
　iv）叙述の語が慣用句として固定しているもの
　　　一般にイディオムとは見ていないが、ある事柄に対して、それを叙述することばが一定している場合がある。
　　例：汗をかく、汗を流す、ため息をつく、嘘をつく、など。
　v）比喩が慣用化したもの
　　　一般にイディオムと言われるものは、だいたいこの種類に属する。例えば「さばを読む」というイディオムがある。これは、由来を調べれば、魚屋がさばを勘定するときに適当に数をごまかすことであったらしいが、のちには、多めに見積もる場合に使うようになった。このように、多くのイディオムは元をただすと、比喩に由来するものがほとんどである。
　　例：油を売る、骨を折る、鼻が高い、など。
以上のように、森田は、慣用によって成り立っている表現を、それぞれの性格によって大きく5つの類型で捉えている。

2.1.3　先行研究における慣用句の定義について

　日本語の特定の表現について、それが慣用句であるか否かを判断する際に、その判断基準となる定義を提示する必要がある。本節では、様々な文献から慣用的表現の概念を取り上げ、それをもとに本書での慣用的表現の定義を述べる。

2.1.3.1　日本の研究者によるの定義

（1）大岡保三他

以下は、大岡保三他（1975：168）からの引用である。
「日本文法辞典」で阪倉馬義氏は次のように述べている。
　　慣用句（カンヨウク）イディオム（idiom）、慣用語という。ある言語

に特有な表現法を持つ語句をいうが、特に文法的慣用句、すなわち二つ以上の単語が常にある結語の仕方において用いられ、全体で、この場合にだけの特殊な意味を表わすものを指す。その中には、いわゆる文法に反し、特別な説明を要するような結合も多く、まだ古い語法が残存したり、そういう語結合においてしか用いられないような語が構成要素になったりする。各構成要素の結合によって生まれる意味は、マルティのいわゆる比喩内部言語形式として働くのであって、それから直ちにその慣用句としての意味は理解できず、意味の転用が行われるのが普通である。

ここでいう「慣用句」の「句」という意味は、ある種の複合語および前述の表現単位として語句をも含むものと思われる。

(2) 森田良行

森田良行（1966：64）は、慣用句の定義ともとれる見解として、次のように述べている。「慣用表現は、文法や語彙の知識のみでは解決がつかない。また、慣用表現はそのとるべき助詞や呼応する表現形式がきまっている」。

(3) 宮地裕

宮地裕（1982：238）は、慣用句という用語が指し示す意味について、次のように述べている。

　　慣用句という用語は、一般に広く使われているけれども、その概念がはっきりしているわけではない。ただ、単語二つ以上の連結体であって、その結びつきが比較的固く、全体で決まった意味を持つ言葉だというところが、一般的共通理解になっているだろう。慣用句は、一般の連語句（語の連結体で句としてのまとまりをもつもの）よりも結合が高いものだが、格言・ことわざと違って、歴史的・社会的価値観を表すものではない。

ほかの専門事典を見ても、宮地の慣用句に関する概念規定とほぼ同様のものになっている。

(4) 国広哲弥

国広哲弥（1985）は、慣用句を幅広い意味で捉えて、慣用句と連語の2種類に分けた上、両者の違いとその定義について説明している。

「連語」：二語以上の連語使用が、構成語の意味ではなく、慣用により決まっているもので、全体の意味は構成語個々の意味から理解できるもの。

「慣用句」：二語以上の連結使用が固定しており、全体の意味は構成語の意味の総和からは出て来ないもの。

(5) 木村新次郎

木村新次郎（1985：18）は、慣用句を単語と同様に扱うべきものと主張した上、慣用句として見なすべきものについて指摘して、慣用句を次のように定義している。

> 慣用句は二つ以上の単語の連結体であるにもかかわらず、特殊なシンタグマであるゆえに、レキシコンのメンバーになるのである。慣用句は、形式的には、語結合であっても、意味的には単語と同様、語彙の一要素にすぎない。それゆえ、慣用句は、語彙項目として、辞引きに登録されなければならない性格を持っている。

また、上記のほか、木村（1985：15）は慣用句の特徴として次のような点を挙げている。

(a) 構成要素の結びつきの特殊性（不規則性）。
(b) 固定性
　　（ⅰ）意味上の非分割性
　　（ⅱ）統語上の拘束
　　（ⅲ）形式上の拘束
(c) 全体で単語なみであること。
(d) 既製品性。

(6) 伊藤眞

伊藤眞（1989、1992）は、慣用句が「形式的に、少なくとも2語以上

第1章 はじめに

からなり、結合論的、また意味的に、一つの統一体を形成し、語と同じような機能を持つ、語の結合」であると説明している。その上で、慣用句は、idiomatiziat（「不透明性」）、stabilitat（「固定性」）、reproduzierbarkeit（「既製品性」）という3つの特徴を持つとしている。また、伊藤（1997、1999）[1]は「比喩性」と「具象性」といった概念を中心に慣用句の構成要素の意味を考察している。「比喩性」とは、構成要素が慣用句の中で表わすと考えられる特殊な意味（つまり比喩的意味）のことである。

(7) 籾山洋介

籾山洋介（1997：30）は、隠喩、換喩、提喩に基づく慣用的意味の成立とその分類について分析を行い、慣用句を次のように定義している。

> 慣用句：複数の語の連結使用が固定しており、全体の意味は、個々の構成語がその連結の一部でない時に持つ意味の総和からは導き出せないもの。

(8) 田中聰子

田中聰子（2005）は、認知言語学の視点から身体に関する慣用的表現の心的意味を分析し、慣用表現を次のように捉えている。「慣用表現とは、人々が社会生活を営んでいく中で繰り返し出会う、様々な場面・状況に応じて慣習的に用いるための定型句の一種である」。

2.1.3.2 欧文文献における研究者の捉え方

(1) Weinreich, U
Weineric（1982：89）は、慣用表現の定義について以下のように述べている。

> 自然言語には、慣用句性が完全に浸透している——慣用句性とは、個々の語の持つ意味構造やそれらの統語構造からでは推測できないような意味構造を持った、複合的表現の使い方と言えるである。（筆者訳）

(2) Smith, L. P

Smith（1925:167）

We also use 'idiom' for the meaning expressed by the French words idiotism, that also to say, those forms of expression, of grammatical construction, or of phrasing, which are peculiar to alanguage, and approved by its usage, although the meanings they convey are often different from their grammatical or logical signification

(3) Cruse

　Cruse（1986）によれば、慣用表現というものは第1に2つ以上の語彙要素で構成されており、第2に、それは単一の最小意味要素である。つまり、慣用表現とは単一の意味を持っている語彙的複合体である。なお、Cruseは、慣用表現を基本的な語彙単位であると考えている。慣用表現は、語彙的な複合性を持つにもかかわらず、単語に見られるような内部結合性もある程度持っているからである。

　すなわち、慣用表現は、一言語が持つ特有の性質、言い換えれば、文法の規則や論理の規則では律することのできない言語的変異性を持つ語句であるということになる。慣用表現とは、その字義どおりに解釈すれば、慣用的に使用されている表現ということになる。人間が日常使用していることばは、その社会において、誰でもが理解でき、誰でもが使用することができるので使用されていることば、ということができる。

2.1.3.3　本書の立場

　以上、慣用表現の定義を取り上げた。どの慣用表現の定義を見ても、ほとんど同様である。すなわち、共通して言えることは、慣用表現を形成する語は常に固く結びついていることと、慣用表現の意味がそれを構成する語の基本的な意味の総和から類推出来ない新しいものであることとの2つである。例えば、「腹を立てる」（「怒る」の意味）、「首を切る」（「解雇の意味」）などの類である。慣用表現の意味はそれを構成する語の辞書的意味および文法的機能と無関係の場合が多く、慣用表現全体が1つの辞書的単位を

第1章　はじめに

形成し、1つの意味を持つように考えられる。このことからは、各語の総和では説明しにくい固有の意味を構成するという点で、意味的には1語であり、かつ、接合部にほかの要素を挿入することを許すという点で文法的には1語ではない、文節以上文以下のまとまりを慣用的表現という。

しかし、慣用的表現をどのように定義すれば良いかという難題について専門家の間でもいまだに議論は尽きない。なぜなら、力点の置き方によって見方が違ってくるからである。しかし、慣用的表現は非常に幅のある特徴を持った表現体として、次のような特色を挙げることができる。

①句の形式で現われる。
②構成成分の位置交換を許さない形式を持つ。
③構成語を、類義語などの関連語で言い換えにくい。
④構成要素の本来の意味と比喩による意味の間で意味の転移が発生する。

この4つの特色は、慣用表現に関する種々の定義において、共通する要素として挙げられる。これらに照らして考えると、慣用的表現の基本的定義は次のように設定できる。

　　慣用表現とは、固定した言語表現の一種で、構成要素の本来の意味から一次的意味が形成され、そこから比喩によって二次的意味が類推され、一次的意味と二次的意味の間で意味の転移が起こったもの、意味が論理的に矛盾する非文法的・非論理的な意味構造を持つ表現、単語それぞれの意味を失ってしまい、複合化され、他の単語と置き換え可能な表現、単語それぞれの意味からその全体の意味内容が想像できるものなど、これまで習慣的に固定化し、使われてきた表現すべてを含むものである。

英語のイディオムという語の訳語として、未だに一定したものはないようである。辞典類を参照すると、「慣用語」「慣用語句」「慣用語法」「熟語」「成句」などと用いられており、その定義も広狭2つがあることが知られる。広義にとれば、各言語はいずれも他の言語に対して、多かれ少なかれ語法上の特色を示すから、言語そのものをイディオムと呼ぶことができる。しかし、普通はもっと狭義に解して、ある言語を母語として話す人々に特有

な表現方法を、その言語のイディオムと呼ぶのである。
　英語における狭義の意味を参考に、本書では、慣用的な成句・成語・熟語・連語・言い回し・集合的表現・句・（語句）などをひとまとめにして、慣用的表現という。以降、慣用表現と慣用句を「慣用的表現」という用語で表わす。

2.1.4　慣用表現の下位分類

（1）白石大二（1969、1977）

　従来は、慣用表現がいくつかの下位タイプに分けられると言われてきた。例えば、白石（1969、1977）はいわゆる狭義の慣用句を次のように4つのタイプに分類している。

　①句全体の意味が、構成要素の意味からだけでは理解できないもの（「骨が折れる」「腹が立つ」）。
　②全体の意味は、構成要素の意味から理解できなくはないが、構成要素の意味に抽象的曖昧なものがあるため、全体が結びついて初めて意味のはっきりするもの（例えば「気がきく」）
　③全体の意味は、構成要素の意味から理解できなくはないが、構成要素の意味に比喩的なものがあって、全体が結びついて初めて意味のはっきりするもの（例えば「半日をつぶす」）。
　④句の表す動作自身に、目的・理由・結果を暗示する意味があって、自然に句にも構成要素の意味以外のものが加わってくるもの（例えば「頭をかく」「床に入る」）。

（2）宮地裕（1982、1991）

　宮地氏は、慣用句に「連語的慣用句」[4]と「比喩的慣用句」があるとしている。「連語的慣用句」[5]は一般連語句に近いが、一般連語句よりはその構成要素間の結びつきが強く、結合度が高い（例えば「嘘をつく」「手を出す」）。一方、「比喩的慣用句」は結合度が高い上に、句全体が比較的はっきりとした比喩的意味を持っている（「頭に来る」「口が重い」「お茶をにごす」）。なお、

第 1 章　はじめに

比喩的慣用表句には、「直喩的慣用句」と「隠喩的慣用句」という 2 つがある。「直喩的慣用句」は、「～のよう」や「～の思い」などの表現を伴って、比喩表現であることを明示的に表すものである（例えば「雲をつかむよう」「水を打ったよう」など）。これに対して、「隠喩的慣用句」は派生的、象徴的意味を帯びており、全体として比喩的な意味を表すものである（「羽をのばす」「馬が合う」など）。[6]

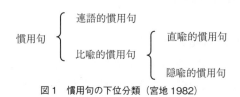

図 1　慣用句の下位分類（宮地 1982）

(3) 国広哲弥（1985）

国広（1985）も慣用句を 2 つのタイプに大別しているが、その分類の規準は宮地（1982）のものとは少し異なっている。第 1 のタイプは「慣用句」であり、これは 2 語（以上）が常に連結して用いられるもので、さらに全体の意味が構成要素の意味の総和から出て来ないものである。そしてこの「慣用句」には次の 3 つの下位タイプがある。

　①構成要素の意味が不透明のもの
　　「お目に掛かる」「足がつく」「あぐらをかく」など。
　②比喩的意味が発達したもの
　　「骨を折る」「手を切る」「顔をつぶす」など。
　③文化が関係するもの
　　「肩を落とす」「白羽の矢を立てる」「お茶をひく」など。

国広氏（1985）は、この 3 つのタイプをさらに細かく分類しているが、ここでは詳細を省略する。

第 2 のタイプは「連語」といったものであり、これは 2 語（以上）の連結使用が、構成要素の意味によってではなく、慣用によって決まっているもので、全体の意味は構成要素の意味から理解できるものである。この連語には、④「ゆるい連語」（「愚痴をこぼす」）、「口が裂けてもなど」、⑤「固

い連語」(「傘をさす」など)、⑥「成句」(「石橋をたたいて渡る」「言わぬが花」など)という3種類がある。なお、国広(1985)は「連語」を広義の慣用句と見なしている。

図2　慣用句の下位分類（国広 1982,1985）

(4) 星野命（1976）
——「意味による分類」

星野(1976)は、慣用句の新たな分類基準として、意味による分類を提案している。彼は「意味による分類とその応用の試み」として、さらに9つに分類している。以下は、星野(1976)が提案している9つの分類を簡単に紹介する。

〈意味による分類〉:
1. 個人や一群の人々、組織などの生命活動、生活意欲、精神緊張の度合いを示す表現
   例：息づく　息を殺す　むしの息
2. 個人や一群の人々の運動性や機動性を示す表現
   例：腰が重い・軽い　足が重い・軽い・おそい・はやい
3. 個人の才覚・機能の程度に関する表現
   例：頭のよい・わるい　頭の回転のはやい・おそい　頭でっかち
4. 個人の願望・欲求・野心の程度を示す表現
   例：胸に一物　胸がときめく　胸算用
5. 個人の感情（情動・心情・気分）の変化を示す表現
   (1) 驚き、興奮、フラストレーション、怒り

例：目をむく　目の前が真っ暗
　(2) 嫌悪、敵意、怨み、拒否、よそおわれた無関心
　　　例：毛嫌い　白い目を向ける
　(3) 失意、悲哀、憂い、無念、未練
　　　例：肩をおとす　肩をふるわす　泣きべそ
　(4) 不安、焦燥、逡巡　　例：胸騒ぎ　息詰まる　息をのむ
　(5) 恥、気まずさ　　例：目から火　顔から火　顔を赤くする
　(6) 安心、落ち着き　　例：眉を開く　胸をなでおろす　腰を据える
　(7) 満足、喜び、感動、得意
　　　例：胸のすく思い　胸がすっきり　胸をかかえる
　(8) 親愛、友情、配慮　　例：骨肉の情　目をかける　胸をゆるす
6. 個人のペルソナ（対社会的性格）に関する表現
　(1) 外見・印象　　例：肌触りのよい　肌の合う　乳臭い
　(2) 行動・態度　　例：お茶目　頭でっかち　頭が高い
7. 個人の内面的品位・道徳に関する表現
　　例：頭がさがる　口がかたい　二枚舌
8. 個人の気質、性格、総合的人格に関する表現
　　例：骨っぽい　頭が固い　つむじ曲がり
9. 個人の願望、感情、性格などを超えて、自然的、社会的事象の発生、進展、障害、結末などに関する表現
　　例：目鼻がつく　口火を切る

2.1.5　比喩的慣用表現における概念規定と意味拡張

(1) Lakoff and Johnson (1980)

　Lakoff and Johnson (1980) は普通我々が隠喩とは気付きにくい「時間を浪費する」などの日常の表現の背景に、異なる領域間の概念レベルでの隠喩的結びつき「概念メタファー」(Conceptual Metaphor) があることを主張している。つまり、概念メタファーとは、抽象的で分かりにくい概念領域 A (target domain) を具体的で分かり易い概念領域 B (source domain) で理

解する、我々の認識過程を意味し、Lakoff流では「A Is B」の形式を用いて表す。例えば、IDEA IS Food（Lakoff and Johnson 1980：pp.46-47）を見よう。これは、認識上、我々が「考え」という概念領域を、「食べ物」という概念領域で理解していることを示す。そして、このような認識は、個々のメタファー表現（There are too many facts here for me to digest them all./ I just can't swallow that claim）などに反映する。このように、メタファー的慣用表現の背後にある我々の認識は、それぞれの概念メタファーで表される。また次のように、注意を要するのは、概念メタファーが2段階で設定されている点である。

    a. MEANS OF CHANGE IS PATH OVER WHICH MOTION OCCURS
    b. Special case1: Means of Change of State is Path.
    c. He went from fat to thin through an intensive exercise program.
    d. Special case 2: Means of change of action is Path.
    e. He eased into bathing daily through the help of this friends.

cとeは、いずれも抽象的手段を表わすのに空間経路表現 through を用いる点は共通であるが、手段を講じることでどういう結果になるかという観点からさらに分類されている。cであれば、「集中的エクササイズ」という手段で、「痩せる」という結果になること（状態変化）を表わす。他方、bは、「友人を助け」により「楽に入浴できる」という結果になること（行動変化）を表わす。このような認識の差を表わしたのが、それぞれの概念メタファーcとeである。

(2) Kovecses (2002)

前述の Lakoff と同様に、Kovecses（2002）も、メタファーを体系的に扱う研究を提唱した。ただし、Lakoff流に概念メタファーを用いるものの、Lakoff（1993）よりもシンプルに分析している点は興味深い。以下はその一例である。

    a. MEANS ARE PATHS
    b. The route toward a market economy would be a very difficult one.

c. let's hope he can keep the team on the road to success
d. She has explored all the available avenues for change
e. This job isn't a path to riches　　　　　　Kovecses（2002：138）

前述の（1）と同様に、名詞 route, road, avenue, path は、本来空間移動と関係するが、ここではそれぞれ抽象的手段を表わす。d は「変化に向けての利用可能な道」、e は「大金持ちへの道」を表わす。それぞれ日英で対応することが分かる。また、名詞 road, avenue など、（1）と比べて若干とは言え、例の種類が増えたことと、概念メタファーが分かりやすい点は、評価できる。

2.2　アラビア語の慣用的表現に関する先行研究

アラビア語の慣用的表現についての研究は、アラブ世界においてもいまだ開拓されざる分野であり、十分な研究対象となっていないのが現状である。特に、外国語との比較・対照による研究はごく一部にしか存在せず、慣用的表現を網羅的に取り上げて考察し、他文献（あるいは他文化圏）との比較を試みた研究はまず見当たらない。しかし、アラビア語においての慣用的表現に関する研究は日本語に比べて、遙かに遅れてはいるものの、1990 年代に入ってから、少しずつ研究が行われるようになった。アラビア語の慣用表現に関する研究としては、Zaki Karim（1985）の研究が代表的なものである。また、アラビア語の慣用表現の概念や変遷的な変化などについて述べた論文はいくつか見られるが、慣用表現の構成形式やその表現法上の意味的特徴について具体的に述べたものはほとんどない。

（1）Zaki Karim

Zaki Karim（1985）は、国語辞典として最も伝統のあるアラビア語大辞典である *lisân al-ʿarab* の中にある慣用語（al-taʿbira-t al-i.s.tilá.hiya）を拾い集め、慣用的表現の定義付けや慣用的表現の意味と風土の関連性を指摘した上で、品詞による分類を行った。Zaki Karim 氏は、英語やフランス語、それにアラビア語の慣用的表現に相当する格言や成句などの各種類の表現を取り上げ、普遍的な言語現象としての慣用語とは何かという問題を提示

した。しかし、彼が集めた慣用的表現は、数が少ない上、辞書の *lisân al-'arab* だけのものという限定的なデータを使用したという点では、不完全な実証だと言える。

(2) ワファ・ファーエド

ワファ・ファーエド（2000）は、分析対象を絞り、現代的な慣用的表現、とりわけ、メディアに見られる現代的慣用的表現の分析を行った。とくに慣用的表現に見られる構成語と比喩性の関連性を指摘し、使用頻度の高い慣用的表現を次の2グループに分けた。

(1) 構成語による直喩的表現

これは比喩形式の基本的なものであり、ものごとを分かりやすく、簡潔に言い表わすのに効果的である。アラビア語の直喩の形式の慣用的表現は基本的に名詞句が多い。ちなみに、日本語の直喩の形式の慣用句は、大体動詞句が多いのである。

「zar'u al-ghâm زرع الغام」（地雷を植えること）、「'anâqîd al-gha.dab عناقيد العنب」（怒りの枝）、「tabakhkhur al-'a.hlâm تبخر الحلم」（夢の蒸発）、など。[8]

(2) 構成語による隠喩的表現および撞着法的表現

この種の表現には、次のようなものが挙げられる。「qal'at al-'urûba」（アラブの城塞）、「ghu.sn al-zaitûn」（オリーブの枝）、「ra's al-'afá」（大蛇の頭）、など。

第1章　はじめに

第3節　本研究の目的と対象

3.1　研究目的

　慣用的表現は言語においては周辺的な現象(9)と見なされることが多く、とくにアラビア語において未研究の分野として残されている。
　日本語の慣用的表現の意味を扱う研究の中で、身体などの個々の具体的構成要素の意味に注目するものは見られる(10)が、抽象的意味分野にまつわる慣用的表現の意味分析を対象とするものはほとんどない。日アの対照研究分野では、「死」「恋愛」「時間」などのような抽象概念にまつわる慣用的表現のその字義的意味と慣用的意味に加えて、背景的概念の特徴などを取り上げたものがこれまでにもなかったのである。抽象語を研究対象とすることには、次のように3つの理由がある。
　1つは文化の違いをこえて普遍的な人間の営みをとらえるものだから日アで対照させやすいと考えられる。その上で、抽象語にまつわる慣用的表現は、各言語共同体の発想や論理などを基礎にした表現形式をもつものであり、言語表現を通じた文化理解を目指した研究の好材料である。
　2つ目の理由としては、抽象的意味分野だから慣用的表現につながるわけではないので、たとえば直接表現を避けたいという素地のあるものは比喩などの表現になりやすいので選んだ。
　3つ目の理由は、国語としてのアラビア語の「抽象語彙」の慣用的表現に関する研究はあまり進んでいないからである。アラビア語においては、2008年に初めて慣用的表現を扱った辞典が出版された（*mu`jam al ta`abi-r*）だけで、慣用表現、とりわけ人生、死、恋愛などのような「抽象語彙」にまつわる慣用的表現の意味や使用効果、その分類などを分析した研究資料もほとんど見当たらない。またこれに関連し、日アの対照研究はほとんど行われておらず、研究資料も不足している状況である。このように、日アの対照研究、またアラビ語の慣用表現そのものに関する研究は遅れているが、両言語の慣用表現の対照研究が、アラブ人向けの日本語教育、または、

第 3 節　本研究の目的と対象

アラビア語学習者向けのアラビア語教育や翻訳、そして文化論においても重要な資料となることが期待される。

これらの点を受け、本論では、次の 2 点を目的とする。

まず、第 1 の目的は、アラビア語の慣用的表現全体の意味分類を試みることである。一般に慣用的表現と認められるものの意味を正確に把握するためには、その表現の使用範囲を制限する必要がある。つまり、どの分野、どの言語生活において、その表現が使用されるかを明らかにすることによってその表現の意味を明らかにすることができる。なぜなら、慣用的表現を文脈から抜き出すと、その意味が不明確になることが多いが、それらの表現が言語生活のどの分野で用いられているかを理解していれば、意味のより正確な定義が可能になるからである。

第 2 の目的は、本書で筆者が問題としているのは、話し手の意識にのぼらない「メタファー慣用的表現」である。私たちの日常的な経験はさまざまの事物で成り立っているが、そのすべてが単独で理解されているわけではない。多くの場合、事物の間には、何らかの結びつきがあるのが普通である。そこで本書では、抽象的で直接的に把握することの難しい対象としての「死」「恋愛」「時間」にまつわる慣用的表現を分析対象としたい。

一般に慣用的メタファー表現と認められる日アの「死」「恋愛」「時間」の抽象概念の比喩性について、概念特性とその意味理解の観点から考察することである。Lakoff and Johnson（1980）がメタファーを介して理解される表現を体系的に探求するために考案した手法を用いることで、感情などの概念構造が詳細に研究できるのではないかと提案していた。本書において筆者が目指したのは、「死」「恋愛」「時間」というカテゴリーに関わり合いのある日アの両言語のメタファー慣用的表現の意味分析を行い、Lakoff and Johnson（1980）の手法に則って分類を試みることで一貫した概念体系に位置づけることができると考えた。つまり、「死」「恋愛」「時間」について話すときに用いられる慣用的表現は非常に多様であるため、一貫した体系を見出すことを目指したい。

慣用的表現を研究することは、精神と文化の隠れた面に向かい合うことである。そして、比喩的表現を理解するには、メタファー表現を理解する

ことが重要である。それは、ある世界観の存在や日常の出来事を理解する上でメタファーが果たす重要な役割を知ることに他ならない。またこれは、そのまま慣用的表現が持つ力の核となる。なぜなら、われわれの日常的根底を認識させるのが、慣用的表現のはたらきだからである。メタファー的思考が日常生活の中でどのようにはたらくかを理解するには、メタファーによる概念とは何か、またそれはどう作用するのか、といったことについて知識を深めるのが重要である。それゆえ本書では、限られた中で、可能な限りその点について論じたい。

3.2 研究アプローチと背景的理論

本研究では、日アの慣用的表現を採集し、その意味を説明、かつ分類し、どのような状況で用いられ、どのような表現効果を表すのかを述べたい。「死」「恋愛」「時間」のとの3つの抽象概念を表す日アの慣用的表現を対照言語学に基づいて分析対象とする。その上で、両言語のその用法の重なりと相違を考察し、概念体系が言語共同体のすべての生活にかかわり支配することを前提として、それぞれと結びついている概念の違いを明らかにしようとするものである。また、日アの慣用的表現のそれぞれが表す種々の概念的意味とその表現にどのようなバイアスが観察できるかについて考察する。異なる言語の比較を有意義なものにするためには、言語形式の対応が実際に概念の対応であるかどうか、つまりそれぞれの言語共同体の構成員による世界の捉え方の対応であるかどうかを見る必用があると思われる。その上で、本書では、以下の3つの問題点中心に両言語の慣用的表現の意味分析を行っていく。

　　①意味分類に関する先行研究が限られているアラビア語の慣用的表現の意味による分類の可能性を模索し、意味に基づいた分類規準の設定を目指したい。
　　②上記で取り上げた日本語およびアラビア語の「死」「恋愛」「時間」の〈抽象的語〉にまつわる慣用的表現とその概念体系の諸パターンを提示し、両者にはどのような概念特性があるかを検証する。その上で、両言語の慣用的表現の発せられる状況を考察し、その表現を

第3節　本研究の目的と対象

用いる話者の意味理解とその心的プロセスを明らかにしていく。
③日アの両言語の慣用的表現の形式的・意味的特徴を示していく。
以下に、本研究での分析点①と②に関するアプローチ方法について触れることにする。

3.2.1　分析点①：アラビア語慣用的表現の意味による分類

本研究では、慣用句の研究において「意味に基づく分類」の研究で知られる星野（1976）の論証に倣って、アラビア語慣用的表現の分類基準を設定したい。本書では、アラビア語の慣用的表現を、従来の分類とは異なる視点から、新たな意味的傾向を明示し、意味特徴による分類基準を提案したい。本書では、収集したアラビア語の慣用的表現の大分類として「人間的項」と「モノ的項」の2種類に分けた上で、「人間的項」のさらに詳細な分類として、1）中分類、2）小分類というように2種類に分類する作業を行う。なお、本書においては、「モノ的項」の詳細な分類を分析対象としない。

筆者が本書において提案する分類では、意味の似通った、あるいは関連の深い慣用的表現を集め、その意味内容を表わすキーワード（中分類の項目見出し）のもとに分類した。さらに中分類の項目見出しをいくつかの小見出し（4～5つのテーマ）に分類し、それぞれの項目内で配列した。このように分類された慣用的表現は、何らかの生活場面、活動状況を想定した条件の下でのみもっとも有効性を発揮するものであろう。

3.2.2　分析点②：「死」「恋愛」「時間」に関する概念特性と意味拡張

本書で提唱する「抽象概念の意味分析の方法」は、日本語と諸言語の慣用的表現の対照研究にも参照されうると思われる。具体的に言うと、次のような手順で対象分析を進めれば良いであろう。まず、日本語と他の言語において関連している意味を表すと思われる慣用的表現を選択し、「概念の場」を設定する。例えば、日本語とアラビア語では、「怒り」を表す慣用的表現と「gha.dab（怒り）」を表わす慣用的表現という「概念の場」[11]を設定できる。

第1章　はじめに

　次に、日アの概念の場をそれぞれ分析し、個々の慣用的表現の概念的特徴を1つずつ抽出していく。最後に、日アの「概念メタファー」を突き合わせみて、どのような共通点・相違点があるのかを検討・記述する。それぞれの分析で抽出した弁別的意味特徴や、日アの概念特性を比較し、部分的または完全な対応が認められるかどうかを調べていくのである。

　一般に意味と呼ばれるものには、「概念的意味」「心理的意味」「文体的意味」などと様々な種類がある。本書では、概念的意味によって、「死」「恋愛」「時間」という3つの〈人間〉的項にまつわるアラビア語の慣用的表現の分析を行っていきたい。ここで言う「概念的意味」とは、言語表現の意味を成立させている中心的要素である。メタファーの (a) 認知、(b) 解釈プロセス、(c) 解（意味）の3段階が焦点となる。つまり、与えられた表現が (a) メタファーであるのかないのか、メタファーだと認知されれば、(b) どのようなプロセスを経て解釈が進むのか。そして、確定されるメタファーの解（意味）は何かという問題設定である。

　私たちは、日常言語において、比喩（メタファーなど）を介して、ある事柄に関する知識を元に、別の事柄のある一面または状態を推論している。それは、多くの慣用的表現、とりわけ慣用的メタファー表現が生じる元になった2つの領域からの情報のメタファー的写像を、人々が暗黙裏に理解しているからであると思われる。慣用的メタファー表現の個々の要素はその比喩的指示対象の基盤にある比喩的概念を指示しているとされており、その結果、字義的意味の言語表現が用いられるのとは異なる情報が活性化される。例えば、アラビア語の「huwa（彼）lam（～ない）yanja.h（成功する）[12] fî（に/で）al-.hayât（人生）：彼は人生で成功しなかった」、「huwa（彼）ta' aláma（学んだ）al-kathir（多く）fî（に/で）al-.hayât（人生）：彼は人生で多くのことを学んだ」などといった人間と人生の学習関係などに関するこれらの慣用表現では、lam（～ない）yanja.hu（成功する）fî（に/で）al-.hayât（人生）を人生で失敗したことへと写像している。アラビア語の話し手は、lam（～ない）yanja.hu（成功する）fî（に/で）al-.hayât（人生）を「人生で失敗した」を意味することを理解するが、その理由は、それらの表現の基盤に「al-.hayât madrasah：人生は学校である」のような概念メタファーがあっ

て、「人生」の概念化に構造を与えている。この種の概念メタファーは、「構造の比喩」と呼ばれている。学校はふつう何らかの形式上の構成を持っている。そこで、人生の中でためになるような体験をすることを良いレッスンを受けたと表現したりするのである。

　つまり、「人生」と「学校」という2つの概念領域の間に、「人生での経験＝学校での学習」、「人生での成功または失敗＝学校のテストでの合格または落第」、などの側面で対応関係が見られることから、形式上、または機能上、何らかの構造的類似性があると見なされる。このような2つの概念領域の対応関係について、レイコフとターナー（1994）は、写像と呼んでいる。そして、「人生は学校である」というような概念メタファーを私たちが理解できるのは、2つの概念領域の間に成り立つ比喩（メタファー）による写像関係によってではなく、むしろその基盤となる日常の習慣的経験で既成されている社会通念・身体的経験などによるものである。

　概念メタファーとは、抽象的で分かりにくい概念領域をA（target domain）を具体的で分かり易い概念領域B（source domain）で理解する我々の認識過程を意味し、Lakoff流では「A Is B」の形式を用いて表わす。例えば、IDEA IS Food（Lakoff and Johnson 1980:pp.46-47）を見よう。これは、認識上、我々が「考え」という概念領域を、「食べ物」という概念領域で理解していることを示す。そして、このような認識は、個々のメタファー表現（例：There are too many facts here for me to digest them all./ I just can't swallow that claim）などに反映する。このように、メタファー的慣用表現の背後にある我々の認識は、それぞれの概念メタファーで表される。また、次のように注意を要するのは、概念メタファーが2段階で設定されている点である。

　　a. MEANS OF CHANGE IS PATH OVER WHICH MOTION OCCURS

　　b. Special case1: Means of Change of State is Path.

　　c. He went from fat to thin through an intensive exercise program.

　　d. Special case 2: Means of change of action is Path.

　　e. He eased into bathing daily through the help of this friends

第1章　はじめに

　前頁のcとeは、いずれも抽象的手段を表わすのに空間経路表現throughを用いる点は共通であるが、手段を講じることで、どういう結果になるかという観点からさらに分類されている。cであれば、「集中的エクササイズ」という手段で、「痩せる」という結果になること（状態変化）を表わす。他方、eは、「友人を助け」により、「楽に入浴できる」という結果になること（行動変化）を表わす。このような認識の差を表わしたのが、それぞれの概念メタファーbとdである。
　本研究は「死」「恋愛」「時間」のこれらの「抽象的語彙」にまつわる日アそれぞれの慣用的表現を分析対象とするが、一口に慣用的表現とはいっても概念や対象の範囲の捉え方は、見解によりまちまちであり、そう容易ではない。分析には次のようなものが含まれる。第1に、構成要素の本来の意味から一次的な意味（構成的意味）が形成されて、そこから比喩によって二次的な意味（慣用的意味）が類推され、一次的意味（構成的意味）と二次的意味（慣用的意味）の間で意味の転移が起こったものである。第2には、意味が論理的に矛盾する非文法的・非論理的意味構造を持つ（例：爪に火をともす）のである。第3には、単語それぞれの意味を失ってしまい、複合化され、ほかの1つの単語それぞれの意味が可能な表現（例：頭を使う……知恵を絞って考える）である。第4には、単語それぞれの意味からその全体の意味内容が想像できるもの（例：馬鹿正直）である。以下は、本書において集めた日アそれぞれの慣用的表現を分析するにあたり、メタファーがそれらの慣用的表現の意味形成において概念的にどのように作用しているか、また、両言語においては、抽象的語彙としての「死」「恋愛」「時間」をどのように捉えられているかについて考えてみたい。

3.3 本研究におけるアラビア語の音韻表記

本書で用いたアラビア語表記は次の表の通りである。

アラビア語文字	使用表記	音声記号（IPA）	アラビア語文字	使用表記	音声記号（IPA）
ء	'	ʔ			
ا	U／I／A	a#	ض	.d	d`
ب	b	B	ط	.t	t`
ت	t	T	ظ	.z	z`
ث	th	T	ع	'	À
ج	j	J	غ	gh	Ä
ح	.h	h`	ف	f	f
خ	kh	X	ق	q	q
د	d	D	ك	k	k
ذ	dh	D	ل	l	l
ر	r	R	م	m	m
ز	z	Z	ن	n	n
س	s	S	ه	h	h
ش	sh	S	و	w	w
ص	.s	s`	ي	y	y

表1

注

・ة（ターマルブータ）は、次の単語がイダーファでつながるときや女性規則複数形の場合はt、それ以外はhで表記する。
・ى（アリフマクスーラ）はáと表記する。
・長母音はâ, î, û、短母音はa, i, uと表記する。
・アラビア語の定冠詞「ال」は「al-」または「Al-」と表記する。
・īはÂで表わす。

第 1 章　はじめに

第 4 節　本書の構成

　第 1 章から第 9 章までで取り上げる各章における研究の目的と内容、意義について触れておくことにする。

　言語の意味は、我々の概念体系から切り離された単なる現実世界の反映としてではなく、人間の経験に動機付けられた、言語使用者による外界認識の産物であると考えられる。このような観点から慣用的表現の意味を分析することによって、日本語、またアラビア語に属する言語共同体の成員たちがどのように把握しているかということについて、その一端を示すことができる。

　分析の主軸となるのは、意味的に分解することが可能な表現および不可能な表現の両者である。意味的に分解可能な慣用的表現とは、複合表現の構成要素の意味が、表現全体の意味に貢献するもののことである。本研究では、上記のタイプの慣用的表現のそれぞれの意味的性質と統合的性質を詳細に分析することによって、日アの慣用的表現における比喩性とその意味理解全体の性質を明らかにすることを目指すものである。

　本研究は、抽象的語彙としての「死」「恋愛」「時間」にまつわる日アの慣用的表現を、対照言語学および認知言語学に基づいて分析対象とし、次の 2 点について考察する。

1) 概念的意味に基づき、「人と人の関わり」「個人のペルソナ性格」「生活・活動」という 3 つの〈人間的項〉にまつわるアラビア語の慣用的表現の分類を行う。
2) 日アそれぞれの、抽象的語彙としての「死」「恋愛」「時間」にまつわる慣用的表現の概念的背景とその意味理解。

　第 1 章では、これまでの慣用表現研究の流れを概観し、慣用的表現研究においてどのような問題が扱われてきたかを確認する。「死」「恋愛」「時間」という 3 つの抽象的語彙にまつわる日本語およびアラビア語の慣用的表現をを分析対象とする研究目的について述べ、本研究の構成の概略を

第4節　本書の構成

示す。その上で、日アの慣用的表現の分類と認知的基盤を考察するために用いた調査資料などを提示する。

　第2章では、構成成分の視点から日アそれぞれの慣用的表現の類型化を試み、両言語の慣用的表現の形式的、語彙的特徴を体系的に捉えるため、本章で主に分析対象となるアラビア語の慣用的表現の品詞による類型の全体像とその具体的な種類などを示す。その上で、表現形式の視点からアラビア語慣用表現の構成内容を見ていく。分析対象となるアラビア語の慣用的表現の全体を大別し、アラビア語の慣用的表現の各タイプと対応すると考えられる日本語の各タイプも併せて提示していく。

　第3章では、日本語の慣用的表現の意味による分類に関するこれまでの先行研究を振り返りながら、意味分類に関する先行研究がほとんど見られないアラビア語の慣用的表現の分類の可能性を模索し、意味に基づきその分類基準の設定を目指したい。本書では、収集したアラビア語の慣用的表現の大分類として「人間的項」と「モノ的項」の2種類に設定した上で、「人間的項」のさらなる詳細な分類として、1）中分類、2）小分類、というようにさらに2つに分類する作業を行う。なお、本書においては、「モノ的項」の詳細な分類を分析対象としない。

　本調査で筆者が考える慣用的表現の意味分類とは、慣用的表現を共通の性質に基づいた種類に分けることであり、同類のものをまとめて、語句全体をいくつかに区分して体系づけることである。1つの固有言語の表現、とりわけ慣用的表現を分類し、それらの表現をそれぞれの類に当てはめ、配列するということは、ある意味では、人間の認識する意味の世界を分類すると同時に、その言語に属する共同体成員たちの認識する世界を分類することでもある。

　第4〜8章では、慣用的メタファー表現の意味拡張とその認知的基盤についての基本的議論としてその背景的理論やそれに関わる用語を取り上げる。その上で、慣用的表現の慣用的意味の成立に対する動機付けを明示することによって、「死」「恋愛」「時間」にまつわる日アの慣用的表現の概念的意味を明らかにしていく。慣用的表現においては、その表現全体の文字通りの意味から慣用的意味が生じる際に、具体的にどのような意味拡

第1章　はじめに

張の仕組みが関与しているかについて検証していく。その上で、この第5〜8章の分析では、日ア の「死」「恋愛」「時間」にまつわる慣用的表現を分析対象とし、これらのカテゴリーのそれぞれの概念的意味およびその慣用的表現に反映される文化的モデルを明らかにすることを目指すものである。また、その中で、例えば、宗教意識が高いことに加えて自由恋愛が禁忌となっているアラブ社会では、「死」「恋愛」「時間」にどのようなバイアスが観察できるかなどについても論じていく。

　エッセイ「徒然のままに……」では、アラビア語慣用的表現の織り成すアラブ人の心像風景にスポットを当てていく。アラブ人の生活様式を彩る様々な慣用的表現や格言、詩、などを紹介しながら、アラブ人が考える死や恋愛などとそのメンタリティーを解説する。アラビア語を話す国や地域の歴史、宗教、文化について、筆者の経験を踏まえながら楽しく面白く触れていく。

第5節　調査資料および研究のデータ収集について

本研究では、日本語およびアラビア語それぞれの慣用的表現を扱った辞書から分析対象となる慣用的表現を抜き出し、その特性と意味について考察を行った。

5.1　アラビア語資料

(1) 慣用的表現のデータ収集に関する調査資料
アラビア語のデータ作成に関しては、次の慣用的表現の専用辞書類を基本資料とした。

① *al-murshid ilá ma'ânî al-mu.s.talahât al-inklîzîyah -English-Arabic*（dâr al-xayal. 2006）収録語数：2988 語
② *mu'jam al-ta'âbîr*[13]（maktabat lubnân. 2008）収録語数：3012 語

①と②の資料に収録されている語句の全数は約 6,000 句となるが、分析作業にあたり、先ずは当該辞書の全収録語を電子データ（パソコン入力による作業）とし、慣用的表現の一覧表を作成した上で、各表現に「構成語の意味総和」と「慣用的意味」の日本語訳を付けた。

(2) アラビア語用例に関する調査資料
本書でのアラビア語の例文は、作例と、検索エンジン google（http://www.google.co.jp/）によって検索したものである。また、これに加えて、以下の資料を使用した。

1. *mu'jam al-ta'âbîr*（直訳：表現辞典）
2. *lisân al-'arab*[14]
3. *al-mu'jam al-'arabî al-asâsî lârûs*, 1999（直訳：アラビア語基本辞典ラルース / 現代アラビア語大辞典）
4. 『*al-murshid ilá ma'ânî al-mustalahât al-inklîzîyah 2006*

-*English-Arabic*.（アラビア語―英語慣用表現へのガイド 2006：ア英辞典）
　　5. *al-qâmûs al-nâdir – dâr al-fikr al-lubnânî*（珍語類語辞典）
　　6.「Al-aharam Newspaper」（アラビア語新聞・電子版の検索データベース）
　　7. *al-qurân al-karîm*（聖典聖書コーラン・アラビア語版）
なお、本研究では、以下の条件を満たした表現を分析対象とする。
　①正則アラビア語であること。
　②慣用的表現。
　③文語としても、また口語としても使用可能な表現。
　また、アラビア語の表現例では、動詞の「三人称・男性形・単数・能動・完了形」が基本形となるが、分析の過程では、各用例中の個々の動詞の意味を未完了形で明示する。[15]

5.2　日本語資料

(1)　日本語慣用的表現例のデータ資料

　日本語の慣用的表現においては、以下の辞書類を資料とし、表現の選定を行った。
　　1.『例解慣用句辞典』（創拓社出版、2001）
　　2.『類語大辞典』（講談社、2003）

(2)　日本語用例に関する資料

　本論文での日本語の例文は、作例と、検索エンジン google（http://www.google.co.jp/）によって検索したものである。また、これに加えて、以下の資料を使用した。
（1）辞典類：
　　1. 青空文庫（電子図書館）
　　2.『日本語で伝えたい　英語で応えたい――日本語の感情表現集』（講談社、1997）
　　3.『類語大辞典』（講談社、2003）
　　4.『慣用表現辞典』（東京堂出版、1994）

5. 『例解・慣用句辞典——言いたい内容から逆引きできる』（創拓社出版、1992）
6. 『広辞苑』CD-Rom 版（岩波書店、1998）

(2) 小説類：
1. 養老孟司（2003）『バカの壁』新潮新書
2. 辻仁成（2001）『サヨナライツカ』世界文化社
3. 村上龍（1997）『ラブ＆ポップ——トパーズⅡ』幻冬社文庫
4. 川上弘美（2001）『センセイの鞄』平凡社
5. 藤田宜永（2000）『愛の領分』プラナリア
6. 村上春樹（2002）『海辺のカフカ』（上）第 7 刷、新潮社
7. さだまさし（2001）『精霊流し』第 5 刷、幻冬舎
8. 白川道（2001）『天国への階段』（上）第 6 刷発行、幻冬舎
9. 白川道（2001）『天国への階段』（下）第 6 刷発行、幻冬舎
10. 吉本ばなな（2002）『虹』幻冬社
11. 長野まゆみ（2002）『猫道楽』河出書房新社
12. 石田衣良（2001）『年波の上の魔術師』文芸春秋
13. 横山秀雄（2002）『箸墓幻想半落ち』第 18 刷、講談社
14. 長嶋有（2002）『猛スピードで母は』文藝春秋
15. 林真理子（2004）『野ばら』第 1 刷、文藝春秋
16. 佐藤垢石『利根の尺鮎』青空文庫
17. 坂口安吾『青春論』青空文庫
18. 岸田國士『生活のうるほひ』青空文庫
19. トマス・ロバト・マルサス『AN ESSAY ON THE PRINCIPLE OF POPULATION：人口論』吉田秀夫訳、青空文庫
20. 織田作之助『世相』青空文庫
21. 坂口安吾『もう軍備はいらない』青空文庫
22. 宮本百合子『便乗の図絵』青空文庫
23. 織田作之助『青春の逆』青空文庫
24. 宮本百合子『マリア・バシュキルツェフの日記』青空文庫

また、上記以外で考察対象としている例文については、インターネット

第 1 章　はじめに

や文献などからとった場合は出典を示す。ただし、文脈を要しない慣用的表現についてはその限りではない。インターネットからの用例に関してはすべてが 2010 年 6 月 1 日〜 8 月 15 日の間に採集したものである。アラビア語の例文については括弧内に大意を示す。また必要に応じて直訳を添えることもある。また、実例の入手が困難な場合は、作例で代用する。

第2章 日本語とアラビア語の慣用的表現の構成と特徴

　本章では、日本語とアラビア語においての慣用的表現の基礎的論議として、品詞による慣用的表現の分類について考察する。その上で、構成成分の視点からアラビア語の慣用的表現の品詞による類型化を試みるとともに、分析対象となる日アの慣用的表現の品詞および意味的特徴による類型の全体像とその具体的な種類などを示す。

第1節　日本語の慣用的表現の構成とその仕組み

1.1　慣用的表現の品詞
　慣用的表現の品詞を問題としている先行研究には、品詞による分類を提唱しているものと品詞別の考察を行っているものがある。まず、日本語の品詞による慣用句の分類を紹介する。

1.1.1　日本語の品詞による慣用的表現の分類
　宮地（1982、1986）によれば、慣用句の品詞（すなわち文法的機能）は慣用句分類の第1の観点となるものである。なぜならば、品詞による機能差は客観的に判断できるからである。慣用句の品詞は句の後部の構成要素で決まる場合が多い。例えば、「名詞＋動詞」という構造の慣用句は句全体で動詞に相当する（例えば「足を洗う」「波に乗る」）。また、「名詞＋形容詞」という構造のものは形容詞に相当し（「腹が黒い」「気が早い」など）、「名詞＋名詞」という構造のものは名詞に相当する（「寝耳に水」「後の祭り」など）。
　宮地（1982）は上に挙げたものをそれぞれ「動詞慣用句」「形容詞慣用句」「名詞慣用句」と称し、これらを句構造の面から整理・検討している。また、慣用句の中では、動詞慣用句が比較的多く存在することを指摘している（宮

45

地編『慣用句の意味と用法』(1982) 所載の「常用慣用句」の63％を占めている)。少なくとも用例の数からは、動詞慣用句が慣用句の中核をなしていると見なせる。

宮地 (1986) では、宮地 (1982) で示された分類が拡大・修正されている。つまり、動詞慣用句や形容詞慣用句、名詞慣用句のほかに、「形容動詞慣用句」(「火を見るより明らか (だ)」「手が切れそう (だ)」)、「副詞相当慣用句」(「目に見えて」「間髪をいれず」など)、「連体詞相当慣用句」(「俗に言う」「虫も殺さない」など) もあるとしている。

宮地 (1986) は慣用句の品詞による分類の問題点をいくつか指摘している。例えば、「気に食わない」や「歯にきぬを着せない」などの、否定形に固定した慣用句は、句の後部の構成要素が動詞である点では動詞句として分類できるが、動詞が肯定形になれない点では形容詞とも見られる。また、「副詞相当慣用句」と「連体詞相当慣用句」は、句の文中での機能だけから名付けられたものである。この点では、動詞慣用句や形容詞慣用句と性質が少し異なっていると言える。

本書では、宮地 (1982、1986) の品詞による分類は、アラビア語の慣用的表現の品詞による分類とその類型化を行うための有力な手段であると考える。

1.1.2 品詞別の特徴

(1) 動詞慣用句

宮地裕 (1982)

宮地 (1982) は動詞慣用句を形式の面から分類・考察し、次のことを指摘している。動詞慣用句の動詞は、日常よく使用されるものが多く (例えば「する」「なる」「つく」「とる」「みる」)、特殊なものが少ない (「(首を) かしげる」「(手を) こまねく」など)。

また形式上の制約を受けるものが多い。例えば「気をのまれる」「花を持たせる」「目もくれない」などは受身形や使役的他動形や否定形に固定しており、それ以外の形式で用いることができない。また、ガ格自動詞形

とヲ格他動詞形の両方を持つ慣用句があるが（「腹が立つ/腹を立てる」など）、そのいずれか一方しかないものの方が圧倒的に多い（「足げにする/*足げになる」、「岐路に立つ/*岐路に立てる」など。*は非文を表わす。以下同）。なお、自動詞形と他動詞形の両方が存在するものの中には、その意味が自・他と対応するものもあるし（「耳に入る/耳に入れる」）、自・他と対応せず、2つの意味がかなり異なっているものもある（「お目にかかる/お目にかける」）。

森田（1985）

森田（1985）は句構造の面から動詞慣用句を整理し、次の形式を挙げている。

① 「名詞ガ自動詞」（「Nガ自V」）

「（～は）腕が上がる」「（～に/は）腹が立つ」「（～は）骨が折れる」など

② 「名詞ヲ他動詞」（「NヲV」）

「（～に）顎を出す」「（～から/に）大目玉を食う」「（～から）足を洗う」など

③ 「名詞ニ動詞」（「NニV」）

「（～の）口車に乗る」「（～を）身に着ける」「（～を）手に入れる」など

④ その他（NガNニV）、「NニNガV」「NニNヲV」「NデNヲV」など、格助詞「ガ・ニ・ヲ」を複数含むもの

「足が棒になる」「耳にたこができる」「顔に泥を塗る」など「NニV」形式（③）のものには、句全体が他動詞として機能するものがあるが、「Nガ自V」（①）および「Nヲ他V」形式（②）のものはすべて句全体が自動詞として機能する。

また、他動慣用句は意味的にも文法的にも一般動詞に相当する。つまり一般動詞と同様に、述語や連体修飾成分として機能する（「この仕事は骨が折れる」「骨の折れる仕事」など）。連用修飾の用法を持つ慣用句も少なくないが（「骨を折って手に入れた品」など）、この機能は「NヲV」や「NニV」形式のものに限定されている。「NガV」形式のものは「ーて」の形をとると

第2章　日本語とアラビア語の慣用的表現の構成と特徴

中止法になる傾向が強い（「あの仕事はほねが折れて、その割には収益が少ない」）。

森田（1985）はさらにまた、動詞慣用句の句としての固定化の度合を検討している。

意味的にはNやVが他の語と置き換えにくいほど、また文法的には句の形態を変えにくいほど、動詞慣用句の結合度は高いと言う。そして、この結合度を計るために次の7つ目安を提唱している。

① 大義語との置き換え		手が上がる	手が下がる
		意気が揚がる	×
② 大義語との置き換え		腕が下がる	腕が落ちる
		溜飲が下がる	×
③ 自動・他動の言い換え		口車に乗せる	口車に乗る
		×	図に乗る
④ 修飾語の付加			
	「～の」連体修飾	腹を探る	相手の腹を探る
		腹を立てる	×
	連用修飾	相手の口車に乗る	相手の口車にうまうまと乗る
		図に乗る	×
⑤ 敬語表現		けりを付ける	けりをおつけになる
		みそをつける	×
⑥ 受身や使役表現			
	受身表現	話に横やりを入れる	話に横やりを入れられた
		話に身を入れる	×
	使役表現	肩透かしを食う	肩透かしを食わせる
		大目玉を食う	×
⑦ 肯定・否定の言い換え		意気が揚がる	意気が揚がらない

また、上の目安を利用して10個の慣用句の結合度を調べ、結合度の高いものから低いものへと並べている。

(2) 形容詞慣用句

西尾（1985）は文法の観点から形容詞慣用句と一般形容詞と比較し、7

第 1 節　日本語の慣用的表現の構成とその仕組み

つの用法に関する制約の違いを明らかにしている（図 1 参照）。下記の図 1 から、形容詞慣用句は、一般形容詞とほぼ同じように、①「述語になる」、②「連体修飾語になる」、④「連用形＋なる」形式で状態変化を示す、⑤「連用修飾語を受ける」などの用法が可能であることがわかる。また、形容詞慣用句は一般形容詞と違って③「連用修飾語になる」の用法には、制約が比較的強いし、⑤「連体修飾語を受ける」の用法には制約が比較的弱いこともわかる。

表現/用法	①文の述語になる	②連体修飾語になる	③連用修飾語になる	④「連用形＋なる」形式になる	⑤連体修飾語を受ける	⑥連用修飾語	⑦体言＋連用各助詞
形容詞	○	○	○	○	×	○	(×)
形容詞慣用句	(○)	○	(×)	○	○/×	○	(×)

図 1　形容詞慣用句・一般形容詞の用法上の制約

○　：その用法が可能
(○)：可能なものが多いが可能なものもある
×　：不可能
(×)：不可能なものが多いが可能なものもある
○/×：可能なものと不可能なものが同程度にある

　西尾はまた、語彙・意味の観点からも形容詞慣用句を検討している。「気」や「いい／悪い」という語を含む慣用句を対象とし、形容詞慣用句は次の種類に分けられることを指摘している。

　①対義関係にある形容詞を含み、慣用句全体の意味もおよそ対義関係にあるもの（例えば「気が大きい／気が小さい」「血の巡りが良い／血の巡りがわるい」）

　②対義関係にある形容詞を含むが、慣用句全体の意味は（少なくとも部分的に）異なっているもの（「気が長い／気が短い」「歯切れがいい／歯切れが悪い」）

　③対義語を含む慣用句が存在しないもの（例えば「気が多い／*気が少ない」「虫の居場所がわるい／*虫の居場所がいい」）

　なお、西尾は、上の①に属す慣用句は②と③に属すものより少ないと述

べている。

(3) 名詞慣用句

まず、宮地（1982：245-246）の名詞句表現の特徴を紹介する。宮地（1982）は文法の観点から名詞慣用句を4つに分類して、用法に関する制約の違いを明らかにしている。宮地によれば、2つの名詞から成る名詞慣用句は次のように大別できるという。①「ＡＢ型：瓜二つ、十重二十重」、②「ＡにＢ型：青菜に塩、寝耳に水」、③「ＡのＢ型：氷山の一角、後の祭り」、④「その他：一か八か、幸か不幸か」などの用法が可能であるとしている。①のタイプでは、複合語に近いもので、複合語との区別がはっきりしないところがある。②のタイプは、「ことわざ」に近い慣用句である。事態を比喩的に取り出し叙述する点で、「後の祭り」などのような表現も②のタイプにも入ることができる。また、③のタイプに関しては、顕著ではないとした上、慣用句というより、一般連語句か複合語だとしている。また、③のタイプは、「氷山の一角」「後の祭り」などのように、「の」で連結される前項と後項との意味関係も2項の結合度の強さによって2種類に分けることができる。1つ目は、「氷山の一角」「自慢の種」などのように、構成要素の意味から慣用句の意味を導き出すことができるものである。そして、もう1つは、「つるの一声」「青天の霹靂」などのように、構成要素の個々の意味から慣用的意味が導き出せないものである。

名詞慣用句では、文の格成分となることについて、かなりの制約がある。そして、名詞慣用句が文成分の一部になる場合、その関係表示を担うのが、「ダ、ノ、デ、ニ、ト」の機能語である。名詞句表現の述部形成の可否については、以下のように、宮地（1982）の考察に基づいて2種類に分けることができる。

 ①「ダ」と結びついて述部を形成するもの：Ⅰ）虫の息ダ、袋のネズミダ、などのように様態、性質、状況の叙述中心のもの。Ⅱ）「竹馬の友ダ」のように実体指示的もの。
  この種の表現には、「ノ」を伴う連体句を形成するのが一般的である。また、「デ」を伴って副詞句を形成する場合もあるが、さほ

ど多くない。
② 述部を形成しないもの：Ⅰ）「草葉の陰デ / ニ / ノ」「心の底デ / ニ / ノ」といった場所規定の副詞句・連体句を形成するもの、Ⅱ）「すずめの涙ノ」といった性質規定の連体句を形成するもの、Ⅲ）様態規定の副詞句を形成するもの：「つるの一声デ」のように、「デ」をとるものもあれば、「いの一番ニ」のように「ニ」をとるものもある。

1.2 日本語の慣用的表現の構成

林（2006）によれば、日本語の慣用的表現においては、「ヲ」格助詞慣用句、「ニ」格助詞慣用句、「ガ」格助詞慣用句のこれらの3種類が最も多く見られるタイプである。

(1)「ヲ」格助詞慣用句

林（2006）が行った調査では、『慣用表現辞典』の収録語数1,194語句のうち、このタイプが507例で、全表現例の42.5％を占めていると言う。また、宮地（1982）が指定している「常用慣用句」1,321例の中63％を占めるタイプが「名詞＋動詞」で、その中で「ヲ」格助詞慣用句タイプが全表現例の57％を占めていると指摘しており、一番多く見られるタイプだとしている。このタイプには、次のような表現がある。

目をつぶる、足を洗う、お茶を濁す、手を焼く、息をのむ。

(2)「ニ」格助詞慣用句

林（2006）の調査結果では、このタイプは、すべての用例の13％を占めている。一方、宮地（1982）では、この「ニ」格助詞というタイプの慣用句は、常用慣用句の20％を占めると述べている。このタイプに相当する表現例としては次のようなものが挙げられる。

耳にする、棒に振る、水に流す、口にあう。

(3)「ガ」格助詞慣用句

このタイプの表現は、『慣用表現辞典』の収録語数全体のうち、133例で、全表現例の11％を占めている。宮地（1982）では、常用慣用句の20％を占めると述べている。このタイプには次のような例がある。

けりがつく、顔が利く、顔が広い、辻褄が合う。

第2節　アラビア語の慣用的表現の構成とその仕組み

　慣用的表現の分析では、表現を採集し、意味を分析することも重要であろうが、その前に、慣用的表現はどのような構成形式があるか、またその中にどのような構成成分を持っているかなどを明示することが必要だと思われる。このような観点から、本節で採集したアラビア語慣用的表現の内部成分の結合関係を中心とし、慣用的表現の分類を試みた。その上で、分析対象となる各種の表現における「構成タイプ」「形式的特徴」を中心に分析を行う。なお、本章で使用されているすべての表現例は、*lisân al-'arab*（720語句）および *.mu'jam al-ta'âbîr*（1,080語句）をデータとしたアラビア語の慣用的表現（1,800語句）を元に選定したものである。

2.1　アラビア語の品詞による分類
　Zaki Karim（1985）によれば、アラビア語慣用的表現の構成成分において、最も多く見られる形式は以下の2種類である。
　　①複合形式慣用的表現　　②単純形式慣用的表現
　さらには、この大別的な2種類の慣用的表現を次のように品詞による構成成分に基づいて分類することが可能だと提案したい。
　(1) 複合形式の慣用的表現：3語以上の構成要素を持つ慣用的表現。
　a）動詞句表現　b）前置詞句表現　c）名詞句表現　d）形容詞・比較級形表現
　(2) 単純形式の慣用的表現：1もしくは2語の構成要素を持つ慣用的表現。
　a）名詞句慣用的表現　b）形容詞句慣用的表現

2.2　アラビア語の複合形式慣用的表現
　まず、アラビア語の慣用的表現は、文法的機能（品詞）による構成形式上[16]、次のように4つに下位分類することができる。

第 2 章　日本語とアラビア語の慣用的表現の構成と特徴

(1) 動詞句慣用的表現

例：ضرب على يده

.daraba ʻalá yadihi（構成語の意味の総和：彼の手を叩いた。慣用的意味：注意した）などのように、「動詞＋前置詞＋名詞」という品詞の連続を動詞句慣用的表現と分類する。

(2) 名詞句慣用的表現

例：علم في تخصصه

ʻalám fî takha.s.su.sihi（構成語の意味の総和：彼は自分の専門で旗である。慣用的意味：その専門で中心的な存在である）などのように、「名詞」を「前置詞＋名詞」などが修飾しているものを、名詞句慣用的表現と分類する。

(3) 形容詞句慣用的表現

Al-qabdah Al-.hadîdîyah（鉄の拳（こぶし））القبضة الحديدية や al-ma.tbakh al-siyâsî المطبخ السياسي（政治の台所）などのように、形容詞慣用的表現は、一般形容詞とほぼ同じように、形容詞が「名詞」を修飾しているものを形容詞句慣用的表現と分類する。

(4) 前置詞句慣用的表現

例：على عيني

ʻalá ʻaynî（構成語の意味の総和：私の目の上にある。慣用的意味：かしこまりました、お安いご用）などのように、「名詞」を「前置詞」が修飾しているものを、前置詞句慣用的表現と分類する。

2.2.1　アラビア語の動詞句慣用的表現

アラビア語の慣用的表現を構成している要素の中で、重要な役割を果たしている品詞として、まず動詞[17]を挙げることができる。そしてこの「動詞句慣用的表現」の中でも、「複合的動詞」と呼ばれる、動詞と特定の前置詞が結合するタイプが、とりわけ多く用いられている（次項中の例参照）。

本節では、動詞を構成要素にもつ慣用表現を「動詞句慣用的表現」と呼

ぶことにする。動詞句慣用的表現は大別すれば、A「複合形式動詞句表現」（Complex verbal Form）と B「単純形式動詞句表現」（Simple verbal From）との 2 つのタイプになる。

　A「複合形式動詞句表現」では、動詞が特定の前置詞と結合することが必須条件であるのに対し、B「単純形式動詞句表現」では、構成上前置詞の使用を伴わない単純動詞のある表現である。さらに、アラビア語の動詞句慣用的表現においては、形式上、以下の表 1 のように分けることができる。

アラビア語の動詞句慣用的表現

(a) **複合形式動詞句表現**

　① 複合動詞句表現：特定の前置詞との共起を伴う動詞
　　　基本形式： 動詞 ＋ 前置詞 ＋ 名詞
　② 単純動詞句表現：動詞＋名詞＋名詞
　③ 疑問文型表現：疑問詞で始まる動詞文で、相手に対し疑問を投げかけるのが特徴的である。
　④ 感嘆文型表現：日本語の「何と〜だろう」に相当するもので、疑問詞の「マー：何」で始まるのが特徴的である。
　⑤ 命令形型表現：命令形で始まる動詞文で、「相手に対して、〜するように」という意味合いを強調するものが多い。

(b) **単純形式動詞句表現**：特定の前置詞との共起関係が固定しない動詞
　　　基本形式： 動詞 ＋ 名詞

表 1

　さて、「複合形式動詞句の慣用的表現」と「単純形式動詞句の慣用的表現」のそれぞれには、構成タイプにおいて、どのような特徴があるかを以下に見てみよう。

2.2.1.1　複合形式動詞句の慣用的表現・複合動詞句表現

「複合動詞句表現」における動詞と名詞の間の意味関係はその間に介入

第2章　日本語とアラビア語の慣用的表現の構成と特徴

する前置詞によって決まる。これについて、次のような例がある。

(1) ضرب في الأرض
daraba fî Al-Ard.
daraba：殴った、叩いた　fî：～に / で　Al-Ard：地面。
構成語の意味の総和：彼は地面を（足で）叩きつけた。
慣用的意味：遠くまで出かける、旅する。

「複合動詞句表現」のタイプでは、上記の(1)の場合、動詞の(.daraba：殴った、叩く)と前置詞の(fî：～に / で)が固定的結合関係にある。動詞が特定の前置詞との間に一定の共起関係があり、そして、表現のイディオム的意味が成り立つのにそれが必須条件となる。もし、(1)の構成要素の中から「fî：～に / で」を取り除いた場合、慣用的意味が失われ、ただの「地面を叩いた」という意味だけになってしまう。

つまり、فرد له البساط (farada lahu Al-bisâ.t)（彼は彼に敷物を広げた）、دارت عليه الدوائر (dârat 'alaihi Al-dawâ'ir)（渦巻きが彼を囲んだ）などのような「複合的構造の動詞文」の場合は、基本成分となる「動詞」の部分と「前置詞」の部分の結合関係が、表現の慣用的意味を握っているため、前置詞の位置交換を許さないことが前提となる。また、慣用表現の構成要素である動詞と前置詞の結びつきは一定であり、別の前置詞との交換は許されないのが構造的特徴である。例えば、上の فرد له (farada lahu)の表現では、farada（広げた）は、前置詞の「ل：la」としか共起できない、といった具合である。

本節では、アラビア語国語大辞典である『リサーン・アル・アラブ』(lisân・Al-'arab)を参考に収集した慣用的表現の複合的動詞句(720語句)を分析対象とし、考察を行うことにする。また、「特定の前置詞との共起を伴う動詞句表現」についての構成タイプとしては、用例を手がかりにしながら、以下の通り、4タイプを設定することができる。

①形式：動詞（完了形＋前置詞＋名詞（主目的格 / 格 / 所有格）

第2節　アラビア語の慣用的表現の構成とその仕組み

この形式の表現については、次例（2）（3）を参照。

(2) قام على ساق

qâma ʽalá sâq

qâma（起き上った）　ʽalá（～の上に）　sâq（一本の脚）

構成語の意味の総和：片足で立ちあがった。

慣用的意味：慌ただしく取りかかる。

(3) فرد له البساط

farada lahu Al-bisâ.t

farada（広げた）　lahu（彼に）　Al-bisâ.t（敷物）

構成語の意味の総和：彼は彼に敷物を広げた。

慣用的意味：手厚くもてなす／歓迎する。

② 形式：動詞（完了形）＋前置詞＋名詞（目的格）＋名詞

この形式の表現については、次例（4）（5）を参照。

(4) رجع بخفي حنين

raja ʽa bi khufî Hunayn

raja ʽa（戻った）　bi khufî（履物で）　hunayn（人名）

構成語の意味の総和：ホナインの靴（履物）を持って帰ってきた。

慣用的意味：目的を達成せず失敗する。

一般に他動詞形を取るもの

(5) ضرب بذقنه الأرض

.daraba bi dhiqnihi Al-Ard

.daraba（彼は叩いた）　bi（～で、～に）　dhiqnihi（自分のあご）

Al-Ard（地面／床）

構成語の意味の総和：彼は自分の顎で土（床）を叩いた／叩きつけた。

57

第2章　日本語とアラビア語の慣用的表現の構成と特徴

慣用的意味：悔しくなり、怒りがこみ上げる。

③形式：動詞（完了形）＋前置詞＋名詞（所有格／目的格）＋前置詞＋名詞

この形式の表現については、次例（6）を参照。

(6) جاء بالأمر من مأتاه

jâ'a bi Al-Amri min ma'tâhu

jâ'a（彼は……持ってきた）　bi Al-Amri（要件で）　min（から）
ma'tâhu（出どころ）

構成語の意味の総和：要件を出どころから持ってきた。

慣用的意味：しかるべき視点から問題を扱う。

　上記の各タイプから明らかなように、「複合動詞句表現」のこの3種類の構成タイプには、類似した構成を持つものが多いということがわかる。
　また、上に挙げた「動詞句慣用表現」を構成する基本成分の形式に照らし合わせてみると、アラビア語における複合的形式の慣用表現の基本的構成は主に「動詞＋前置詞＋名詞」という3つの要素であることがわかる。
　さらに、この種の表現では、完了形を要求する表現が多数を占めていることから、動詞の完了形を用いるのが「動詞句慣用表現」を使用する上での基本的なパターンだと言えよう。また、使用するのが稀ではあるが、動詞の未完了形を使用する表現もある。その場合、動詞の否定形を用いるのが一般的である。
　このほか、「動詞句表現」の基本成分の1つである名詞に関しては、日本語の「～の～」にあたる所有格名詞（属格名詞）、または日本語の「～を」にあたる目的格名詞（対格名詞）の形で現れることが多い。ただし、一部の表現では、名詞の属格と対格の両方が1つの表現の中で一緒に用いられる場合もある。また、1つの表現で複数の名詞が使用される場合もあり、「動詞＋前置詞＋名詞」という構成パターンが最も典型的である。
　そしてその中でも、前置詞の「'alá」（～上に）と「fî」（～に／で）によって結ばれているものが最も多く（Ibrahim Anis：2004）、本書で分析した動

第 2 節　アラビア語の慣用的表現の構成とその仕組み

句慣用的表現（720 例中 500 例）の 69％ほどである。

　上に挙げた 3 つの構成パターンとは別に、次の④形式に見られる構成パターンも使用されることがある。この種の形式では、これまで取り上げてきた慣用表現の構成パターンとは異なり、連結体としての動詞と前置詞の間に、名詞、もしくは「接続形人称代名詞」が挟まれることが多いのが特徴的である。なお、表現において、「接続形人称代名詞」が持つ機能は「私の（を）、彼の（を）などの代名詞は名詞、動詞、前置詞などに接尾し、所有、所属、目的などの関係」を示す役割を果たしている。この種の表現形式について、以下に例（7）～（9）を挙げておく。

④ 形式：動詞（完了形）＋名詞（主格）＋前置詞＋名詞

(7) اتسع الخرق على الراقع

ittsaʻa Al-khirq ʻAlá Al-râqiʻ

ittsaʻa（広がった）　Al-khirq（穴ぼこ）　alá（に）　Al-râqiʻ（修繕屋）

構成語の意味の総和：破れたところが縫う人の手に負えないほど大きかった。

慣用的意味：対応するのがお手上げである。

(8) ربط الله على قلبه

raba.ta Al-lâh ʻalá qalbihi

raba.ta（留まった、立ち止まった）　Al-lâh（アッラー）　ʻalá（～の上に）　qalbihi（彼の心）

構成語の意味の総和：アッラーは彼の心の上に立ちどまった。

慣用的意味：動じない（動揺しない）。

(9) عشش الشيطان في قلبه

ʻashshasha Al-shai.tân fî qalbihi

ʻashshasha（巣を作った）　Al-shai.tân（悪魔）　fî（～に）　qalbihi（彼の心）

構成語の意味の総和：悪魔は彼の心に巣をつくった。

第2章　日本語とアラビア語の慣用的表現の構成と特徴

慣用的意味：悪意に満ちた心を持つ。

　複合的動詞句の慣用的表現の使用における構成的特徴について、次の4点を挙げることができよう。
(a) 連結体のような構成パターン。
　表現における構成語同士の結び付きの固定性が強く、慣用的表現中にほかの要素が入りにくいことであるほか、構成語を関連語で言い換えにくい。以下、例（10）を挙げておく。

(10a) عشش الشيطان في قلبه
'ashshasha Al-shai.tân fî qalbihi（qalbihi：彼の心）。

(10b) عشش الشيطان في فؤاده
× 'ashshasha Al-shai.tân fî fu'âdihi（fu'âdihi：彼の心）。

　この点についてさらに言えば、連結体である「動詞と前置詞」の結合関係が意味を左右することなどから、構文上、「動詞＋前置詞」の結合関係が固定化しており、自由な使用を許さないのが基本である。
　(b) この種の表現では、慣用表現の意味的限定から、動詞の形が制約を受けているものがある。
　　a. 一般に他動詞をとる。（例2、5、6を参照）
　　b. 一般に肯定形をとる。（例1〜10を参照）
　　c. 多くは隠喩をとる。（例1〜10を参照）
　(c) 完了形を要求する傾向が強い。
　この種の表現では、完了形を要求する傾向が強く、言語使用の場面では動詞の完了形が圧倒的に多い。
　(d) 発話内の指示性
　人称代名詞を使用するのが多いことは、アラビア語の構造的特徴の1つであるが、慣用表現の場合でも、人称代名詞の使用が多く見られ、談話内においては、前後の間の結束性を促す構成形式が特徴的である。一般には、

表現の述部を「名詞＋人称代名詞」にする形式で、前の陳述に言及することが圧倒的に多い。

具体的には、これはどういうことかと言うと、次の例（11a）（11b）で説明したい。

(11a) كسب المال بعرق جبينه

kasaba Al-mâl bi ʿaraqi jabînihi
kasaba（稼いだ） Al-mâl（お金） bi ʿaraqi（汗で） jabînhi（ひたい）
構成語の意味の総和：彼はお金を自分の汗で稼いだ。
慣用的意味：自分で生計を立てる。

(11b) كسبه بعرق جبينه

kasabahu bi ʿaraqi jabînihi
kasabahu（それを稼いだ） bi ʿaraqi（汗で） jabînhi（ひたい）
構成語の意味の総和：彼はお金を自分の汗で稼いだ。
慣用的意味：自分で生計を立てる。

(11b) では、(11a) の目的格に当たる「Al-mâl：お金」を人称代名詞の「～hu：彼、それ」に置き換えても用いられることが可能である。このように、動詞句慣用表現にほとんど表れている「～hu：彼、それ」のような人称代名詞が果たす機能は、その表現の前後の意味関係を結びつける目的格を示し、またその慣用表現を含む文脈の中で、談話の前後関係の結束性を促すものであろうと思われる。

上に挙げた動詞句表現に関する諸構成形式のうち、1、2番の構成形式が複合的動詞句表現において大きな割合を占めていることが、本節での分析に使用したアラビア語辞典や書籍データの集計によって得られた結果である。

2.2.1.2 単純動詞句表現

単純動詞句表現とは、構成上、前置詞の使用を伴わない動詞を構成要素

第2章　日本語とアラビア語の慣用的表現の構成と特徴

に持つ表現である。

　〈Bパターン〉の慣用的表現の構成形式には以下のようなパターンがある。

| ①動詞（完了形）＋名詞（主格／目的格）＋名詞（所有格／目的格） |

　この形式の表現については、次例（12）を参照。

（12）نقت ضفادع البطن

naqqat .dafâdi ʻu Al-ba.tn

naqqat（鳴いた）　.dafâdi ʻu（カエル）　Al-ba.tn（お腹）
構成語の意味の総和：お腹のカエルが鳴いた。
慣用的意味：お腹が空いた。

（13）خيط الشيب شعره

khayya.ta Al-shayb sha ʻarahu

khayya.ta（縫った）　Al-shayb（白髪）　sha ʻarahu（彼の髪）
構成語の意味の総和：白髪が彼の髪の毛を縫った。
慣用的意味：彼は年を取った。

| ②動詞（完了形）＋名詞＋前置詞＋名詞 |

（14）أصبح اثراً بعد عين

A.sba.ha Atharan ba ʻda ʻain

A.sba.ha（〜になった）　Atharan（跡）　ba ʻda（〜の後に）　ʻain（目／実物）
構成語の意味の総和：実物だったそのものは跡となった。
慣用的意味：崩壊する、なくなるなどの意味。

　この種のパターンは、Aパターンの5番目の構成タイプに似てはいるが、ここでの表現の場合、表現成分の中での動詞と前置詞は、Aタイプの表現とは異なり、共起関係を成していないことなどから、Aタイプの5番とBタイプの2番は違う表現法のものだと言える。

また、この種の表現では、慣用的表現の意味的限定から、次のように動詞の形が制約を受けているものがある。

 a. 一般に自動詞の形をとる。（上記の例（12）を参照）
 b. 一般に肯定の形式をとる。（上記の例（12）～（14）を参照）
 c. 多くは隠喩の形式をとる。（上記の例（12）～（14）を参照）

また、自動詞形専用のものの方が圧倒的に多い。この点でこの種の慣用的表現の固定度が高いと言えよう。

2.2.1.3　疑問文型表現

疑問詞で始まる動詞文で、相手に対し疑問を投げかけるのが特徴的である。

(15) هل يخفى القمر

hal yakhfa Al-qamar

構成語の意味総和：月が隠れることはあるのか。
慣用的意味：名前が知れ渡っていて有名である

2.2.1.4　感嘆文型表現

日本語の「何と～だろう」に相当する表現で、疑問詞の「マ：何」で始まるのが特徴的である。

(16) ما أشبه اليوم بالبارحة

mâ Ashbaha Al-yaum bi al-bâri.ha

構成語の意味総和：今日と昨日は何て似ているのだろう。
慣用的意味：物事はさほど変化しないことを強調した言い方。

2.2.1.5　命令形型表現

命令形で始まる動詞文で、相手に対して「～するようにという意味合い」を強調するものが多い。

(17) أعطي القوس باريها
A'.ti Al-qaws bâriha

構成語の意味総和：弓をその職人さんにあげなさい。
慣用的表現：物事の判断を相応しい人に任せると良い。

2.2.1.6　動詞句慣用表現による構成要素の諸形式のまとめ

　上記からも明らかなように、今回、選びだした動詞句の用例数が全体のおおよそ4割を占めており、また複合的形式動詞句においても、または単純動詞句の表現においても、類似した構成パターンを持つものが多いということが分かる。

　「動詞句慣用表現」に於ける2つの構成形式の諸タイプを以下にまとめる。
a) 複合的動詞構文型表現：「特定の前置詞との共起を伴う動詞」
　この種の慣用表現の構成成分には以下のようなパターンがある。
　①動詞（完了形）＋前置詞＋名詞（所有格）
　②動詞（完了形）＋前置詞＋名詞（所有格）＋名詞
　③動詞（完了形）＋前置詞＋名詞（所有格）＋前置詞＋名詞（属格）
　④動詞（完了形）＋名詞（主格）＋前置詞＋名詞
b) 単純動詞句表現：「構成上、前置詞の使用を伴わない動詞を構成要素に持つ表現」
　この種の慣用表現の構成形式には以下のように2つのパターンがある。
　⑤動詞（完了形）＋名詞（主格）＋名詞（所有格／目的格）
　⑥動詞（完了形）＋名詞＋前置詞＋名詞
c) 疑問文型表現
　表現の基本構成：疑問詞＋動詞＋目的語＋？
d) 感嘆文型表現
　表現の基本構成 疑問詞（ma-）＋形容詞＋前置詞＋名詞
e) 命令形型動詞表現
　表現の動詞の命令形＋目的語＋前置詞＋名詞

2.2.2 前置詞句表現の構成

以上で分かるように、動詞の形を取るものが多いことは、アラビア語慣用的表現の特徴の1つであるが、Karim Zaki（1985）が行った調査によれば、2番目に多いのは、「前置詞句慣用表現」だということである。では、「前置詞句表現」とは何かを、ここで、まず説明したい。

前置詞句慣用表現とは、前置詞を構成要素の先頭に置く慣用表現である。

この種の表現では、意味生成において、前置詞が大きな役割を果たす存在となる。「前置詞＋名詞＋名詞」が基本的パターンのこの種の表現は、複合語に隣接し、また前置詞が果たす機能は、その表現の述語と格関係を結びえる役割を果たしている。中でも、前置詞の على 'alá（〜上に、について）はもっとも多く用いられるものである。また、その次に来るのは、前置詞の في fî（〜に、〜で）である。

この他の特徴としては、「前置詞句表現」では、動詞句表現と同様に構成成分の位置交換を許さないということが挙げられる。

この種の表現は、次のように2つのパターン（パターンⅠ、パターンⅡ）に分けることができる。

(1) パターンⅠ

前置詞を構成要素の先頭に置く表現を分析対象とする。

この種の表現例について、以下に例（18）〜（20）を挙げておく。

① 前置詞＋名詞＋名詞（属格名詞）

(18) على جناح سفر
'alá jinâ.h safar
構成語の意味の総和：旅をする翼の上にいる。
慣用的意味：旅に出るところ。

(19) على ظهر قلق
'alá dhahr qalq

第 2 章　日本語とアラビア語の慣用的表現の構成と特徴

構成語の意味の総和：心配の背中の上にある。
慣用的意味：気がかりなことがある。

(20) على طريق واحدة
ʻalá tarîq wâ.hidah
構成語の意味の総和：道一つにある。
慣用的意味：目的（目標）が同じである。

②前置詞＋名詞＋前置詞＋名詞

(21) في خفض من العيش
fî khaf.d min Al-aish
構成語の意味の総和：生活が低い状態にある。
慣用的意味：生活状況が豊かで良い状態にある／経済的に恵まれている。

③前置詞＋名詞＋形容詞

(22) عليه إصبع حسنة
ʻaláihi I.sbaʻ .hasinah
構成語の意味の総和：それの上に良い指（複数形）がある。
慣用的意味：評判が良い。

(2) パターンⅡ
　否定詞を構成要素の先頭に置く表現を対象とする。以下に、具体例に沿って、いくつかのパターンに分けてみたい。

①構成成分：否定詞＋前置詞＋名詞＋接続詞＋否定詞＋名詞

(23) ما له زرع ولا ضرع
mâ lahu zarʻ walâ .darʻ

mâ lahu（彼にない / 持っていない） zar'（植えたもの） walâ（または） dar'（取るもの).
構成語の意味の総和：彼には、植えるものもなければ取るものもない。
慣用的意味：そのことについて全く関係のない人である。

②構成成分：否定詞＋前置詞＋名詞＋名詞＋接続詞＋否定詞＋名詞

(24) ما في البيت هفة ولا سفة
mâ fî Al-bait haffah walâ saffah
mâ（否定形） fî（～に / で） Al-bait（家） haffah（一抹） walâ（または） saffah（ひとはけ）
構成語の意味の総和：家には一抹のものもなければ、ひとはけもない。
慣用的意味：一文なし、ひどく生活が貧しいさま。

2.2.2.1 前置詞句表現の構成的特徴のまとめ

① 複合的形式の慣用表現において、前置詞型表現が動詞型表現に次いで2番目多いパターンとなる。
②「前置詞で始まる表現形式」と「否定詞で始まるタイプの表現形式」との2つのパターンに分かれる。
③ 否定的表現を要求するパターンの数よりも肯定的表現を要求するパターンの数の方が多い。
④ 否定的表現では主に、否定詞の「ma-」が用いられる。
⑤ 構成語を関連語で言い換えにくい。

2.2.3. 名詞句表現の構成

名詞句慣用的表現とは、「名詞で始まる慣用的表現である」と定義できる。

また、本書で収集した表現例（計1,800例）を集計したところ、分析対象の慣用的表現全体の中で「名詞句表現」と認定できる表現が470例あるという結果を得られた。

ところで、この種の表現には、次の2種類の形式がある。

第2章　日本語とアラビア語の慣用的表現の構成と特徴

　①肯定的名詞句表現
　②否定的名詞句表現
　まず、肯定的表現には、どのような構成形式があるかを以下に見てみよう。

2.2.3.1　肯定的名詞句表現
① 構成形式：名詞＋前置詞＋名詞

(25) علم في تخصصه
ʻalam fî takha.s.sihi
構成語の意味の総和：彼は自分の専門において旗である。
慣用的意味：彼は自分の専門において中心的な存在である。

② 構成形式：名詞＋前置詞＋名詞（＋人称代名詞）

(26) ركن في قومه
rukun fî qaumihi
rukun（一角、コーナー）　fî（～に/で）　qaumihi（自分の民族、氏族/仲間）
構成語の意味の総和：彼は自分の氏族の中で一角である。
慣用的意味：彼は氏族の柱の1つである（一目が置かれている人の意）。

③ 構成形式：名詞（＋人称代名詞）＋前置詞＋名詞＋人称代名詞

(27) ملحه على ركبتيه
mil.huhu ʻalá rukbatayhi
mil.huhu（彼の塩）　ʻalá（～の上に）　rukbatayhi（自分の両ひざ）
構成語の意味の総和：彼の塩はひざの上にある。
慣用的意味：恩知らずな人。

第2節　アラビア語の慣用的表現の構成とその仕組み

④ 構成形式：名詞＋名詞＋前置詞＋名詞

(28) منقطع القرين في الخير
munqa.tiʽ Al-qarîn fî Al-khair
munqa.tiʽ Al-qarîn（同類）　fî（～に/で）　Al-khair（善を施すこと）
構成語の意味の総和：善を施すことにおいて彼と同類のものはない。
慣用的意味：彼ほど人助けをする善人はいない。

⑤ 構成形式：名詞＋否定詞＋動詞（未完了形）＋前置詞＋名詞

(29) حساء لايبيض بشئ
.hisâʼ lâ yabya.d bi shaiʽ
.hisâʼ（皿）　lâ yabya.d（白くならない）　bi shaiʽ（何かで/何かによって）
構成語の意味の総和：何があっても白くならない皿。
慣用的意味：限りなく恵みを施す人の例え。

2.2.3.2　否定的名詞型慣用表現

次に、否定的名詞句の慣用表現を見てみたい。この種の表現は、次のような構成タイプで用いられる。

① 構成形式：否定詞＋前置詞＋人称代名詞＋名詞

(30) ليس له طعم
laisa lahu .taʽm
laisa（否定形）　lahu（それについて）　.taʽm（味）
構成語の意味の総和：それに味がない。
慣用的意味：味気ない、またはつまらない。

2.2.3.3　名詞句表現の構成的特徴のまとめ

① 使用するパターンが限られている。

② 肯定的、または否定的構文の2種類に分かれている。
③ 動詞句表現や前置詞句表現に比べて見ると、複合式慣用的表現において、その数の割合が少ない。

2.2.4 形容詞・比較級型表現

　形容詞の基本形の他にも比較級形を構成要素に持つこの種の表現では、その表す意味において、ある一定の傾向が認められる。以下、比較級を構成要素に持つ慣用的表現と、それぞれの慣用的表現の構成的、意味的関係について、考えてみたい。

　アラビア語には、「比較級」の表現法を用いた諺や成句、慣用表現などが数多く見られるが、理由としては、次のような2つの説がある。

　1つは、形容詞の比較級は比較的作りやすい形の表現であり、強調性が強い表現法であるため、表現の幅が広くなるのだという。つまり、その組み合わせ易さとその強調性の強いところが使用頻度の高さを生み出しているということなのである。

　もう1つの分析は、アラブ人の思考原理に注目している。アラブ人は、理想と現実を別々に捉えることを好まず、それらが同次元にあるとの発想が思考構造の根底にあるとされる民族である。言語表現もこうした思考に影響を受け、成句や慣用表現などに映し出される「理想」と「現実」が表現形式を通して一体化するとされている。

　例えば、この分析を裏付ける例として、こんな表現がある。

(31) هو أحلم من الأحنف
huwa A.halam min Al-A.hanaf
huwa（彼）　A.halam（もっと穏やかでやさしい）　min（〜より）
Al-A.hanaf（人名）
構成語の意味の総和：アハナフ（実在していた人物とされる）よりも優しい。
慣用的意味：やさしさや穏やかな性格のたとえ。

　この表現では、たとえる者（彼）が理想としてのたとえられえる者（ア

ハナフ）以上に「優しい」として、比較級型表現が用いられている。こうして、現実が理想を越えることが可能であること、または重なり合うことが可能だという考えから、アラブ人はこのような表現方法を好み、良く使うのである。

　さらに、この種の表現に用いられる「たとえらえるもの」の名詞は、何らかのきっかけや理由によって、象徴的存在となり、社会の共通認識を表すものとして表現される。また、その象徴的存在となった事物を表わす語には、「実在していた人物の名前や特定の動物、鳥類、自然」などが使用されるのが特徴的だ。この種の表現について、以下のような表現が挙げられる。

(32) هو أجرأ من السيل
huwa Ajra'a min Al-sail
huwa（彼）　Ajra'a（もっと大胆で動じない）　min（～より）　al-sail（洪水）
構成語の意味の総和：彼は流水（の勢い）より大胆である。
慣用的意味：全く恐れを知らない男。

　上記の（32）の表現では、「物事を恐れない、また何事も動じない」などの人の性格を、「誰にも止められずに勢いよく流れる洪水」を引き合いに出して表わしている。洪水を比喩にしたところは日本語では想像のつかない発想だと考えられる。
　このほか、以下に次のような用例がある。

(33) أمكر من الثعلب
Amkar min Al-tha'lab
Amkar（よりずるい）　min（～より）　Al-tha'lab（狐）
構成語の意味の総和：彼は狐よりずるい。
慣用的意味：裏があってずるい人、または狡さのたとえ。

第 2 章　日本語とアラビア語の慣用的表現の構成と特徴

(34) أشجع من الأسد
Ashja' min Al-asad
Ashja'（より勇敢な）　min（〜より）　Al-asad（ライオン）
構成語の意味の総和：彼はライオンより勇敢だ。
慣用的意味：人並みならぬ勇ましさ。

　この種の表現は、動物や自然などの例えを使用することが多い。しかし、表現の述部について見てみると、その内実は多様であることが分かる。そのため、この種のタイプの慣用表現は、述部に現れる事柄や事物の内容によって、以下のように 5 つの種類に分けることができよう。

　　a) 著名人物を題材にした表現
　実在していたとされる人物の性格、個性などを引き合いに比喩した表現。

(35) أبلغ من قيس
Ablgh min Qais
Ablgh（雄弁）　min（〜より）　qais（人名）
構成語の意味の総和：カイス（人名）より雄弁である。
慣用的意味：弁の立つ人の例え。

　　b) 動物を題材にした表現
　動物の強暴性、または穏やかな習性を引き合いにした表現。

(36) أدنئ من قرد
Adna' min Al-qird
Adna'（より低い / 程度が低い）　min（〜より）　Al-qird（猿）
構成語の意味の総和：猿より程度の低い人である。
慣用的意味：卑怯な性格の持ち主（軽蔑を表わす表現）。

　　c) 鳥類を題材にした表現
　この種の表現の述部には、鳥類の穏やかさや習性などを引き合いにした

表現がよく見られる。

(37) أبصر من العقاب
Ab.sar min Al- ʿuqâb
Ab.sar（より視力が強い）　min（〜より）　Al- ʿuqâb（はやぶさ）
構成語の意味の総和：ハヤブサより目が鋭い。
慣用的意味：目が非常に良い人、目が遠くまで鮮明に良く見えることの例え。

d）自然の中の事物を題材にした表現

自然の中にある事物の外見的特徴、動きの様子もしくその性質などを引き合いに出し表現する。

(38) أنضر من روضة
An.dr min rawu.dah
An.dr（より映えのある/色鮮やか）　min（〜より）　rawu.dah（庭園）
構成語の意味の総和：庭園より鮮やか。
慣用的意味：色鮮やかで見た目の美しいものの例え。

e）その他の表現法

この種の表現の述部には自然や動物以外の、人間生活に関わりのある事物や事柄の様子、機能、性質など、を引き合いにした比喩表現がよく見られる。

(39) أدنى من حبل الوريد
Adná min .habl Al-warîd
Adná（最も近い）　min（〜より）　.habl（縄）　Al-warîd（脈）
構成語の意味の総和：動脈より近い。
慣用的意味：自分にとって大切な人を指す言い方。

第 2 章　日本語とアラビア語の慣用的表現の構成と特徴

　上記の例で分かるように、慣用表現は比喩表現の一種である。そして、比喩表現の基本的な認知枠を構成するのは、"たとえるもの"と"たとえられえるもの"、そして"たとえの根拠"となるものの3要素である。そして、これらの要素は常に比喩の記号過程に明示されるとは限らない。

　また、この比喩の記号過程にかかわる3つの要素はそれぞれ趣意（tenor）、媒体（vehicle）と根拠（ground）と呼ばれる（Richards: 1936, pp.118-120）。

　この場合、たとえられるものは趣意（tenor）、たとえるものは媒体（vehicle）、"たとえの根拠"は根拠（ground）となる。具体的に次の表現を例に説明してみよう。

(40) أذل من البغل
Adhal min Al-baghal
Adhal（最もみじめ）　min（～より）　Al-baghal（ロバ）
ロバより、みじめである。
彼（男）＝趣意
ロバ＝媒体
どんな命令に対しても、服従するしかできない姿＝みじめさ＝根拠

　上に取り挙げた表現例を見ると、「2つの事物」の何らかの信頼性に基づいて、一方の事物を表す形式を用いて、他方の事物・概念を表すという比喩法が用いられていることがわかる。2つの事物に共通する類似性というのは、2つの事物に類似性が内在しているということよりも、その言語共同体が2つの対象の間に主観的類似性を見出すことを表わしていると考える方が適切である（町田・籾山：2002）。そして、その主観的類似性の根底にあるのは、その言語共同体の価値観や言語行動、などを示す「鍵」となる語句 'les mots cles' がある（Lenden: 1977, p.2）。

2.3　単純形式の慣用的表現

　2つの名詞から成る名詞プラス名詞、または形容詞、もしくは名詞1つから成る単純形式慣用的表現は、形式上、次のように大別できよう。

① 名詞句慣用的表現　　② 形容詞句慣用的表現

2.3.1　名詞句慣用的表現

この種の表現の基本的なパターンは「名詞＋名詞」である。これについて以下のような表現例が挙げられる。

(44) عطر منشم（'itr mansham）
構成語の意味総和：マンシャムの香水
慣用的意味：戦いの始まりを予測させる出来事が起きた時に言う表現。

(45) حلم عصفور（hillim 'usfûr）
構成語の意味総和：すずめの夢
慣用的意味：力不足のため実現できそうにないことに対して言う表現。

上のパターンの他には、「1語」だけで構成されるタイプの表現もある。この種の表現について、次のような例が挙げられる。

(46) هو آيه（huwa Ayah）
構成語の意味総和：彼は章句である。
慣用的意味：真面目な態度などを社会の規範となるコーランの章句に例える表現。

(47) هي أذن كبيرة（hiya uzun kabîrah）
構成語の意味総和：彼女は大きな耳である。
慣用的意味：彼女はスパイのように、人の言うことに耳を澄ませて、相手に断りなく、他の人に伝えたりする人のこと。

(48) الأحمران（Al-A.hmarân）
構成語の意味総和：二つの赤
慣用的意味：肉と酒

2.3.2 形容句慣用的表現

　この種の慣用的表現では、形容詞が名詞を修飾するのが一般的である。まず、この種の表現の基本的なパターンであるとも言える「名詞＋形容詞」について、以下のような表現例が挙げられる。

(49) الدولاب الحكومي
Al-dûlâb　Al-.hukûmî
構成語の意味総和：政府のタンス
慣用的意味：政府または行政

(50) السوق السوداء
Al-sûq Al-saudâ'
構成語の意味総和：黒い市場
慣用的意味：不正取引による売買が横行している市場（やみ市場）

第 2 節　アラビア語の慣用的表現の構成とその仕組み

2.3.3　まとめ

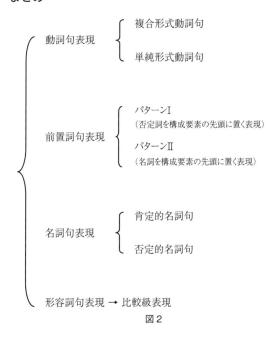

図 2

動詞句表現数	複合式動詞句表現 490	単純式動詞句表現 230	720
前置詞句表現数	パターンⅠ 280	パターンⅡ 230	510
名詞句表現数	肯定的名詞句表現 250	否定的名詞句 220	470
形容詞句表現数	比較級型表現 100		100
分析対象例（総数）			1,800

表 2

　本節では、*lisân・al-'arab* と *.mu'jam al-ta'âbîr*（maktabat lubnân. 2008）をデータとしたアラビア語の慣用的表現の中から 1,800 語句の構成形式を分析した。その結果、表 3 でも分かるように、動詞句表現の場合、複合

第 2 章　日本語とアラビア語の慣用的表現の構成と特徴

形式動詞句は 490 句で、分析対象とした表現例の 68.05％を占めている。

また、単純形式動詞句の慣用的表現は 230 句で、分析対象とした表現例の 31.94％を占めている。動詞句表現は 720 句で、この調査での複合形式の慣用表現全用例の 40％を占めている。前置詞句表現は 510 句の中で、分析対象とした用例の 28.3％を占める。名詞句表現は 470 句で、分析対象とした表現例の 25.5％に至る。比較級型表現の場合は 100 句で、分析対象とした用例の 5.1％を占めており、集計例の中で、最も少ない。

上記の結果を見ると、アラビア語では、動詞を用いた表現が複合的形式の慣用表現の中で、最も多く用いられていることが分かる。以上、収集した用例を基に、本調査でアラビア語の慣用的表現の構成形式を考察した結果をまとめると、次の通りとなる。

	動詞句表現	前置詞句表現	名詞句表現	形容詞・比較級型
アラビア語	720 句 40％	510 句 28.3％	470 句 25.5％	100 句 5.1％

表3　アラビア語の複合的形式慣用表現の構成形式

本節では、「アラビア語慣用的表現」を取り上げ、構成成分のパターン化の側面から慣用的表現の類型化を試み、種々の構成パターンの特徴やその構成の特殊性について述べてきた。

これにより、慣用的表現の使用において、次のような特徴があることが分かった。

(1) 本節では分析対象の用例の集計結果を見ると、動詞句表現が大きな割合を占めていることが分かる。したがって、慣用的表現の統合構造の中で、中心的な役割を果たしているのは、多くの場合、動詞と言うことができる。また、全体の中で 2 番目に多い表現形式は「前置詞句慣用表現」だということが分かった（Karim Zaki：1985）。
(2) 慣用的表現の意味的限定から、構成上、比較級型表現や否定表現などのように制約を受けているものが多い。
(3) 表現ごとに一定の叙述形式があること。
(4) 動詞句表現では、完了形を要求する慣用的表現が大きな割合を占めて

第2節　アラビア語の慣用的表現の構成とその仕組み

いる。
(5) 常に否定の形をとる慣用的表現もあるが、全般的に肯定の形をとる表現の方が多様である。
(6) 慣用的表現は、後の叙述形式が定まっていて、自由な使用を許さないこと。
(7) 複合形式の表現では、構成要素が結びついて、連結体のような構成パターンを成し、また、その結合関係が意味を左右する。
(8) 表現の述部では、動物や鳥類、自然などの例えと比喩を使用する傾向がある。

第3節 アラビア語慣用的表現の形式的・意味的特徴について

　本節では、日アそれぞれの慣用的表現を形式的・意味的特徴という視点から見ていく。慣用的表現の特徴を述べることは、慣用的表現を用いる際に話者が期待する効果を述べることにも繋がると思われる。本研究の第2章（第1、2節）・第3章の分析と収集データを基に、分析対象となるアラビア語慣用的表現の全体を以下のように5つのタイプに大別できる。以下、アラビア語の各タイプと対応すると考えられる日本語の各タイプも併せて提示していく。

3.1 アラビア語慣用的表現の形式上の特徴

(1) 類語反復型表現（かさね形式）を用いたタイプ
　この種の表現は、「مجرب مدرب」mujarrib mudarrab（経験のある、熟練を身に付けた者）、「حسن بسن」.hasin basin（ハンサムで美男な者）などのように、意味かつ音韻上、似通った形容詞や名詞を繰り返すことによって、無意味に陥ることなく、かえって意味の同一性を積極的に主張し確認する表現法である。このような意味を表わす表現には次のような例がある。

qabî.h shafî.h　قبيح شفيح
　　慣用的意味：汚くて醜い。
jâiʿ nâiʿ　جائع نائع
　　慣用的意味：お腹がぺこぺこだ / 空腹を訴える表現。
ʿa.tshân na.tshân　عطشان نطشان
　　慣用的意味：のどがからからだ / のどの渇きを強調する表現。

　この種の表現法に使用される形式は以下のような構成から成り立つ。

| 類語反復型表現の構成パターン ＝ 名詞＋名詞 |

第3節　アラビア語慣用的表現の形式的・意味的特徴について

アラビア語のこの種の慣用的表現に対応する日本語の慣用的表現として、次のような表現が挙げられる。

日本語表現例：あの手この手、好き好き、手も足も出ない、根も葉もない

　この種の表現法は、アラブ人の言語感覚を体現しているのではないかと思われる。アラブ人には、言語を使用する際、語尾の音韻が似た言葉を語呂合わせて使用するのを好む言語的習慣があるのである。つまり、アラブ人が考える洗練された表現とは、意味も音韻も似ている言葉の組み合わせである。また、アラブ人のこうした言語感覚が、この種の慣用表現を生み出す要因でもある。

(2) 表象的形式を用いたタイプ

　このタイプの表現は、ある事柄や事物などにかかわる特徴的な点を引き合いに慣用的意味を表わすものである。アラビア語の عطر منشم（ˈi.tr mansham）（直：マンシャムの香水）の場合、戦争の表象である"Mansham"の香水を用い、手をそれにつけることで、"戦う"を意味する表現として用いられている。アラビア半島には、香水を売るmanshamという女性が暮らしていて、男たちが戦争に出るときに、そのmanshamの売っている香水に手をつける習慣があったことに由来した表現で、「戦う気持ちを煽る」ことを意味している。

　日本語においては、ˈi.tru mansham と同じように、昔の風習を表わす表現がある。例えば、「カブトを脱ぐ」の場合、戦争の表象である"カブト"を用いて、それを脱ぐことで"降伏"を意味する表現として用いられている。このタイプに属する日アの表現としては次のような例が挙げられる。

第2章　日本語とアラビア語の慣用的表現の構成と特徴

アラビア語表現例	構成語の意味総和	慣用的意味
ï.tr mansham عطر منشم	マンシャムの香水	あらそいを起こす、戦い争う。
sabba Al-zait fî Al-qindîl صب الزيت في القنديل	彼は油を細長いやかんに注いだ。	忍耐への報いを表わす。
Imra'ah farrat min Al-jannah إمراءة فرت من الجنة	～天国から逃げてきた。	類を見ない美しさ。

表4

日本語表現例：かぶとを脱ぐ、歯を染める、旗を巻く、など

(3) 双数形による造語を用いたタイプ

1単語から成るこの種の表現は、アラビア語の文法的特徴の1つである名詞、形容詞、動詞の双数形によるもので、共通点のある名詞2つを融合させ、双数形による1語で表す。以下、例を挙げておく。また、この種の表現は意味上の分野ごとに基づいて、4つのタイプに分類できる。

a）人間関係や身体に関する表現：الأصغران（Al-A.sgharân/ 小さいの双数形）（意：心臓と舌）、كريم الطرفين（karîm Al-.tarafain）（意訳：舌と股）。この種の表現の特徴の1つには、形容詞に修飾されることが多い。

　例：huwa karîm Al-tarafain（彼は高貴な舌と股を持っている：平和的で品のある人である）

b）飲食に関する表現：الأحمران（Al-A.hmarân/2つの赤）（意：肉と酒）

c）時間に関する表現：الحبلان（Al-.hablân/2つの縄）（意：朝と夜）

d）その他の事柄に関する表現：الحجران（Al-.hajarân/2つの石）（意：金と銀）

(4) 描写的表現を用いたタイプ

このタイプの慣用的表現では、慣用的意味と身体の変化が深く関わっている。その上で、人間の活動や対人関係などを巡って、実際の人間の感情や気持ちによって、行動や身体に現れる変化を描写している。アラビア語のこの種の慣用的表現としては、以下のような例がある。

第3節　アラビア語慣用的表現の形式的・意味的特徴について

アラビア語表現例	構成語の意味総和	慣用的意味
tanbu 'anhu Al- 'ain تنبو عنه العين	目をそれより背ける	見るのがいやで見ようとしない
.daraba 'alá yadaihi ضرب على يديه	彼の手をぶつ	注意する
rafa 'a 'a.sahu رفع عصاه	自分の杖を揚げる	怒って相手と張り合う
'a.dda 'alá shafataihi عضَّ على شفتيه	自分の唇をかむ	悔しい思いをするときの表現

表5

一方、この種のアラビア語慣用的表現に対応する日本語の表現として以下のような表現が挙げられる。
日本語表現例：鳥肌が立つ、目くじらを立てる、など

(5) 純粋な比喩を用いた表現

アラビア語表現例	構成語の意味総和	慣用的意味
.hillimu 'usfûr حلم عصفور	すずめの夢	実行力のない者が大きな希望を抱く際に言う表現
marra Al-sihâb مرور السحاب	通り過ぎる雲	誰も気づかずにあっというまに通り過ぎること
kalâm Al-baghbaghâ' كلام البغبغاء	オウムのようなおしゃべり。	取り止めのない話をする人のことを言う

表6

日本語の表現例：虫がいい、鬼が住むか蛇が住むか、株を買う、など
このタイプの慣用的表現には、隠喩でも直喩でもどちらの場合にも使うことが可能な比喩表現が多く見られる。特徴としては、アラビア語の場合「カー」という表現を、日本語の場合「～のようだ」を接続させて、その意味が成立するものが多い。例えば、林(2006)の論証に習えば、日本

83

語の場合、「日常茶飯事」は「日常茶飯事のように～」と、アラビア語の場合、.hillimu ʻu.sfûr（直：すずめの夢）は ka（ように）.hillimu u.sfûr のように、用いることができる。

(6)「～（家族名詞）」で始まる連語成句慣用的表現

この種の表現では、名詞プラス名詞、または形容詞から成る単純形式の表現が多く見られ、形式上、次のように5タイプに分けることができよう。また、このタイプの表現において最大の特徴となるのが、擬人化を軸とする表現法である。つまり、「～の父、～の母、～息子、娘、兄弟」のような、本来、人間にしか使わない「家族構成」に関する用語やそれに関連する叙述が、人間以外の生物や無生物に対しても適応されるのが、このタイプの表現の特色の1つである。

(6.1)「～の ʻab（父）」で始まる表現

①動物・鳥類を表わす表現
Abu Al-Ab.tâl أبو الأبطال （直：ヒーローの父、意：ライオン）
Abu Al-Aswad أبو الأسود （直：黒の父、意：虎、タイガー）
Abu .sabr أبو صبر （直：忍耐の父、意：ロバ）
Abu .husbân أبو حسبان （直：注意深く行動することの父、意：鷲）

②人間を題材にした表現
Abu Al-bashar أبو البشر （直：人間の父、意：アダム）
Abu ʻuzriyatihâ أبو عذريتها （直：彼女の処女の父、意：初めての結婚相手）
Abu Al-bait أبو البيت （直：家の父、意：家の持ち主、中心人物）

③一般的事物を題材にした表現
Abu Al-Abya.d أبو الأبيض （直：白さの父、意：牛乳）
Abu Al-râ.hah أبو الراحة （直：休みの父、意：寝ること）

第3節　アラビア語慣用的表現の形式的・意味的特徴について

(6.2)「～の um（母）」で始まる表現
① 動物・鳥類を表わす表現
Um Al-kharâb　أم الخراب　（直：破壊の母、意：フクロウ）
Um rushd　أم رشد　（直：冷静さの母、意：ネズミ）
Um Al-Aswad　أم الأسود　（直：黒の母、意：フンころがし）

② 自然・風土を表わす表現
Um Al-qurá　أم القرى　（直：町の母、意：イスラム教徒の聖地である「メッカ」のこと）
Um âdam　أم آدم　（直：アダムの母、意：地球）
Um shamla　أم شملا　（直：shamla の母、意：太陽）

③ 人間とそれに関連するものを表わす表現
Um Al-bait　أم البيت　（直：家の母、意：妻、持ち主）
Um Al-.ta'âm　أم الطعام　（直：食べ物の母、意：腸）

(6.3)「～の ibn（息子）」で始まる表現
① 人間とその活動を表わす表現
Ibn Al-lail　ابن الليل　（直：夜の息子、意：夜で活動する物騒な男）
Ibn Al-sabîl　ابن السبيل　（直：通り道の息子、意：旅に出ている人）
Ibn ghabrâ　ابن غبراء　（直：ガバラーの息子、意：泥棒、犯罪者）

② 褒めることをテーマにした表現
Ibn madîna　ابن مدينة　（直：町の息子、意：特定の町に詳しい人）
Ibn 'amal　ابن عمل　（直：仕事の息子、意：特定の仕事をよくできる人）
Ibn jalâ　ابن جلا　（直：jala（皆に知れ渡っていること）の息子、意：有名な人）

③ けなすことをテーマにした表現
Ibn ba.tnihi　ابن بطني　（直：おなかの息子、意：食べもののことしか考えない人、食いしん坊）

第2章　日本語とアラビア語の慣用的表現の構成と特徴

Ibn ʼA.sl ابن أصل （直：源の息子、意：育ちの良い人）

④動物・鳥類を表わす表現
Ibn âdhân ابن آذان （直：耳の息子、意：ロバ）
Ibn Al-ʼard ابن الأرض （直：土地の息子、意：キツネ）

⑤自然を表わす表現
Ibn Al-s.hâb ابن السحاب （直：雲の息子、意：雨）
Ibn Al-samâʼ ابن السماء （直：空の息子、意：朝）

(6.4)「～の bint（娘）」で始まる表現

　この種の表現で用いられる基本的な構成形式は、「banât ＋～（名詞）」の組み合わせである。また、単数形である「bint」より複数形の「banât」（娘たち）の形の方がよく用いられる。

①女性とその活動を表わす表現
banât Al-lail بنات الليل （直：夜の娘たち、意：風俗で働く女性）
banât Al-mulûk بنات الملوك （直：王の娘たち、意：上流階級の女性）
banât Al-maʼidah بنات المعدة （直：おなかの娘たち、意：腸）

②動物を題材にした表現
banât Al-ʼasfâr بنات الأسفار （直：旅の娘たち、意：遊牧の家畜）

③自然環境を題材にした表現
banât Al-ʼard بنات الأرض （直：大地の娘たち、意：小川）
banât Al-.tarîq بنات الطريق （直：道路の娘たち、意：小さな道）

④災いをテーマにした表現
banât Al-dahr بنات الدهر （直：世、時代の娘たち、意：困難）
banât Al-lail بنات الليل （直：夜の娘たち、意：悩みなど）

第3節　アラビア語慣用的表現の形式的・意味的特徴について

多くのアラビア語方言においては、上に取り上げた「Ibn〜：〜息子」と「bint〜」の表現法の使用がよく見られる。これはおそらく正則アラビア語の影響によるものだと考えられるが、例えば、エジプト方言やシリア方言を例に取ってみると、次のような慣用的表現がある。

Ibn ʿâilah ابن عائلة （直：家族の息子、意：育ちの良い人）
Ibn ʿiz ابن عز （直：富裕の息子、意：金持ちの家庭で育った人）
bint balad بنت بلد （直：町の娘、意：伝統を知る頼りのある女性）

(6.5)「〜の akh（兄弟）」で始まる表現
Akh al-fîrâsh أخ الفراش （直：ベッドの兄弟、意：病人）
Akh al-maut أخ الموت （直：死の兄弟、意：危篤状態にある）

3.2　日本語とアラビア語の慣用的表現の意味的特徴

　ある言語の慣用的表現を理解する上で、最も大切となるのがその言語の慣用的表現に見られる意味的特徴を把握することである。慣用的表現は比喩性あっての表現法であるが、本研究では、その比喩性の中に表われる意味特徴を考察する。それは、その言語の表現に見られる比喩の特性とその意味形との強い関わり合いを示すものである。

3.2.1　アラビア語の慣用的表現の意味的特徴

(1) ネガティブ的価値の表現が多用

　林明玉（2006）によれば、日本語の慣用的表現では、否定的でネガティブ的価値の傾向が強く見られているということである。一方、アラビア語の慣用的表現においても、形式としては否定的ではないが、その意味はネガティブ的価値を表す表現が多くみられる（付録：アラビア語慣用的表現一覧表を参照）。両言語に見られるネガティブの表現には次のようなものがある。

第 2 章　日本語とアラビア語の慣用的表現の構成と特徴

アラビア語の表現例

① ya.sub Al-zait ʻalá Al-nâr　يصب الزيت على النار
構成語の意味総和：火に油を注ぐ
慣用的意味：状況を煽る

② khasira ma ʻa wajhi　خسر ماء وجهه
構成語の意味総和：顔の水を失う
慣用的意味：面目を失う

③ mâ lahu zarʻ walâ .darʻ　ما له زرع ولا درع
構成語の意味の総和：彼には、植えるものもなければ取るものもない。
慣用的意味：そのことについて全く関係のない人である。

日本語の表現例：水をさす、舌を出す、顔に泥を塗る、口をはさむ、など

(2) 誇張表現が多用

　日アの慣用的表現の中には、ある表現を膨らませて誇張した表現が多く見られる。アラビア語の慣用的表現の中には誇張した表現のタイプが多く見られる。これには、次のような表現例がある。

① Ab.sar min Al- ʻuqab　أبصر من العقاب
構成語の意味の総和：ハヤブサより目が鋭い。
慣用的意味：目が非常に良い人、目が遠くまで鮮明に良く見えることの例え

② sauwadd Al-lahu wajhahu　سوّد الله وجهه
構成語の意味総和：神様が人の顔を黒くした
意訳：天罰が下る

③ huwa AjrA min Al-sail　هو أجرأ من السيل
構成語の意味の総和：彼は流水（の勢い）より大胆である。

慣用的意味：全く恐れを知らない男

(3) 心情を表す表現が多用

　宮地（1982）によれば、日本語の慣用句では、心情や心理を表わすものが多い。中でも、「気」という心理語彙の慣用句の多いことが目立つということである。また、林（2006）によれば、慣用的表現に見られるもう1つの意味的特徴は、感情を表す表現が多くあり、日本語の中でも、特に「怒り」を表わすものが多い。一方、本節で行ったアラビア語の慣用的表現の意味による分類結果を見ると、アラビア語の心情表現の中でも、とくに〈怒り・憤慨〉の表現が多いことも特徴の1つである。このような意味を表わす表現には次のような例がある。

アラビア語の表現例
① .sabba gha.dabah ʿalá　　صب غضبه على
構成語の意味総和：猛怒りを降り注ぐ（浴びせた）
慣用的意味：怒り心頭

② .hazîn Al-qalb　　حزين القلب
構成語の意味総和：悲しい心
慣用的意味：落ち込む。

日本語表現例：気に入らない、気が重い、気が多い、気にかかる、気にさわる、頭にくる、腹が立つ、胸が打たれる、など

(4) 非現実的な表現が多用

　全体的に比喩性を持っている慣用的表現は、直接の表現を避け、何かとの比喩を通じて表現しようとする。その比喩表現には、あり得ないことや実現しにくい表現が多い。以下はその一例である。

第2章 日本語とアラビア語の慣用的表現の構成と特徴

アラビア語の表現例

① waqaʻa fî salî jamal　وقع في سليّ جمل
構成語の意味総和：雄ラクダのサリに落ちた[(19)]
慣用的意味：厄介な目に遭って抜けられない様子

② ʻashash Al-shai.tân fî qalbih　عشعش الشيطان في قلبه
構成語の意味総和：悪魔は彼の心に巣をつくった
慣用的意味：悪意に満ちた心を持つ

日本語の表現例：尻が割れる、爪に火をともす、喉から手が出る、へそを曲げる

3.3　日本語とは異なるアラビア語慣用的表現の特徴

(1) 類犠性

この種の表現には、意味が似ている、または意味を全く同じくする慣用的表現が含まれる。例えば、「目的を達成せず、失敗に終わる」のような意味を表わす慣用的表現について、次のような例がある。

目的を達成せずに帰ってくる、失敗すること。
- (15) jâʼa sifr Al-yadain　جاء سفر اليدين
  jâʼa（彼は来た）　sifr（空っぽ）　Al-yadain（両手）、

- (16) jâʼa yanfidi yadaihi　جاء ينفض يديه
  jâʼa（彼は来た）　yanfidi（叩いて埃を落とす）　yadaihi（両手）

- (17) jâʼa yajjuru azyala al-jaiba　جاء يجر أذيال الخيبة
  jâʼa（彼は来た）　yajjuru（引きずる）　azyala（尻尾）　Al-jaiba（情けなさ）

図3

(2) 多義性

慣用的表現の多義性とは、その構成語の意味が拡張することにより生じるものである。アラビア語において、同一の対象を異なるレベル・観点か

第3節　アラビア語慣用的表現の形式的・意味的特徴について

ら捉える能力のある慣用的表現のタイプがある。1つの慣用的表現で多くの意味を持つ表現、いわゆる多義的な慣用的表現はよく見られる性質の1つである。以下の表現はその一例である。

(18) ʿarîd Al- bitân　عريض البطان

ʿarîd（幅のある）　Al- bitân（お腹）
構成語の意味総和：幅のあるお腹のある人
慣用的意味：お金持ち、または気兼ねなく生きている人

(19) mal.hah ʿalá rukbataihi　ملحه على ركبتيه

mal.hah（彼の塩）　ʿalá（〜の上に）　rukbataihi（彼の自分のひざ）
構成語の意味総和：彼は自分の塩をひざに置いている。
意訳：誠実でない人、怒りっぽい人

(3) 同一語対義性

　アラビア語の慣用的表現には、相反する2つの意味で用いることのできるものもある。
　例えば、以下の表現例 (20) のような بيضة البلد（町の卵）という表現がある。この表現は2つの意味合いで用いることができるのが特徴である。「ヒナが入っている卵を」駝鳥が一生懸命守るという習性を引き合いに、例えられるものを卵に見立て、それを大事な存在だという意味を表わしている。

(20) huwa baidat Al- balad　هو بيضة البلد

huwa（彼）　baidat（卵）　Al-balad（その町）
構成語の意味総和：彼は町の卵である
意訳：大切な存在の人、またはどうでもいい存在の人

3.4 アラビア語の慣用的表現の語彙的意味特徴

言語表現の形成には風土の影響が付きものである。また、アラビア語の慣用的表現も例外ではない。本節において収集した表現またアラビア語の慣用的表現を全体的に見ても、その関連性が強く表われているところが少なくない。以下、アラビア語の慣用的表現に見られる語彙的意味特徴をまとめておきたい。

まず、語彙的意味特徴の面で、アラビア語の慣用的表現を以下のように、4つのタイプに分けることができる。

(1) 風土的事物による比喩を用いる表現

Zaki Karim（1985）にも指摘されているように、アラビア語の慣用的表現に使われている語彙を見ると、砂漠地域やベドウィン暮らしによく見られる、ラクダ、羊、ヤギなどの動物や虫などを引き合いに出す表現が多いことが分かる。以下のような表現はその一例である。

laisa lî fî zâlika nâqah walâ jamal ليس لي في ذلك ناقة ولا جمل
構成語の意味総和：私はこれについて雄ラクダもなければ雌ラクダもない
慣用的意味：このことには、私は全く関係していない

rakaba zanab Al-baîr ركب ذناب البعير
構成語の意味総和：家畜（ヤギやラクダなど）のしっぽに乗った
慣用的意味：最小限のことで満足する

waqaʻa fî salî jamal وقع في سليّ جمل
構成語の意味総和：雄ラクダのサリ（雌ラクダにしかないお尻の贅肉）に落ちた
慣用的意味：厄介な目に遭って抜けられない様子

bait Al-ʻankabût بيت العنكبوت
構成語の意味総和：クモの家
慣用的意味：構造または体系の弱さへの例え

第3節 アラビア語慣用的表現の形式的・意味的特徴について

wâdî Al-naml وادي النمل
構成語の意味総和：アリの谷
慣用的意味：人口密度の高い場所の例え

　このように、慣用的意味を理解できるためには、字義通りの意味と現実世界についての事実を把握することが必要である。例えば、ka.hamilál-tamr Ilá hâjar（ナツメヤシをハージャル（地名）に持っていく人のように）の慣用的メタファー表現を理解するには、アラビア半島に点在する「ハージャル」という町では、「ナツメヤシ」が大量に取れるということを把握しなくては、この表現を理解することはできない。
　一方、日本語の場合、ナツメヤシやラクダ、羊、ヤギなどを引き合いに出した表現はほとんど見られない。
　また、ラクダや羊などの他には、アラビア語の慣用表現において、「かげ」や「水」に関する表現もたくさん見られる。例えば、次のような表現がある。

ʼâsha fî .zill 〜 عاش في ظل ……
構成語の意味総和：〜（誰か）の影（下）に暮らす
慣用的意味：誰かに守られて暮らす

huwa yaʼîsh fî Al-.zill هو يعيش في الظل
構成語の意味総和：彼は影で暮らしている
慣用的意味：彼はひそかに暮らしている

.hafaza mâʼ wajhih / .hâfaza ʻalá mâʼ Al-wajh
حفظ ماء وجهه / حافظ على ماء وجهه
構成語の意味総和：顔の水を保つ
慣用的意味：面目を保つ

mâʼ Al-.husn ماء الحُسن

第 2 章　日本語とアラビア語の慣用的表現の構成と特徴

構成語の意味総和：美貌の水
慣用的意味：相手の美しさを強調する時に用いる表現

　また、「棒、杖」を構成語に持つ表現も少なくない。例えば、rafaʻa ʻa.sâhu（自分の棒、杖を手にとって振り上げた）もその中の1つである。「杖を上げる」とは、旅をするという意味で用いられているが、これは、砂漠を転々と移動する「遊牧民」が杖を良く使っていたことに由来するものだとされている。つまり、杖を持ち歩く習慣を引き合いに、「移動する」という意味を表している。

　このほか、ألقى العصا alqá Al-ʻa.sâ（棒、杖を投げる）という表現の場合、「棒、杖を投げる」とは、旅するのをやめて、しばらくある場所に留まる、つまり暮らすということである。

(2) 固有名詞の比喩を用いる表現

huwa yalbis Al-qûhi　هو يلبس القوهي
huwa（彼）　yalbis（着る）　Al-qûhi（アフガニスタン地方の特殊な衣装）
構成語の意味総和：彼はクーヒを着ている

　上記の表現例のように、アラビア語の慣用的表現の中には、町や人物の名前など、歴史的・伝統的観念にまつわる固有名詞に由来したものが少なくない。上記の「huwa yalbis Al-qûhi」（彼はクーヒを着ている）という表現例では、クーヒは「クーヒスタン（アフガニスタンの地名）」という町で作られた服であり、その名が転じて、その町の独特なスタイルの洋服を表す語へと転用された。こうした固有名詞から転義した表現は少なくないのである。また、この種の表現の構成上の特徴としては、「〜の〜」と言うような形で、名詞＋名詞を2つ結合させたものが多いことを挙げられる。

伝統的概念を含意した表現例
① ba.qarat Israʼîl　　　　　　　بقرة إسرائيل　　イスラエルの雌牛
② kalb, A.s.hâb Al-kahf　　　كلب أصحاب الكهف　　洞窟の人たちの犬

③ safînat　nû.kh　　　　　سفينة نوح　　ノアの船
④ ʻa.sâ mûsá　　　　　　عصا موسى　　モーゼの杖
⑤ kunûz qarûn　　　　　كنوز قارون　　カルーンの財宝

(出典：lisan al- ʻarab)

(3) 身体語彙を構成語の持つ表現

人間は身体に関するさまざまな表現の仕方を持っているが、その身体の部位の名称は社会や文化的ものの見方によって違ってくる。身体語彙は種々多様であるが、アラビア語の慣用的表現においては、目、顔、頭、口、首、手、頭、鼻、耳で構成された慣用的表現は外界からの刺激に対して反応しやすいため、ひざ、つめ、指のようなほかの身体部位に比べれば、多いのである。また、目に見える部位を重視する向きがあるが、肝臓、胃、心臓などの内部的身体語彙もよく使われる。

① .sadr Al-bait　صدر البيت
構成語の意味総和：家の胸
慣用的意味：家の中心部
例：âyât li tuʻlaqa fî .sadr Al-bait
訳：家の中心に飾る（コーラン）の章句。

② qâmat al-.harb ʻalá sâqihâ　قامت الحرب على ساقها
構成語の意味総和：戦争が足の上立つ
慣用的：戦争激化する

③ fî Al-ʻain　في العين
構成語の意味総和：目にある
慣用的意味：大切にする、大事に扱う

④ maʻa Al-wajh　ماء الوجه

第 2 章　日本語とアラビア語の慣用的表現の構成と特徴

構成語の意味総和：顔の水
慣用的意味：面目躍

3.5　まとめ

以上、日本語とアラビア語の慣用的表現を 3 つの観点から分析を行った。

第 1 に、慣用的表現の特徴に関して分析した。ここでは慣用的表現を 6 種に分類し、意味的特徴として 5 つの点を指摘した。その 6 種とは、(1) 類語反復型表現（かさね形式）を用いたタイプ、(2) 表象的形式を用いたタイプ、(3) 双数形による造語を用いたタイプ、(4) 描写的表現を用いたタイプ、(5) 純粋的比喩を用いたタイプ、(6)「～（家族名詞）」で始まる連語成句慣用的表現、である。意味的特徴においては、(1) ネガティブ価値の表現、(2) 誇張表現、(3) 心情を表わす表現、(4) 非現実的表現の 4 つの意味が多いことを明らかにした。

第 2 の分析は、アラビア語の慣用的表現の意味特徴に焦点を当てた、日本語とは異なるアラビア語慣用的表現の特徴に関するもので、(1) 類犠牲、(2) 多義性、(3) 同一語対義性の特徴があることを指摘した。

第 3 に、このような意味特徴を持っているアラビア語の慣用的表現に見られる語彙的意味特徴について考察を加えた。アラビア語の慣用的表現には、(1) 風土的事物による比喩を用いる表現、(2) 固有名詞の比喩を用いる表現、(3) 身体語彙を構成語の持つ表現の 3 つの語彙的意味特徴が見られることを指摘した。

これらの分析の中で、日アの共通点も多く見られるが、表現法や用いられる語彙の違いなども見られた。

まず、類語反復型表現（かさね形式）を用いたタイプの慣用的表現では、意味かつ音韻上、似通った形容詞や名詞を繰り返すことによって、意味の同一性を強調し確認する表現法の傾向が多かった。

次に表象的形式を用いたタイプの慣用的表現では、昔の風習に由来するものが多く、文化的特徴も強い表現が多いという特徴もあるが、反面、現在ではその使用が少なく、慣用的意味を失いつつも、語彙そのままの意味として用いられる傾向がある。

第 3 節　アラビア語慣用的表現の形式的・意味的特徴について

そして、アラビア語においては、日本語には見られない慣用的表現のタイプとして、共通点のある名詞 2 つを融合させ、双数形による 1 語で表す「双数形による造語を用いたタイプ」を指摘した。

また、アラビア語慣用的表現の独特な表現法として、(6)「～（家族名詞）」で始まる連語成句慣用的表現を取り上げ、本来、人間にしか使わない「家族構成」に関する用語やそれに関連する叙述を人間以外の生物や無生物に対しても適応される特徴を指摘した。

そして、描写的表現を用いたタイプでは、身体語彙を用いた心情を表わす表現が多く見られた。これは心理の主体が人間であるに関係していると思われる。特に日本語では「頭」「腹」「胸」などの「身体部位」を用いた「怒り・憤慨」の表現が多かったが、アラビア語の場合は、「体」全体が用いられる傾向が多かった。

また、意味特徴においては、両言語にネガティブ表現や誇張表現が多く見られた。また、アラビア語の語彙的意味特徴においては、ラクダ、羊、ヤギ、棒、杖などという語彙を伴う表現が多く、一言で言えば、「風土的影響」が目立つ。

第2章　日本語とアラビア語の慣用的表現の構成と特徴

徒然なるままに……　アラブと慣用的表現の世界①
――言葉の力、アラブ人の心象スケッチ――

「今度の土曜日に詩の朗読会があるけど、聞きに行ってみないか」――こんな話があったのは、今から12年ほど前だった。カイロ国際ブックフェアで行われたその日の朗読会のテーマはパレスチナ解放であったこともあり、多くの観衆が詰めかけていた。

アラブ世界で名が知られた詩人の詩の朗読のほかに、若手の詩人たちが発表できる場も設けられた。開会の言葉はやはり詩で行われた。著名な詩人、アブカースィム・アッシャービ氏の詩から引用した、たった2行ほどの詩だったが、とても心に残るものだった。

إذا الشعب يوما أراد الحياة　　فلا بد أن يستجيب القدر
ولا بد لليل أن ينجلي　　ولابد للقيد أن ينكسر

もし国民がいつか生きると決めたら、

きっと運命もその意思に従うのだ。

そして、夜の闇もきっと去っていくのだ。

そして鎖もきっと解かれるのだ。

朗読会の詩人たちの言葉に酔いしれた聴衆のなかには涙を浮かべる人もいた。「アッラー」（すばらしい）との歓声の言葉を上げて、感動の渦となった会場を目にした私は、詩の力というものを改めて実感させられた。

アラブ人は、詩を自己表現の最も優れた手段だと見ており、自作詩の朗読会などが各地で頻繁に開かれている。詩人の朗読に涙を浮かべながら拍手する、さまざまな年齢や職業の出席者の様子を見るたびに、私の脳裏に1つの問いが浮かんでくる。「詩はアラブ人にとって、なぜ特別なものなのだろうか？」

詩はイスラム以前からあったもので、アラブ文化が残した大きな業績であることは間違いない。それはまた、イスラム以後に栄えた文化遺産ともなった。長年の歴史を誇るアラブ文化を見ると、詩はそのなかでつねに特別な地位を占めていたことがわかる。

徒然なるままに……　アラブと慣用的表現の世界①

いつの時代でも、アラブ世界では詩作は尊敬される仕事だった。昔、詩人は部族の代弁者だと見なされていた。また、詩はアラブ世界の民衆の絆を強める抜群の効果をもっている。事実、詩人の声によって、アラブ世界は政治的な枠組みを超え、文化的な強い絆で結ばれている。どこの国のアラブ人も、アラブの詩なら、その詩がどこでつくられたものであっても、とにかく歓迎し、鑑賞する。もちろん私もその一人だ。

ところで、アラブの詩人は何を思って詩をつくっているのだろうか。アラブの詩人は、つねに過去を思い、昔の祖国や失った恋、または幸福だった時代をしのぶ詩や歌をつづっていた。アラブ世界の詩に見られるこのノスタルジアの様子は、今もなおその痕跡をとどめている。アラブ詩人の詩に対して、思わず「美しい」と発してしまうのがその魅力だ。それは、詩人たちが、政治であれ、叙情であれ、何であれつねにアラビア語のもつ言葉の美しさとその効果を活用しているからだ。

美しいといえば、こんな詩がある。

أراك عصيَّ الدمع شيمتك الصبر　أما للهوى نهيٌّ عليك ولا أمرُ؟
بلى أنا مشتاق وعندي لوعةٌ　ولكنَّ مثلي لا يُذاع له سرُّ

あなたは涙をこらえる者、忍耐強い者
だが気持ちだけはどうにもならぬもの
そう、私は恋焦がれ病んではいても
たやすく胸の内を明かせない者

作詩：アブー・フィラース・アル＝ハマダーニー

アラビア語のなかで最も効果的な表現形式は何かといえば、それは間違いなく詩である。詩は、アラビア語のもつ意味の深さや表現の多様性を示すものである。

言葉の力篇

「人々に感謝しない者は、アッラー（神様）にも感謝しない人である」——これはアラブ人の親が子どもを躾るときによく引用する慣用句だが、アラブ人をよく理解するためにも役立つ。

アラブ人は、ほかのどの文化圏よりも言葉の力をよく信じている。その

ため、言葉を巧みに使うことによく心がける。アラブ人の家族観、仕事観から人生観まで、アラブ人の思考様式をのぞく手っ取り早い方法と言えば、やはり一番よいのは、詩や慣用句、格言などの散文だ。以下に、アラブ人の人生観を表す慣用句や格言などをいくつか選んでみた。

الصديق وقت الضيق Al-sadi-q waqt Al-di-q
困ったときの友は真の友となる。

في التأني السلامة وفي العجلة الندامة
Fi Al-ta:anni Al-salama wa fi Al-ajala Al-nada-ma
急いてはことを仕損じる。

لايعرف السيف إلا بلاقطع la yu 'raf al-saif illa bilqat
剣は実際に使ってみて、その質の良し悪しが始めて分かる（やってみなきゃその価値がわからない）。

من جدّ وجدّ man jadda wajada
努力する者こそ報われる。

إذا صدق العزم وضح السبيل Iza sadaqa Al-azm wada.ha Al-sabi-l
もし決意が本物ならば、道は現れる。

الصبر مفتاح الفرج Al-.sabr muftakh Al-faraj
忍耐こそ、幸福へのカギとなる。

العبد في التفكير والرب في التدبير Al-'abd fi Al-tafki-r wa al-rabb fi al-tadbi-r
人間は考えるが、それを取り計らうのは神様である。

خير الأمور أوساطها Khair Al-umu-r ausa.tuha
ものごとの最善は中庸にある。

第3章　アラビア語慣用的表現の分類
——意味による分類とその応用の試み——

　本章では、意味分類に関する先行研究がひじょうに限られているアラビア語の慣用的表現の分類の可能性を検証していく。その上で、日本語の慣用的表現の分類のなかでも意味による分類に基づく先行研究を鑑みながら、アラビア語の慣用的表現、とりわけ人間的項にまつわる表現の分類基準を設定したい。

　一般に意味と呼ばれるものには、「概念的意味」「心理的意味」「文体的意味」など、様々な種類がある。本章では、概念的意味によって、「人と人の関わり」「人間のペルソナ」「生活・活動」という3つの〈人間〉的項にまつわるアラビア語の慣用的表現を分類をしていきたい。

　ここで言う「概念的意味」とは、言語表現の意味を成立させている中心的要素である。また、本調査で筆者が考える慣用的表現の分類とは、慣用的表現を共通の性質に基づいた種類に分けることであり、同類のものをまとめて、語彙全体をいくつかに区分して体系づけることである。1つの固有言語の表現、とりわけ慣用的表現を分類し、それらの表現をそれぞれの類に当てはめ、配列するということは、ある意味、人間の認識する意味の世界を分類すると同時に、その言語に属する共同体の成員が認識する世界を分類することでもある。

第3章　アラビア語慣用的表現の分類

第1節　比喩と意味理解

　本節において、比喩と慣用表現の関係について触れる前に、比喩とは何かについて簡潔に述べておきたい。町田（1995：112）は比喩について、次のように例を挙げて説明している。例えば、「君は僕の太陽だ」「あいつはブタだ」などの文において、太陽を単に天体の1つ、ブタを動物の一種と解釈しただけでは人間はこれらの文は理解できない。しかし、我々はこれらの文に関して文脈や場合に応じて何らかの整合性のある意味を読み取ることができる。つまり、「太陽」「ブタ」が本来の意味と異なる何らかの意味で用いられていることを理解して、解釈するのである。このように語（または句）を本来の意味とは異なる（ずれた）臨時の意味に用いることを比喩という。ここで、「太陽」「ブタ」のような単語（句）の字義通りの基本的な意味を成す概念的意味が一次的だとすると、慣用句として用いられる単語の心理的意味が二次的となる。

　比喩表現の基本的な認知枠を構成するのは3つの要素であり、"たとえるもの" と "たとえられるもの"、そして "たとえの根拠" となるもの、である。そして、これらの要素はつねに比喩の記号過程に明示されるとは限らない。

　また、この比喩の記号過程にかかわる3つの要素はそれぞれ趣意（tenor）、媒体（vehicle）と根拠（ground）と呼ばれる（Richards, 1936: pp.118-120）。この場合、たとえられるものは趣意（tenor）、たとえるものは媒体（vehicle）、"たとえの根拠" は根拠（ground）となる。次の例を見てみよう。

例：اذل من البغل
azal（最もみじめ）　min（～より）　al-baghal（ロバ）
構成語の意味総和：ロバよりみじめである。
彼（男）＝趣意
ロバ＝媒体

どんな命令に対しても服従するしかできない姿＝みじめさ＝根拠

　一般に、文脈的な意味は別として、単語の意味づけは、単語の指示対象を特徴づける生物的または生理的特性を元に概念的意味と、個々の単語に関する常識的知識ないしは日常の経験に根ざす慣習的知識を元に形成されたプロトタイプ的意味という 2 つの部分からできていると言えよう。
　つまり、言葉の意味づけにおいては、単語の字義どおりの基本的な意味を成す概念的意味が一次的であり、心理的意味が二次的である。そして、語の慣用的意味を叙述する場合、二次的意味は慣用的意味を左右するものとして、その役割は重要である。
　また、国語大辞典（1980：725）は比喩について、ある表現対象をほかの事柄を表す言葉を用いて効果的に表そうとする表現方法であるとし、メタファー、ミトニモー、シネクドキなどに下位分類する。
　本節では、慣用的表現の比喩性の視点から分析し、以下に日本語とアラビア語の慣用的表現形式（主にメタファーおよびミトニモーによる表現形式）について触れておきたい。

1.1　隠喩の形式

「たとえ」と「例えられるもの」を結びつける類似性や関連性を示す比喩表現法はいろいろな形で表される。山梨正明（1988）の論証に従って、以下の形式を取り上げてみたい。
(1) 連辞的隠喩「A は B である」：隠喩の典型的なアイロニー表現として良く用いられる。この種の表現法は構造的に直喩に近いものである。例えば、「君は天使だ」などといった類の表現がこの種の典型例にあたる。
(2) 主辞的隠喩：このタイプの表現では、問題のアイロニー表現が、主語の部分に反映されている。
(3) 述辞的隠喩：このタイプの表現では、焦点となるアイロニー表現が、述語の部分に反映されている。
(4) 統合的隠喩：主部と述部の両方に同時に認められる複合的比喩表現で

ある。
(5) 文脈的隠喩：主部または述部の構成要素から成るこの種の隠喩的表現では、言語的な前後の文脈やその表現が発せられる言語外的な文脈が焦点となる。

1.2 類似性と慣用的意味

メタファー表現は、表現上、比喩だということが分からないところに特徴があるとされる。本題の表現分析に入る前に、メタファーの定義について、見てみたい。

町田（1995）はメタファーを次のように定義している。「二つの事物・概念の何らかの類似性に基づいて、一方の事物・概念を表す形式を用いて、他方の事物・概念を表すという比喩」。

つまり、メタファー表現はXとYという2つの事物・概念が互いに類似している場合、Yの名称（あるいは記号）すなわちYを借用して、Xを表現すること、Xという語句が使われるべきところをYという言葉に変えて表現することである。そして、Yはその際に限って、本来の意味Yではなく、Xという臨時の意味を発揮する。

また、2つの事物・概念に共通する類似性というのは、2つの事物・概念に類似性が内在しているということよりも、その言語共同体が2つの対象の間に主観的類似性を見出すことを表していると考える方が適切である（町田・籾山：2002）。

そして、その主観的類似性の根底にあるのは、その言語共同体の価値観や言語行動、などを示す「鍵」となる語句 les mots cles がある（Lendent：Comprendre la Semantique/ p.2）。そのため、この種のメタファーに基づく慣用表現は世界の言語の社会的かつ文化的環境によって異なるもので、またそうした社会的経験やその通念を基盤とする。

この点をより明確するために、アラビア語の次の具体例で説明しよう。

ka .hâmil Al-tamr ilá hâjar　كحامل التمر إلى هاجر

ka .hâmil（持っていく人のように）　al-tamr（ナツメヤシ）　ilá（〜へ）　Hâjar（地

名）

構成語の意味総和：ハージャルにナツメヤシを運んでいく人のように。

「ハージャル（地名）にナツメヤシを持っていく人のように」という意味の上記の例には、「ハージャルという町にナツメヤシを運ぶ人のことを指している」という構成語の意味の総和としての意味と、「無駄な努力をする人のこと」という慣用的意味がある。この表現におけるこの 2 つの意味には、「的外れ、または場違いの行動を取る」という共通点を見出すことができる。つまり、「無駄な努力をする人のこと」という慣用的意味は、字義通りの意味から拡張し、メタファーに基づいて成り立っていることになる。

このように、隠喩的意味は、字義通りの意味と現実世界についての事実を理解することが必要である。また、上の「ハージャル（地名）にナツメヤシを持っていく人のように」の隠喩を理解するには、アラブ人の住むハージャルという町には、ナツメヤシが大量に取れるのが普通であることを把握することが必要である。そして、このような「意味拡張」をするには、意味特性やなんらかの類似性を備えた意味特性があるからである（ビクトリア・フロムキン / ロバート・ロッド：1996）。

以上のような表現例から考えると、慣用的意味は類似性に基づく比喩の視点から分類できると思われる。

1.3 類似性に基づく慣用的表現の分類

「直喩」と「隠喩」に分かれるメタファーはともに類似性に基づいて成立する比喩であることから、本節では慣用的表現の「字義通りの意味」と「慣用的意味」の間には、共通点があるのかという観点から直喩的慣用表現と隠喩的表現を見ていきたい。本節では、メタファーに基づく日本語およびアラビア語の慣用的表現を機能的類似性、形態的類似性、色彩的類似性、状態的類似性、性質的類似性の 5 つのパターンに分類する。なお、本節の分析では、第 1 章第 5 節で挙げたデータ資料の *.muʿjam al-taʿâbîr* (maktabat lubnân, 2008. 収録語数：3,012 語) を基本資料とした。

第3章　アラビア語慣用的表現の分類

(1) 機能的類似性による動機づけ

対象表現の慣用的意味と、構成語の意味の総和としての「字義通りの意味」との間には、その動きや働きに共通点が見られる場合、慣用的意味は字義通りの意味から拡張し、その類似性に基づき、成り立つことになる。例えば、「足を引っ張る」という慣用的言い方をするのは、自由な行動をさえぎる「足を引っ張る」「障害となる」といった機能が慣用的表現となったと考えられる。このようにひとひねりした結果からの連想も比喩的慣用表現を生むのである。

アラビア語の表現例
① fî .tarf 'ain في طرف عين
構成語の意味総和：瞬き1つに
慣用的意味：一瞬にして

② .ghasala ya.dahu min غسل يده من
構成語の意味総和：手を洗う
慣用的意味：さじを投げる

③ .hashara 'anfahu حشر أنفه
構成語の意味総和：鼻を挟む
慣用的意味：首を突っ込む

日本語の表現例：足を洗う、足を引っ張る、後棒を担ぐ、片棒を担ぐ

(2) 形態的類似性による動機づけ

対象表現の慣用的意味と、構成語の意味の総和としての「字義通りの意味」との間にはその動作の動きや形、様相に共通点が見られる場合、慣用的意味は字義通りの意味から拡張し、その類似性に基づき、成り立つことになる。la yara 'ab'ad min 'anfihi（自分の鼻しか見えない）のアラビア語慣用的表現はその一例である。この表現は文字通りの意味〈自分の鼻先にあ

るものしか見ない〉と〈慣用的意味：視野が狭い、先見の明がないなど〉という慣用的意味との関係は形態的に類似していると考えられる。つまり、目先にあるしか見ない＝視野が狭い、先見の明がない、ということになる。

アラビア語の表現例
① marra Al-siḥâb مر السحاب
構成語の意味総和：通り過ぎる雲
慣用的意味：誰も気づかないほどにあっというまに通り過ぎること

② ḥillimu ʿusfûr حلم عصفور
構成語の意味総和：すずめの夢
慣用的意味：実行力のない者が大きな希望を抱く際に言う表現

日本語の表現例：穴を開ける、烏合の衆、雀の涙、牛を馬に乗り換える

(3) 色彩的類似性による動機づけ

対象表現の慣用的意味と、構成語の意味の総和としての「字義通りの意味」との間には、その色彩に共通点が見られる場合、慣用的意味は字義通りの意味から拡張し、その類似性に基づき、成り立つことになる。表現例は次の通り。

アラビア語の表現例
①ʾAʿ.tânî Al-.dawʾ Al-ʾakh.dar أعطاني الضوء الأخضر
構成語の意味総和：グリーンライトを私に上げた（示した）
慣用的意味：計画や企画などを実行せよという指示

② baiya.da Al-lâh wajhahaka بيّض الله وجهك
構成語の意味総和：アッラーがあなたの顔を白くするように祈る
慣用的意味：アッラーから称賛や高い評価を受けること

第3章 アラビア語慣用的表現の分類

③ Isfarra wajhahu　اصفرّ وجهه
構成語の意味総和：顔が黄色くなった
慣用的意味：動揺、恐怖の気持ちを表す

④ Al-a.hmarân　الأحمران
構成語の意味総和：2つの赤
慣用的意味：肉と酒

日本語の表現例：腹の黒い、顔を真っ赤にする、顔色が悪い、顔面蒼白となる、真っ青になる

(4) 状態的類似性による動機づけ

対象表現の慣用的意味と、構成語の意味の総和としての「字義通りの意味」との間には、その状態に共通点が見られる場合、慣用的意味は字義通りの意味から拡張し、その類似性に基づき、成り立つことになる。

アラビア語の表現例
① rafa'a 'a.sâhu　رفع عصاه
構成語の意味総和：自分の杖を上げる
慣用的意味：怒って相手と張り合う

② ittasa'a Al-khirq 'âlá al-râqi'　اتسع الخرق على الراقع
構成語の意味の総和：破れたところが縫う人にとって大きかった
慣用的意味：お手上げの状態を強調した言い方

③ 'a.da 'alá shafataihi　عضّ على شفتيه
構成語の意味総和：自分の唇をかむ
慣用的意味：悔しい思いをするときの表現

日本語の表現：海老で鯛を釣る、雷が落ちる、烏の行水、宙に浮く、爪を

隠す

(5) 性質的類似性による動機づけ

対象表現の慣用的意味と、構成語の意味の総和としての「字義通りの意味」との間には、その性質に共通点が見られる場合、慣用的意味は字義通りの意味から拡張し、その類似性に基づき、成り立つことになる。この種の表現として、「lâ yumukin An yu.sba.hu al-damu mâʼa لا يمكن أن يصبح الدم ماءً：血が水に変わるのはありえないことだ」というアラビア語の表現例が挙げられる。この表現の文字通りの意味（血が水に変わるのはありえないことだ）と慣用的意味〈肉親との関係は切っても切れないものだ〉との関係は性質的に類似していると考えられる。したがって、血が絶対に水に変わりうるものではないということから、切っても切れない関係にある2つのものの強い絆を表現するのである。

アラビア語の表現例

① ma- ʻashbaha Al-yaum bi al-bâri.ha ما أشبه اليوم بالبارحة
構成語の意味総和：今日と昨日は何て変わらないんだろう
慣用的意味：物事はさほど変化しないことを強調した言い方

② .sabba Al-zait ʻalá Al-nâr صب الزيت على النار
構成語の意味総和：火に油を注ぐ
慣用的意味：物事を煽って、過激または危険な方向に仕向ける

③ kalâm Al-babbaghâʼ كلام الببغاء
構成語の意味総和：オウムのようなおしゃべり
慣用的意味：取り止めのない話をする人のことを言う

日本語の表現例：犬猿の仲、犬馬の労、蛙の子は蛙

第 3 章　アラビア語慣用的表現の分類

1.4　直喩について

　メタファー表現には、直喩と隠喩という 2 つの種類がある。隠喩の場合は、表現上、比喩だということがわからないところに特徴があるとされるのだが、直喩の場合は、その表現が比喩であると明確にわかるという点で、隠喩とは全く正反対のメカニズムが見られる。

　佐藤（1989）によると、直喩はだいたいヨーロッパのレトリックの用語でシミリチュードと呼ばれるものに該当する。物事の様子を表現するために「XはYのようだ」「YそっくりのX」という具合に例える形式を直喩と呼ぶのである。

　また、中村（1991）によると直喩法は例えるものと例えられるものとを明確に区別して掲げるのが特徴であり、「あたかも」「さながら」「まるで」、あるいは「如し」「ようだ」「みたい」といった、その表現が比喩であることを明示する言葉が付くとされる。直喩はこのような特性をもつことから、明喩ともよばれる。つまり、直喩はあるもの（X）を表すのに、それと似ている別のもの（Y）で表現するものである。日本語の直喩の表現形式は以下の通りとなる。

　　（1）　XはYのようだ
　　（2）　XそっくりY

　一方、アラビア語の場合、直喩法はどのように用いられているのだろうか。アラビア語のレトリックでは、直喩法が用いられる際に「XはYのように」のように、日本語と同様の表現形式が見られるが、日本語とは表現形式が異なる面もある。これについて、以下に例を挙げておく。

　アラビア語の直喩の表現形式は以下の通り。

1）XはYのように
X　waka'an（接頭辞 / 人称代名詞）/ misla（〜のように）/ ka（男性二人称の人称代名詞）+ Y

2）XはYより〜（比較級形）
Y +「形容詞・比較級形」+ min（より）+ X

第2節　アラビア語の慣用的表現の意味的分類

　本節では、アラビア語の慣用的表現の新たな分類基準として、意味による分類を提案したい。「意味による分類とその応用の試み」と題して、さらに「人間的項」[20]と「モノ的項」[21]に分類する。
　本研究では、慣用句の意味分類において身体語彙を対象とした「意味に基づく分類」の研究で知られる星野命（1976）および井上宗雄（1992）の『例解慣用句辞典――言いたい内容から逆引きできる』の論証に倣って、アラビア語の慣用的表現の分類基準を設定したい。

（1）星野命（1976）による意味分類

　星野（1976）では、慣用句の新たな分類基準として、身体語彙の意味による分類を提案している。彼は「意味による分類とその応用の試み」として、さらに9つに分類している。以下に、星野（1976）が提案している9つの分類を簡単に紹介する。

1. 個人や一群の人々、組織などの生命活動、生活意欲、精神緊張の度合いを示す表現
　　例：息づく　息を殺す　むしの息
2. 個人や一群の人々の運動性や機動性を示す表現
　　例：腰が重い・軽い　足が重い・軽い・おそい・はやい
3. 個人の才覚・機能の程度に関する表現
　　例：頭のよい・わるい　頭の回転のはやい・おそい　頭でっかち
4. 個人の願望・欲求・野心の程度を示す表現
　　例：胸に一物　胸がときめく　胸算用
5. 個人の感情（情動・心情・気分）の変化を示す表現
　　（1）驚き、興奮、フラストレーション、怒り
　　　　例：目をむく　目の前が真っ暗
　　（2）嫌悪、敵意、怨み、拒否、よそおわれた無関心

例：毛嫌い　白い目を向ける
- (3) 失意、悲哀、憂い、無念、未練
   例：肩をおとす　肩をふるわす　泣きべそ
- (4) 不安、焦燥　逡巡
   例：胸騒ぎ　息詰まる　息をのむ
- (5) 恥、気まずさ
   例：目から火　顔から火　顔を赤くする
- (6) 安心、落ち着き
   例：眉を開く　胸をなでおろす　腰を据える
- (7) 満足、喜び、感動、得意
   例：胸のすく思い　胸がすっきり　胸をかかえる
- (8) 親愛、友情、配慮
   例：骨肉の情　目をかける　胸をゆるす

6. 個人のペルソナ（対社会的性格）に関する表現
   - (1) 外見・印象
      例：肌触りのよい　肌の合う　乳臭い
   - (2) 行動・態度
      例：お茶目　頭でっかち　頭が高い
7. 個人の内面的品位・道徳に関する表現
   例：頭がさがる　口がかたい　二枚舌
8. 個人の気質、性格、総合的人格に関する表現
   例：骨っぽい　頭が固い　つむじ曲がり
9. 個人の願望、感情、性格などを超えて、自然的、社会的事象の発生、進展、障害、結末などに関する表現
   例：目鼻がつく　口火を切る

(2) 井上宗雄 (1992) による意味分類

井上 (1992) が提案している分類の『例解慣用句辞典——言いたい内容から逆引きできる』では、日常生活でよく用いられている慣用句を中心に、故事・ことわざ・連語をも含めて、約3,700句を分類している。そこでは、

第2節　アラビア語の慣用的表現の意味的分類

意味の似通った、あるいは関連の深い慣用句を集め、その意味内容を表わすキーワードのもとに分類している。そしてさらに、その小項目を5つのテーマ（大項目）別に分類し、それぞれの項目内では五十音順に配列している。以下に、井上（1992）が提案している分類を簡単に紹介する。

例解　慣用句辞典〈目次〉	
一　感覚・感情を表す慣用句	
愛情	泣く
あきらめる・断念	納得
あきれる	におう・におい
焦る・焦慮	憎む・憎い
安心	恥ずかしい
安楽・気楽	ひいき
怒る・怒り	不快・不愉快
疑う	不可解
恨む・恨み	不機嫌
恐れる・恐ろしい・恐怖	不満・不平・文句
驚く・驚かす	真心
覚悟・決心	満足
感謝	やけ・無分別
感動・感銘・感慨	憂鬱
記憶	愉快
気配り・配慮	油断
希望・期待	酔う
嫌う・いやがる	要求・要望
緊張	欲望・欲求・貪欲
愚痴	落胆・がっかり
恋う・恋しい	笑う・笑い
二　からだ・性格・態度を表す慣用句	
後悔・悔やむ・悔しい	誠実
興奮	厚かましい・ずうずうしい
好む・好み	威厳・威儀
親しい	大げさ・誇張

第3章　アラビア語慣用的表現の分類

嫉妬	臆病・小心
心配・悩み・不安	落ち着く
尊敬	おとなしい
楽しむ・楽しみ	愚か
ためらう・迷う	賢い・見識
直感	機転・機敏
疲れる	気取る
つらい・悲しい・苦しい	気長・気短
同情	協調
軽率	技量
軽蔑・あなどる	身なり
健康・病気	無視
強情・頑固・意地	無能
好色	目・目付き
高慢・威張る	勇気・勇敢
声・音	雄弁・多言
才能	容姿・容貌
悟り	用心・慎重
散漫・浮つく	冷静
自信	わがまま・放縦
消極的	悪がしこい・ずるがしこい
知らんぷり・とぼける	悪口・無駄口・理屈

三　行為・動作・行動を表す慣用句

積極的	修練・習練
節操	会う・訪れる
洗練	あおる
疎遠	集まる
大胆・度胸	甘える
体裁	操る・支配
丁寧・丁重	謝る
得意	争う
怠ける・怠惰	あわてる
軟弱・柔弱	言う
熱心・熱中・夢中	威嚇・威圧

第2節　アラビア語の慣用的表現の意味的分類

話しぶり	意気込む
反抗	行く・歩く
反応	偽る・偽り・うそ
非情	戒める
秘密・秘める・沈黙	移る・移動
無愛想・冷淡・意地悪	裏切る・裏切り
無遠慮	選ぶ
平然・平気	帰る・戻る
変心	書く
傍観	隠れる・隠す・消える
未熟・幼稚	考える
聞く	干渉・口出し
協力・共謀	忠告
拒絶	捕らえる
食う	努力
苦心・苦労	逃げる
工夫	盗む
攻撃・反撃	眠る
告白	励ます
こびる・迎合	働く
ごまかす	判断
懲らしめる	ひそかに
殺す	非難
捜す・捜査	負担・担う
先んじる	待つ
探る	まねる
誘う	認める
妨げる・妨害・邪魔	見抜く
参加	見る
しかる	休む・くつろぐ
従う	許す
実行・行う	利用

四　状態・程度・価値を表す慣用句

手段・方法・方策	大切・大事
取得	明らか・明白・当然

第3章　アラビア語慣用的表現の分類

準備	現れる
証明	あれこれ
処置・処理	意外
推測・想像	勢い
説明・説得	忙しい
相談	いつも・絶えず・常に
耐える・我慢・忍耐	受け継ぐ・引き継ぐ
助ける・援助・助力	美しい
戦う	影響
頼む・頼る	多い
だます・出し抜く	劣る
仲介	衰える・弱る
終わり・終わる	同じ・同一・同様
回復	大変・はなはだしい
勝つ	続く
必ず	つまらない
簡単・容易	強い
危険	手遅れ
窮地・苦境	的中
距離・高低・長短	突然
切り抜ける	滞る
区別・区切る	ない・なくなる・なくす
契機・原因	似る
結局・つまり	始める・始まる・始め
決定・決着・決める	はやい
欠点・短所	ばれる
厳重・厳しい	暇・退屈
公然	不合理・不当
好都合	ふさわしい
困る・困難	不振
差し迫る	不相応
雑然・整然	不明瞭
寂しい	古い・古びる
時機・好機	不和
事情・実情	平穏・不穏

第2節　アラビア語の慣用的表現の意味的分類

静か	平凡
失敗	負ける・降伏・屈服
十分・不十分	的外れ・予想外
重要・重視	密集
順序	無価値
順調	無駄・無用
親密・密接	目立つ
すぐ・すぐに	役立つ
すぐれる	やり直す
成果・効果・成功	有利
正当・道理	予想・見込み・見当
全部	わずか・少ない
五　社会・文化・生活を表す慣用句	
うわさ	人生・一生
運命	生存
おちぶれる	絶縁
恩恵	世話
音信	損失
解雇	旅
環境	知識
犠牲・命懸け	恥辱・不名誉
教育・教え	注目
教訓・戒め	罪・罰
金銭	天候
暮らし・生活	仲間・同類
景気	人情・情け
経験	年齢
計算	評価・評判・批判
血縁・夫婦・他人	貧乏・貧しい
結婚	不運・不遇
幸運	名目・口実
交際	名誉
言葉・表現	面目・対面
災難	目的・目標
辞職・引退	もてなし

第3章　アラビア語慣用的表現の分類

死ぬ	模範・手本
習慣・癖	約束
出家	裕福
出世	有名
商売	利益
職業	礼儀
信仰	浪費・倹約

表1　井上宗雄による日本語の慣用句の意味分類の項目立て

　本節では、アラビア語の慣用的表現を、従来の分類[22]とは異なる視点から新たな意味的傾向を明示し、意味特徴による分類基準を提案したい。旧来の慣用的表現の分類に関する研究は、品詞によるのが一般的である。また、上に取り上げた比喩の類似点や構成形式による分類に比べると、意味内容による分類の基準を定めるのが難しい上、とくに専用の辞典もなく、またそのような辞典はほとんど編纂されていないという状況にあるアラビア語の慣用的表現の分類作業は困難だとされている。

　しかし、暫定的であっても、その分類を試みることによって、いずれ妥当性の高いものが生まれることになると考えられる。

　次に示すのは、その基礎作業ともいうべき段階である。したがって直ちに応用することは難しいと思われる。まず、以下に、図1、2、3、表4、5のように、「大分類」「中分類」「小分類」による分類規準とその構成内容を明示したい。

2.1　本節での慣用的表現の分類内容と構成

　本節では、以下のように、収集したアラビア語の慣用的表現の大分類として「人間的項」と「モノ的項」の2種類に分類した上で、「人間的項」のさらなる詳細な分類として、1）中分類、2）小分類というようにさらに2つに分類する作業を行う。なお、本節では、「モノ的項」の詳細な分類を分析対象としない。

第 2 節　アラビア語の慣用的表現の意味的分類

(1) 大分類

```
                        ┌─ 人間的項
アラビア語慣用的表現 ┤
                        └─ モノ的項
```

図 1

① 「人間的項」

　分類上 A で表す。「人間的項」では、人間が主体である上、「人間社会」にまつわる種々の側面を表す表現を収集する。その上で、「人間的項」および「モノ的項」の各表現を事項別に分類し、「人と人の関わり」「個人のペルソナ（性格・からだ）」「人間活動」を大見出し (General Semantic Field) とし、それぞれの大見出しをさらに小見出し (Sub-Semantic) に分けた上、項目ごとに意味の似通った表現を集める。

表現例

アラビア語表現例	構成語の意味総和	慣用的意味
① zahaba rî.huhu bâ.tilan ذهب ريحه باطلاً	彼の風は無駄に行ってしまった	彼の努力は水泡に帰した
② labba Al-da'wa لبّى الدعوة	招待に応える	了承する、承諾する
③ ladaihi 'ain nâfizah bi mujrayât Al-umûr لديه عين نافذة بمجريات الأمور	彼には出来事のありかに目が通ずるものがある	知識が高い人
④ lam ya.tra' 'alá qalb basher لم يطرأ على قلب بشر	人間の誰ひとりの心にも浮かばなかった	誰も想像しなかった
⑤ bi jiwâr rabbihi بجوار ربّه	主のそばに	亡くなる

表 2

第3章　アラビア語慣用的表現の分類

② 「モノ的項」

分類表上、Bで表す。「モノ的項」では「モノ又はこと」が主体で、モノの状態や形態などにまつわる種々の側面を表わす表現を収集する。

表現例

アラビア語表現例	構成語の意味総和	慣用的意味
① ra'y .sâ'ib　رأي صائب	(的を) 射た意見	正しい意見
② fikrah nafî zah　فكرة نافذة	貫通した考え	鋭い考え
③ zahaba ma'a al-rî.h　ذهب مع الريح	風と共に行った	跡形もなく消えた
④ Al-ribâ.t Al-muqaddas　الرباط المقدس	聖なる紐	結婚
⑤ Amâm Al-nâs wa allâh　أمام الناس والله	人と神 (アッラー) の前に	公然と〜する
⑥ lailah mu.dhlimah　ليلة مظلمة	真っ暗な一夜	物事がうまくいかない日のたとえ
⑦ jadal bizan.tî　جدل بيزنطي	ビザンチン的議論	激しい論争

表3

(2) 中分類

人間的項にまつわる慣用的表現の意味的分類項目—中分類—	(Arabic)	分類番号
人と人の関わりに関する表現	التعبيرات التي تشير إلى علاقات الإنسان بالآخر	1
プラスの関係を表す表現	تعبيرات العلاقات الإيجابية	1-1
マイナスの関係を表す表現	تعبيرات العلاقات السلبية	1-2
褒貶関連の表現	تعبيرات المدح والذم	1-3

第2節　アラビア語の慣用的表現の意味的分類

災い関連の表現	تعبيرات المصائب والشدائد	1-4
個人のペルソナ（対社会的性格）に関する表現	التعبيرات التي تشير إلى صفات الإنسان	2
プラスの性格を表す表現	تعبيرات الصفات الخلقية الإيجابية	2-1
マイナスの性格を表す表現	تعبيرات الصفات الخلقية السلبية	2-2
男性の性別上の特徴を表す表現	تعبيرات الصفات الخلقية للرجل	2-3
女性の性別上の特徴を表す表現	تعبيرات الصفات الخلقية للمرأة	2-4
親類および血縁関を表す表現	تعبيرات الصلة والنسب	2-5
人間の活動に関す表現	التعبيرات التي تشير إلى تعبيرات نشاط الإنسان	3
日常的活動を表す表現	تعبيرات النشاط اليومي	3-1
動的活動を表す表現	تعبيرات النشاط الحركي	3-2
思考的活動を表す表現	تعبيرات النشاط الذهني	3-3
言語的活動を表す表現	تعبيرات الحديث والكلام	3-4
反応を表す表現	تعبيرات الإنفعالات	3-5
時間的・場所的感覚に関する表現	تعبيرات الزمان والمكان	3-6
その他	الخ	4

表4　アラビア語の慣用的表現の中分類による項目配置

(3) 小分類

人間の項にまつわる慣用的表現の意味的分類項目 ― 小分類―	(Arabic)	分類番号
人と人の関わりに関する表現	التعبيرات التي تشير إلى علاقات الإنسان بالآخر	1
プラスの関係を表す表現	تعبيرات العلاقات الإيجابية	1-1
恋愛・敬愛・情愛	الحب والمودة	1-1-1

第 3 章　アラビア語慣用的表現の分類

世話・面倒	الإهتمام والرعاية	1-1-2
手伝い・助け・支持	المساعدة والنصرة	1-1-3
従順・柔順	الطاعة والمطاوعة	1-1-4
平等・競争	المساواة والمنافسة	1-1-5
マイナスの関係を表す表現	**تعبيرات العلاقات السلبية**	**1-2**
迂闊・拒否	الإهمال والإعراض	1-2-1
阻止・取り止め	الكف والمنع	1-2-2
苦悩・忍耐	المعاناه والإحتمال	1-2-3
他人への不愉快、損のある行動	الإساءة والإضرار	1-2-4
争い・いざこざ	الخلاف والشقاق	1-2-5
戦い・武力	الحرب والقتال	1-2-6
褒貶関連の表現	**تعبيرات المدح والذم**	**1-3**
賞賛	المدح والثناء	1-3-1
非難・けなし	الذم والهجاء	1-3-2
社交辞令	التحيات والمجاملة	1-3-3
禁止・叱り	النهي والزجر	1-3-4
災い関連の表現	**تعبيرات المصائب والشدائد**	**1-4**
禍・困難	المصائب والشدائد	1-4-1
生活状況の貧富	كدر العيش وخفضه	1-4-2
個人のペルソナ（対社会的性格）に関する表現	**التعبيرات التي تشير إلى صفات الإنسان**	**2**
プラスの性格を表す表現	**تعبيرات الصفات الخلقية الإيجابية**	**2-1**
賢い・経験	الحنكة والتجربة	2-1-1
気高さ・誇らしさ	العزة والفخر	2-1-2
勇気・勇敢・強さ	القوة والشجاعة	2-1-3

第 2 節　アラビア語の慣用的表現の意味的分類

気前良さ	الكرم والغنى	2-1-4
優しさ・寛大さ	لين الجانب والسماحة	2-1-5
節操の良さ・きまじめさ	العفة والإستقامة	2-1-6
マイナスの性格を表す表現	**تعبيرات الصفات الخلقية السلبية**	**2-2**
倹約・けちり行為	الشح والبخل	2-2-1
気難しさ・ぶこつな様子	خشونة الجانب	2-2-2
高慢・威張る	التعالي والطيش	2-2-3
弱さ・みじめさ	الذل والضعف	2-2-4
裏切り行為	النفاق والغدر	2-2-5
臆病・小心	الجبن والخوف	2-2-6
男性の性別上の特徴を表す表現	**تعبيرات الصفات الخلقية للرجل**	**2-3**
成熟	صفات تدل على اكتمال الرجل	2-3-1
身なり・容姿・容貌	صفات تدل على هيئة الرجل	2-3-2
健康	صفات تدل على حالته الصحية	2-3-3
老化・加齢	صفات تدل على الكبر والشيب	2-3-4
死	صفات تدل على الهلاك والموت	2-3-5
女性の性別上の特徴を表す表現	**تعبيرات الصفات الخلقية للمرأة**	**2-4**
女性の外見的特徴	تدل على هيئة المرأة	2-4-1
結婚・離婚の	علاقة الزواج والطلاق	2-4-2
妊娠・出産	الحمل والولادة	2-4-3
男女関係	علاقة الرجل بالمرأة	2-4-4
親類および血縁関を表す表現	**تعبيرات الصلة والنسب**	**2-5**
親戚的・縁的関係	صلة القرابة والنسب	2-5-1
階層の良い家系	الحسب والنسب	2-5-2
階層の低い家系	وضاعة الحسب والنسب	2-5-3

第3章　アラビア語慣用的表現の分類

子孫的関係	الأبناء والذرية	2-5-4
人間の活動に関する表現	لتعبيرات التي تشير إلى تعبيرات نشاط الإنسان	3
日常的活動を表す表現	تعبيرات النشاط اليومي	3-1
飲食行為	الأكل والشرب	3-1-1
手作業	العمل اليدوي	3-1-2
取引行為	النشاط التجاري	3-1-3
その他	أنشطة اخرى	3-1-4
動的活動を表す表現	تعبيرات النشاط الحركي	3-2
移動行為	الذهاب والسفر	3-2-1
動作的行為	السير والحركة	3-2-2
滞る・留まる行為	الإياب والإستقرار	3-2-3
思考的活動を表す表現	تعبيرات النشاط الذهني	3-3
見識	التفكير والتدبير	3-3-1
決断・決意	التصميم والعزم	3-3-2
動揺（ためらい）・怪しむこと	الشك والتردد	3-3-3
勤勉さ・積極性	الإقبال والجد	3-3-4
実行力	القدرة والإستطاعة	3-3-5
成功・実現、成功と失敗	الفشل والنجاح والتحقيق	3-3-6
言語的活動を表す表現	تعبيرات الحديث والكلام	3-4
話しぶり・雄弁さ	حسن الكلام والاداء	3-4-1
話術力の低さ	سوء الكلام والتخليط	3-4-2
沈黙	السكوت والإسترسال	3-4-3
語らい・暗誦	الرواية والحفظ	3-4-4
誓い	الحلف والقسم	3-4-5

第 2 節　アラビア語の慣用的表現の意味的分類

宗教的表現	التعبيرات الدينية	3-4-6
反応を表す表現	**تعبيرات الإنفعالات**	**3-5**
怒り・憤慨	الغضب والغيظ	3-5-1
心配	القلق والسهر	3-5-2
恐怖・泣き	الخوف والبكاء	3-5-3
安心・落ち着くこと	الهدوء والإطمئنان	3-5-4
時間的・場所的感覚に関する表現	**تعبيرات الزمان والمكان**	**3-6**
時間の長さ	طول الزمن	3-6-1
時間の短さ	قصر الزمن	3-6-2
時間の流れ	التثليث الزمني لليوم	3-6-3
遠近関係	القرب والبعد	3-6-4
方向の指定	تحديد الجهه	3-6-5
環境	المجهول والمقفر من الأماكن	3-6-6
その他	الخ	4

表 5　アラビア語の慣用的表現の小分類による項目配置

　上記の表 4 と表 5 からも分かるように、筆者が本節において提案する分類では、意味の似通った、あるいは関連の深い慣用的表現を集め、その意味内容を表すキーワード（中分類の項目見出し）のもとに分類した。さらに中分類の項目見出しをいくつかの小見出し（4～5つのテーマ）別に分類し、それぞれの項目内で配列した。これに分類された慣用的表現は、何らかの生活場面や活動状況を想定した条件の下でのみもっとも有効性を発揮するものであろうが、ここではその場面や状況はさておいて、一応例示してみたい。なお、意味が 2 つ以上ある慣用的表現は、それぞれのキーワードのもとに掲げた。

第3章　アラビア語慣用的表現の分類

2.1.1　アラビア語慣用的表現の人間的項の意味分類

(1) 人と人の関わりに関する表現

分類方針

　この項目では、中分類（General Semantic Field）としての「人と人の関わり」のもとに収集した表現を4つのテーマに分類し、人と人の関わりをテーマに、恋愛や世話などの個人または一群の人間社会におけるプラスの関係やその反対のマイナスの関係としての他人への不愉快や損の行動、争いなど、または、人を褒めることや貶すことなどの褒貶関連の表現、災いの関連表現などを扱う項目となる。

　人間社会における個人または一群の様々な人間関係に重点を置く。

1-1　個人または一群のプラス的社会関係

　このキーワードでは、小分類（Sub-Semantic）としてのプラスの社会関係を以下のように5つの項目に分類する。

　　①恋愛、敬愛、情愛　②世話・面倒　③手伝い・支持　④柔順・柔順
　　⑤平等・競争

　上記のそれぞれの項目内容にまつわる表現例は以下に提示する。

1-1-1　恋愛・敬愛・情愛

表現例	構成語の意味総和	慣用的意味
janna bi .hubbihâ جنّ بحبها	彼は彼女への愛で狂った（頭が変になった）	彼は彼女に夢中である（首っ丈になる）
waqa'a fî hubb وقع في حب	彼は彼女と恋に落ちた	彼は彼女を好きになった

表6

第2節　アラビア語の慣用的表現の意味的分類

1-1-2　世話・面倒

表現例	構成語の意味総和	慣用的意味
râ'á mashâ'irahu راعَى مشاعره	相手の気持ちを気にかける	相手を思いやる

表7

1-1-3　手伝い・助け・支持

表現例	構成語の意味総和	慣用的意味
farraja kurbatahu فرَّج كربته	彼の苦境を脱させた	力になって窮地に立たされている状況を助ける
faja'a ilaihi فجع إليه	彼（のところ）にびっくりして行った	助けを求めてきた

表8

1-1-4　従順・柔順

表現例	構成語の意味総和	慣用的意味
huwa rahna 'ishâratihi هو رهن إشارته	彼のサイン次第で動かされる	彼の言いなりに（唯々諾々になる）

表9

1-1-5　平等・競争

表現例	構成語の意味総和	慣用的意味
jalasa fî 'ain al-shams جلس في عين الشمس	太陽の目に座った	正々堂々と挑戦する精神のたとえ

表10

1-2　個人または一群のマイナスの社会関係

　この項目では、アラブ社会の発想とその視点に基づいて、人間社会に見られる「マイナス的関係にまつわる慣用的表現」を　①「迂闊・拒否」、②「阻止・取り止め」、③「苦悩・忍耐」、④「他人への不愉快、損のある

第3章　アラビア語慣用的表現の分類

行動」、⑤「争い・いざこざ」、⑥「戦い・武力」と6つの小項目に分け、それぞれの小項目内で関連表現を配列する。

表現例	構成語の意味総和	慣用的意味
zahabat riyâ.huhu ذهبت رياحه	彼の風が無駄に行ってしまった	彼の努力が水泡に帰した

表11

1-3　個人または一群に関する褒貶関連の表現

この項目では、アラビア語母語話者が用いる「褒貶関連の表現」を①「賞賛」、②「非難・けなし」③「社交辞令」、④「禁止・叱り」の4つの小項目に分け、それぞれの小項目内で関連表現を配列する。

1-3-1　賞賛

表現例	構成語の意味総和	慣用的意味
rukun fî qaumih رُكن في قومه	彼は自分の氏族の中で一角である	一目を置かれている人の意
munqatiʿ Al-qarîn fî Al-khair منقطع القرين في الخير	善を施すことにおいて彼と同類のものはない	彼ほど人助けの多い善人はいない

表12

1-3-2　非難・けなし

表現例	構成語の意味総和	慣用的意味
mâ lahu ʿindanâ wazn ما له عندنا وزن	私たちにとって彼は重さがない	価値がない
farraqa Al-lâh shamlahu فرَّق الله شمله	アッラーが彼を仲間とばらばらになさいますように	味方がなく孤立する一人ぼっち

表13

第2節　アラビア語の慣用的表現の意味的分類

1-3-3　社交辞令

表現例	構成語の意味総和	慣用的意味
haiyyaka ʾallah wa baiyyak. حيّاك الله وبيّاك	アッラーが貴方にごあいさつなさいますように	歓迎する意味の表現 (意訳)
bi Al-rifâʾi wa Al-banîn بالرفاء والبنين	繁栄と子供を	結婚したばかりの人にかけることば

表 14

1-3-4　禁止・叱り

表現例	構成語の意味総和	慣用的意味
Anta dyyiq min An tafʿala. أنت ضيق من أن تفعله	貴方がこれをするには狭いです	貴方にはそんなことをする能力がない

表 15

1-4　災い関連の表現

　この項目では、災い関連の慣用的表現の分類内容を①「禍・困難」と②「生活状況の貧富」の2つの小項目に分け、それぞれの小項目内で関連表現を配列する。

1-4-1　禍・困難

表現例	構成語の意味総和	慣用的意味
waqaʿa fî salî jamal وقع في سليّ جمل	雄ラクダの「サリ」に落ちた	窮地に落ちた
Anzala Al-lâh bihi bai.dâʾ أنزل الله به بيضاء	アッラーは彼に白を下した	白とは災難のことである。災難が降りかかると、何もかも消えて真っ白になる状態にかけた比喩表現である
ittasaʿa Al-khirq ʿalá Al-râqiʿ اتسع الخرق على الراقع	破れたところが縫う人にとって大きかった	対応するのがお手上げである

表 16

第3章　アラビア語慣用的表現の分類

1-4-2　生活状況の貧富

表現例	構成語の意味総和	慣用的意味
fî khafd min Al-ʻaish في خفض من العَيش	彼は低い暮らしにある	生活状況が豊かで良い状態にある／経済的に恵まれている
ʻalaih A.sâbiʻ.hasanah عليه أصابع حسنه	彼の上に良い指（複数形）がある。彼は良い暮らしをしている	裕福な暮らし（という指が付いた）の跡が見える

表17

(2) 個人のペルソナ（対社会的性格）に関する表現

このキーワードでは次のように5つの項目に分類し、それぞれの項目内で関連表現を配列する。

　　①プラスの性格を表す表現
　　②マイナスの性格を表す表現
　　③男性の身体・気質を表す表現
　　④女性の身体・気質を表す表現
　　⑤親類および血縁関を表す表現

2-1　プラスの性格を表す表現

この項目では、「プラスの性格」の慣用的表現の分類内容を次のように、①「賢い・経験」、②「気高さ・誇らしさ」、③「勇気・勇敢・強さ」、④「気前良さ」、⑤「優しさ・寛大さ」、⑥「節操の良さ・きまじめさ」の6つの小項目に分け、それぞれの小項目内で関連表現を配列する。

表現例	構成語の意味総和	慣用的意味
râsikh Al-îmân رسيخ الإيمان	土壌の強い信仰	ゆるぎない信仰心
kasabahu biʻaraqi jabinih كسبه بعرق جبينه	彼はお金を自分の汗で稼いだ	自分で生計を立てる

表18

2-2 マイナスの性格を表す表現

この項目では、「マイナスの正確」の慣用的表現の分類内容を次のように、①「倹約・けちる行為」、②「気難しさ・ぶこつな様子」、③「高慢・威張る」、④「軟弱・みじめさ」、⑤「裏切り行為」、⑥「臆病・小心」の6つの小項目に分け、それぞれの小項目内で関連表現を配列する。

表現例	構成語の意味総和	慣用的意味
'a.sabî Al-mazâj　عصبي المزاج	神経的な機嫌の持ち主	神経質な人
'ashshasha Al-shaitân fî qalbih　عشعش الشيطان في قلبه	悪魔は彼の心に巣をつくった	悪意に満ちた心を持つ

表19

2-3 男性の身体・気質を表す表現

この項目では、「男性の身体・気質」にまつわる用的表現の分類内容を次のように、①「成熟」、②「身なり・容姿・容貌」、③「健康状態」、④「加齢・老化」、⑤「死」の5つの小項目に分け、それぞれの小項目内で関連表現を配列する。

表現例	構成語の意味総和	慣用的意味
'arîd Al-mankabain　عرض المنكبين	両肩が広い人	がっしりしている
khayyat Al-shayb sha 'arahu　خيَّط الشيب شعره	白髪が彼の髪の毛を縫った	彼は年を取った（慣用的意味）

表20

2-4 女性の身体・気質を表す表現

この項目では、「女性の身体・気質」にまつわる慣用的表現の分類内容を次のように、①「女性の外見的特徴」、②「結婚・離婚」、③「妊娠・出産」、④「男女関係」の4つの小項目に分け、それぞれの小項目内で関連

第3章　アラビア語慣用的表現の分類

表現を配列する。

表現例	構成語の意味総和	慣用的意味
ka Al-kaukab Al-durri كالكوكب الدرّي	輝いている惑星のように	美しく輝いている
fa.d.da bakaratahâ فضّ بكارتها	彼女の処女膜を破った	初めての結婚相手となった

表21

2-5　親類および血縁関係を表す表現

　この項目では、「親類および血縁関係」にまつわる慣用的表現の分類内容を次のように、①「親戚的・縁的関係」、②「階層の良い家系」、③「階層の低い家系」、④「子孫的関係」の4つの小項目に分け、それぞれの小項目内で関連表現を配列する。

表現例	構成語の意味総和	慣用的意味
khalî.s Al-nasab خالص النسب	混じりけのない家系	生粋
ʿAbbân ʿan jad أبًا عن جد	祖父に次ぐ父親に	代々に

表22

(3) 人間の活動に関する表現

分類方針

　生活における日常的活動から、動的および思考的活動、それに言語的活動や個人が生活において見せる様々な反応まで、人間のあらゆる活動をテーマとする項目として分類する。

3-1　日常的活動を表す表現

　この項目では、「日常的活動」にまつわる慣用的表現の分類内容を次の

第2節　アラビア語の慣用的表現の意味的分類

ように、①「飲食行為」、②「手作業」、③「取引行為」、④「そのほかの活動的行為」の4つの小項目に分け、それぞれの小項目内で関連表現を配列する。

表現例	構成語の意味総和	慣用的意味
gha.sa fî sabât ʿamîq غاص في سبات عميق	深い静止（状態）に潜る	深い眠りに就く

表23

3-2　動的活動を表す表現

　この項目では、移動や動作などの動きを伴う、いわゆる「動的活動」にまつわる慣用的表現の分類内容を次のように、①「移動行為」、②「動作的行為」の3つの小項目に分け、それぞれの小項目内で関連表現を配列する。

表現例	構成語の意味総和	慣用的意味
ʿalá jinâ.h safar على جناح سفر	旅をする翼の上にいる	旅に出るところ
jâʾ ʿalá bakrat Abîhim جاء على بكرة أبيهم	父親の若い馬に乗ってきた	全員が来た

表24

3-3　思考的活動を表す表現

　この項目では、決断や実行力あるいは動揺などを伴う「思考的活動」にまつわる慣用的表現の分類内容を次のように、①「見識」、②「決断・決意」、③「動揺・怪しむこと」、④「勤勉さ・積極性」、⑤「実行力」、⑥「成功・実現、成功と失敗」の6つの小項目に分けた上で、それぞれの小項目内で関連表現を配列する。

第 3 章　アラビア語慣用的表現の分類

表現例	構成語の意味総和	慣用的意味
mu.t.tali ' 'alá mujrayât al-'umûr مُطلع على بجريات الأمور	彼には出来事のありかに目が通ずるものがある	精通している
lam takhtur 'alá qalb insân لم تخطر على قلب إنسان	人間の誰ひとりの心にも浮かばなかった	誰も想像しなかった
jâ' a bi al-'amuri min ma' tîhi جاء بالأمر من مأته	要件を出どころから持ってきた	問題の元を明らかにする

表 25

3-4　言語的活動を表わす表現

　この項目では、話しぶりや話術、暗誦などの「言語的活動」にまつわる慣用的表現の分類内容を次のように、①「話しぶり・雄弁さ」、②「話術力の低さ」、③「沈黙」、④「語らい・暗誦」、⑤「誓い」の 5 つの小項目に分けた上でそれぞれの小項目内で関連表現を配列する。

表現例	構成語の意味総和	慣用的意味
ja' a bi .dajîj wa `ajîji جاء بضجاج وأجيج	騒ぎながらやってきた	大騒ぎをする
.saqa.ta fî kalamihi. سقط في كلامه	自分のしゃべりに落ちた	失言する
'Asma 'a ja 'ja 'atan walâ 'ara .t.hînan أسمع جعجعة ولا أرى طحيناً	ガヤガヤと音がしているのが聞こえてはいるが、粉を挽く姿は見えない	口ばかりでまったく行動を実行に移さない人のことを強調した言い方
wa Al-nahâr Al-'azhar wa Al-lail Al-akh.dar والنهار الأزهر والليل الأخضر	青い朝と緑の夜にかけて	誓いを強調する時に使う
qabba.ha Al-lâh wajhahu قبّح الله وجهه	彼の顔を醜いものにするよう	人に嫌われ、顔が立たないように（貶す表現）

表 26

第2節　アラビア語の慣用的表現の意味的分類

3-5　反応を表わす表現

　この項目では、不安や心配、怒りなどの人間の情動や心情の種々の「反応」にまつわる慣用的表現の分類内容を次のように、①「怒り・憤慨」、②「心配」、③「恐怖」、④「安心・落ち着き」の4つの小項目に分けた上で、それぞれの小項目内で関連表現を配列する。

表現例	構成語の意味総和	慣用的意味
ra'aitu ma- lam yarahu Al-na'im fî Al-.hulm رأيت ما لم يراه النائم في الحلم	寝ている人が夢で見たもの以上のものを見た	夢にも見なかった（驚く様子を強調する表現）
naqqat .dafâdi'u Al-ba.tn نقّت ضفادع البطن	お腹にいるカエルが泣いた	お腹が空いた
.daraba bi dhiqnihi Al-'ard ضرب بذقنه الأرض	彼は自分の顎で土（床）を叩いた / 叩きつけた	悔しくなり、怒りが込み上げる（慣用的意味）

表27

3-6　時間的・場所的感覚に関する表現

表現例	構成語の意味総和	慣用的意味
'alâ qâb qawsain 'au 'adna على قاب قوسين أو أدنى	2弓の長さ程、近いの上	目と鼻の先
Intazara fawâq Al-nâqah انتظر فواق الناقة	メスラクダが起きるまで待つ	しばらく待つ：昔、アラブ人は、メスラクダの乳を搾った後、ラクダを1時間休ませる習慣があった

表28

第3節　まとめ

以上のように、アラビア語の *al-murshid ilá ma'ânî al-mu.s.tala.hât al-inklîzîyah -English-Arabic*（dâr al-khayal, 2006）および *.mu'jam al-ta'âbîr*（maktabat lubnân, 2008）を資料としたアラビア語の慣用的表現（6,247句）の分類を行った。その上で、意味用法の側面から慣用的表現の意味による分類を試みてきた。以上の結果をまとめると次のようになる。

大分類	「人間的項」	4,084	65.3%
	「モノ的項」	1,953	31.3%
	未分類（対象外）	210	3.4%
	合計	6,247	

表29　アラビア語慣用的表現の大分類による集計結果

A=「人間的項」における中分類

慣用的表現の意味的分類項目	分類番号	表現数	%
人と人の関わりに関する表現	1	1421	34.8%
プラスの関係を表す表現	1-1	441	10.8%
マイナスの関係を表す表現	1-2	334	8.2%
褒貶関連の表現	1-3	444	10.9%
災い関連の表現	1-4	202	4.9%
個人のペルソナ（対社会的性格）に関する表現	2	769	18.8%
プラスの性格を表す表現	2-1	333	8.2%
マイナスの性格を表す表現	2-2	239	5.9%
男性の気質を表す表現	2-3	122	3.0%
女性の気質を表す表現	2-4	23	0.6%
親類および血縁関を表す表現	2-5	52	1.3%
人間の活動に関す表現	3	1451	35.5%
日常的活動を表す表現	3-1	73	1.8%
動的活動を表す表現	3-2	122	3.0%
思考的活動を表す表現	3-3	402	9.8%

第3節　まとめ

言語的活動を表す表現	3-4	565	13.8%
反応を表す表現	3-5	119	2.9%
時間的・場所的感覚に関する表現	3-6	170	4.2%
その他	4	472	10.1%

表30　アラビア語慣用的表現の中分類による配置結果

A=「人間的項」における小分類

慣用的表現の意味的分類項目	分類番号	表現数	%
人と人の関わりに関する表現	1	1421	34.8%
プラスの関係を表す表現	1-1	441	10.8%
敬愛・情愛・好む	1-1-1	160	3.9%
世話・面倒	1-1-2	67	1.6%
手伝い・支持	1-1-3	127	3.1%
従順・柔順	1-1-4	56	1.4%
平等・競争	1-1-5	31	0.8%
マイナスの関係を表す表現	1-2	334	8.2%
迂闊・拒否	1-2-1	88	2.2%
阻止・取り止め	1-2-2	36	0.9%
忍耐・悩み	1-2-3	23	0.6%
他人への不愉快、損のある行動	1-2-4	83	2.0%
争い・いざこざ	1-2-5	67	1.6%
戦い・武力	1-2-6	37	0.9%
褒貶関連の表現	1-3	444	10.9%
賞賛	1-3-1	285	7.0%
非難・けなし	1-3-2	101	2.5%
社交辞令	1-3-3	11	0.3%
禁止・叱り	1-3-4	47	1.2%
災い関連の表現	1-4	202	4.9%
禍・困難	1-4-1	178	4.4%
生活状況の貧富	1-4-2	24	0.6%
個人のペルソナ（対社会的性格）に関する表現	2	769	18.8%
性格のプラス的側面を表す表現	2-1	333	8.2%
賢い・経験	2-1-1	109	2.7%
気高さ・誇らしさ	2-1-2	35	0.9%

第3章　アラビア語慣用的表現の分類

勇気・勇敢・強さ	2-1-3	51	1.2%
気前良さ	2-1-4	34	0.8%
優しさ・寛大さ	2-1-5	30	0.7%
節操の良さ・きまじめさ	2-1-6	74	1.8%
性格のマイナス的側面を表す表現	2-2	239	5.9%
倹約・けちる行為	2-2-1	10	0.2%
気難しさ・ぶこつな様子	2-2-2	25	0.6%
高慢・威張る	2-2-3	47	1.2%
軟弱・みじめさ	2-2-4	67	1.6%
裏切り行為	2-2-5	74	1.8%
臆病・小心	2-2-6	16	0.4%
男性の気質を表す表現	2-3	122	3.0%
成熟	2-3-1	13	0.3%
身なり・容姿・容貌	2-3-2	29	0.7%
健康	2-3-3	33	0.8%
老化・加齢	2-3-4	18	0.4%
死	2-3-5	29	0.7%
女性の気質を表す表現	2-4	23	0.6%
女性の外見的特徴	2-4-1	16	0.4%
結婚・離婚の	2-4-2	2	0.0%
妊娠・出産	2-4-3	1	0.0%
男女関係	2-4-4	4	0.1%
親類および血縁関を表す表現	2-5	52	1.3%
親戚的・縁的関係	2-5-1	29	0.7%
階層の良い家系	2-5-2	17	0.4%
階層の低い家系	2-5-3	1	0.0%
子孫的関係	2-5-4	5	0.1%
人間の活動に関する表現	3	1451	35.5%
日常的活動を表す表現	3-1	73	1.8%
飲食行為	3-1-1	19	0.5%
手作業	3-1-2	6	0.1%
取引行為	3-1-3	11	0.3%
その他	3-1-4	37	0.9%
動的活動を表す表現	3-2	122	3.0%
移動行為	3-2-1	37	0.9%

第3節　まとめ

動作的行為	3-2-2	37	0.9%
滞る・留まる行為	3-2-3	48	1.2%
思考的活動を表す表現	3-3	402	9.8%
見識・考える	3-3-1	100	2.4%
決断・決意	3-3-2	44	1.1%
動揺・怪しむこと	3-3-3	44	1.1%
勤勉さ・積極性	3-3-4	80	2.0%
実行力	3-3-5	44	1.1%
成功・実現、成功と失敗	3-3-6	90	2.2%
言語的活動を表す表現	3-4	565	13.8%
話しぶり・雄弁さ	3-4-1	36	0.9%
話術力の低さ	3-4-2	20	0.5%
沈黙	3-4-3	19	0.5%
語らい・暗誦	3-4-4	334	8.2%
誓い	3-4-5	12	0.3%
宗教的表現	3-4-6	144	3.5%
反応を表す表現	3-5	119	2.9%
怒り・憤慨	3-5-1	38	0.9%
心配	3-5-2	15	0.4%
恐怖	3-5-3	31	0.8%
安心・落ち着くこと	3-5-4	35	0.9%
時間的・場所的感覚に関する表現	3-6	170	4.2%
時間の長さ	3-6-1	43	1.1%
時間の短さ	3-6-2	27	0.7%
時間の流れ	3-6-3	35	0.9%
遠近関係	3-6-4	24	0.6%
方向の指定	3-6-5	25	0.6%
環境	3-6-6	16	0.4%
その他	4	29	0.7%

表31　アラビア語慣用的表現の小分類による配置結果

　上記の分析結果をみると、人間的項の表現数とその割合がモノ的項の表現数を大きく上回り、中でも際立って目立つのは小分類の「言語的活動」の慣用的表現である。また、「言語的活動」の慣用的表現の集計結果だけを見ても、「語り・暗誦」の項目が「334」句にのぼり、「言語的活動」の

第3章　アラビア語慣用的表現の分類

表現数の大部分を占めている。また、この他にも「褒貶関連」を表す表現が多く見られた。これはおそらく、アラブ人の社交的気質や、慣用的表現が表す強調の意味的特徴から発生する結果と考えられよう。集計結果では、女性の気質を表す慣用的表現が男性の関連表現を大きく下回り、小分類の各項目の中でも最も低い。これは、他人との間で、女性を話題の対象にすること自体を良しとしないというアラブ社会に見られる社会通念の現れと言える。また、宗教的ことばを用いた表現が多くみられ、いかに宗教心が強く思考様式に深く根を下ろしている社会であるかを示唆している。

また、「敬愛、愛情、好む」にまつわる表現も多くの割合を占めており、「プラスの関係」の項目において一番多く見られるタイプである。

人間的項にまつわる慣用的表現の意味的分類項目	分類番号	表現数	%
語らい・暗誦	3-4-4	334	8.3%
賞賛	1-3-1	285	7.0%
禍・困難	1-4-1	178	4.4%
恋愛・敬愛・情愛	1-1-1	160	3.9%
宗教的表現	3-4-6	144	3.5%
手伝い・支持	1-1-3	127	3.1%
賢い・経験	2-1-1	109	2.7%
非難/けなし	1-3-2	101	2.5%
見識	3-3-1	100	2.4%
成功・実現、成功と失敗	3-3-6	90	2.2%
迂闊・拒否	1-2-1	88	2.2%
他人への不愉快、損のある行動	1-2-4	83	2.0%
勤勉さ・積極性	3-3-4	80	2.0%
節操の良さ・きまじめさ	2-1-6	74	1.8%
裏切り行為	2-2-5	74	1.8%
世話・面倒	1-1-2	67	1.6%
争い・いざこざ	1-2-5	67	1.6%
軟弱・みじめさ	2-2-4	67	1.6%
従順・柔順	1-1-4	56	1.4%
勇気・勇敢・強さ	2-1-3	51	1.2%

滞る・留まる行為	3-2-3	48	1.2%
禁止・叱り	1-3-4	47	1.2%
高慢・威張る	2-2-3	47	1.2%
決断・決意	3-3-2	44	1.1%
動揺・怪しむこと	3-3-3	44	1.1%
実行力	3-3-5	44	1.1%
時間の長さ	3-6-1	43	1.1%
怒り・憤慨	3-5-1	38	0.9%
戦い・武力	1-2-6	37	0.9%
その他	3-1-4	37	0.9%
移動行為	3-2-1	37	0.9%
動作的行為	3-2-2	37	0.9%
阻止・取り止め	1-2-2	36	0.9%
話しぶり・雄弁さ	3-4-1	36	0.9%
気高さ・誇らしさ	2-1-2	35	0.9%
安心・落ち着くこと	3-5-4	35	0.9%
時間の流れ	3-6-3	35	0.9%
気前良さ	2-1-4	34	0.8%
健康	2-3-3	33	0.8%
平等・競争	1-1-5	31	0.8%
恐怖	3-5-3	31	0.8%
優しさ・寛大さ	2-1-5	30	0.7%
身なり・容姿・容貌	2-3-2	29	0.7%
死	2-3-5	29	0.7%
親戚的・縁的関係	2-5-1	29	0.7%
その他	4	187	4.72%

表32 小分類による項目ランキングとその割合

　上の小分類の項目ごとのランキングを示す表32でも分かるように、「人間の活動に関する慣用的表現」の場合、「語らい・暗誦」は334句で、分析対象の表現すべての8.3%を占めている。

　また、小分類（表31）の「賞賛」の慣用的表現は、285句で、分析対象の慣用的表現すべての表現例の7%を占めている。「人と人の関わりに関する表現」は1,421句で、34.8%を占めている。「人間の活動に関する表現」

第3章　アラビア語慣用的表現の分類

は 1,451 句での中で、35.5％を占める。また、「個人のペルソナに関する表現」は 769 語句で、18.8％に至る。中分類の「女性気質」および「親類および血縁関を表す表現」の場合はそれぞれ 23、52 句で、0.6％、1.3％を占めており、集計例の中で最も少ない。

　上記の結果を見ると、アラビア語では、「人間的項」に属する慣用表現の中で、中分類の「言語的活動」を表す表現が最も多く用いられていることが分かる。以上、収集した表現を基に、本調査でアラビア語の慣用的表現の意味分類を考察した結果をまとめると、次の通りとなる。

人間の活動に関する表現 1,451 語句 35.5％	人と人の関わりに関する表現 1,421 語句 34.8％	個人のペルソナに関する表現 769 語句 18.8％

表 33　本調査のアラビア語の「人間的項」に関する慣用表現の集計結果

①言語的活動 565 語句	②褒貶関連の表現 444 語句	③プラスの関係 441 語句	④思考的活動 402 語句

表 34　本調査のアラビア語慣用的表現に最も見られる意味分類による項目

第4章 慣用的メタファー表現に見る
意味拡張と認知的基盤
──概念メタファー理論の概要──

　私たちが慣用的メタファー表現を含む発話に接したとき、例えば「赤い糸で結ばれている人」などのような表現を聞いたとき、「お互いを知らないもの同士が将来一緒になる運命である」と瞬時にその意味を捉えることができるのは、なぜだろうか。1つの可能性としては、私たちは各自の頭の中に、日常言語における個々の慣用的メタファー表現はどのような概念に対応しているかを記した辞書をもっているからだ、ということであろう。だからこそ、私たちは耳にした慣用的メタファー表現がどのような意味かを解読したり、また話したいことに応じて慣用的表現を選んだりできるのである。そうしたメカニズムを理解する上で最も重要なキーワードとなるのは、〈概念メタファー〉と〈メタファー写像〉である。

第1節　意味ネットワークの形成とメタファー表現の理解について

　Gibbs and O' Brien（1990）や Kovecses and Szabo（1996）は慣用表現の意味を Lakoff（1987）の認知意味論の観点から考察している。Gibbs and O' Brien（1990）は spill the beans や let the cat out of the bag などの慣用的表現について実験を行い、複数の母語話者が述べた「心的イメージ（mental images）」に多くの共通点があることを示し、その結果から慣用句の比喩的意味が生まれる背景にさまざまな「概念メタファー（conceptual metaphors）」が実際に働いていると主張している（例えば、THE MIND IS A CONTAINER や SECRETS ARE ENTITIES）。また、Kovecses and Szabo（1996）は慣用句の意味が生じる背景には「基点領域（source domains）」、「存在的写像（ontological mapping）」および「認識的写像（epistemic mapping）」

第4章 慣用的メタファー表現に見る意味拡張と認知的基盤

といった3つの要因が関わっており、多くの慣用句の意味に「規則的な動機付け」が認められると述べている。

慣用的表現としての意味はどのようなメカニズムに基づいて成立しているのであろうか。慣用的表現の中には、意味的に中核となる機能をはたしている構成要素がある。それが担っている比喩的意味に着目すれば解明できるはずである。第5～7章では、メタファー慣用的表現の意味が成立するための動機付けを明らかにすることによって、「死」「恋愛」「時間」にまつわる日アの慣用的表現の概念的意味を明らかにしていく。慣用的表現においては、その表現全体の文字通りの意味から慣用的意味が生じる際に、具体的にどのような意味拡張の仕組みが関与しているかについて検証していく。

メタファーとは、典型的には、「死」や「愛」などのような直接触知できない抽象物を、「眠り」や「炎」のような感覚的に理解しやすい具象物に見立てて表現する方法である。メタファーは世界を理解するための認識装置であり、同時に、世界を再構築するための知的方略である（瀬戸賢：1997）。

以下の第5～7章では、ケーススタディーとして日アの「死」「恋愛」「時間」にまつわるいくつかのメタファー慣用的表現を対象に、これらの慣用的表現が、どのような比喩性を示しているか、また両言語のそれぞれの話し手において、どのようなものとしてイメージされているかという認知的側面を明らかにしたい。

まず、以下に、比喩表現や慣用的表現の概念体系および概念化に基づく意味分析を行った研究を簡略にまとめて紹介する。

1.1 概念化に基づく意味分析の背景的理論

(1) Lakoff and Johnson (1980)：意味形成におけるメタファー経験的基盤

本研究のライトモチーフとなっているのが、メタファーとは人間の日常生活に広く影響を与えている上、その影響の範囲は単なる言語の領域にと

第1節　意味ネットワークの形成とメタファー表現の理解について

どまらず、行為、出来事、対象などの種々の経験の構造化にまで及んでいる、という考え方である。「我々の思考や行為の基盤にある日常概念体系はその根底から本質的にメタファー的である」(Lakoff and Johnson：1980)。このことから、慣用的メタファー表現の産出と理解にきっかけを与える働きを持つものとしても、また言語共同体が世界における様々な事象を理解する手立ての1つであるとしても、メタファーは重要な役割を果たしていると言える。

　Lakoff and Johnson (1980) は、メタファーを恣意的ではなく、経験を通じて得られてきたものだと提唱している。ここでは、メタファーの経験的基盤[23]とは何かということを、Lakoff and Johnson (1980) と Lakoff (1993) を参考にして述べる。上記で述べたように、メタファーは、抽象的で捉えにくい概念を、より具体的で理解しやすい概念に基づいて理解する認知プロセスであり、Lakoff (1993) の規定では、メタファーとは起点領域 (source domain) から目標領域 (target domain) に基づく理解である。例えば、アラビア語圏の文化においては、AQL（脳）という抽象的な概念は'alá（機械）という具体的な概念に見立てられて理解されている。このような概念体系のレベルでの理解が「AQL IS âlah」(脳は機械である) という概念メタファーであり、この概念メタファーの反映として、(1) のような表現が生み出される。

(1)　'aqli al-yaum lâ ya'malu（今日、私の脳は起動していない）
　　 tarkîbât 'aqlahu mukhtalifah（彼の脳の構造は違う）

　さて、lakoff and Johnson (1980) によると、メタファーによって2つの概念が関係づけられる際に、その動機付けとなる要因が2種類がある。その内の1つは、一方の概念に関する経験と他方の概念に関する経験の間に存在する「類似性」(similarity) である。例えば、英語文化には、「LOVE IS JOURNEY」という概念メタファーが存在し、その反映として (2) のような表現が存在する。

(2) look how far we've come
　　We can't turn back now

　メタファーの成立を動機づけているもう1つの基盤は、2つの概念に関する経験の共起性（cooccurrence）である。例えば、(3)のような表現を生み出している「MORE IS UP」という概念メタファーは、「多い」と「上」という2つの概念に関する経験がしばしば同時に起こるということがその成立の基盤になっている。

(3) irtafa ʿa dakhluhu hâdhâ al ʿâm（今年、彼の収入は高くなった）
　　ʾadd al-kutub al-manshûrah yazdâda ʿâm baʿda ʿâm（年々、出版される書籍は増えていく一方である）

　例えば、容器の中の水を増やせば、水が上がっていくのが見える。また、何かを積み上げれば、その高さが上がっていくのが見える。このような日常生活の中での「多い」に関する経験と「上」に関する経験の共起性が「MORE IS UP」という概念メタファーの基盤となっているのである。
　以上のように、メタファーは「類似性」または「共起性」に基づく2つの経験の間の対応関係がその成立基盤となっている。

(2) 不変性原理と概念メタファーの性質
①メタファーは抽象的概念を理解するための手立てである。
②多くの事柄・事象は、メタファーを介してのみ理解される。
③メタファーは、そのメカニズムが、基本的に、言語的なものではなく、概念的なものである。
④メタファー表現は、概念メタファーが産出したものである。
⑤概念体系の多くはメタファー的であるが、その重要な部分は非メタファー的である。メタファー的理解は、非メタファー的理解に基づく。
⑥メタファーによって、構造がはっきりしていない事柄を、より具体的に構造化された事柄によって理解することができる。

(3) 概念メタファーとICMモデル

概念メタファーとは、ある種類の概念を、ほかの種類の概念を通して認識する仕組みを指すことばである。また、概念メタファーでは、ある領域のICM（理想認知モデル：Idealized Cognitive Model）から別の領域のICMを経験基盤に基づく写像として捉えることができる（レイコフ：1987）。この写像は2つの領域のICM間の関係を規定するものである。起点領域内のICMにあたる要素を指し示す語が、目標領域内のICMにあたるところの対応する要素を指し示すことが多く見られる。

概念メタファーは、身体的、知覚的経験に基づき概念構造が形成されたパターンであることから、個別言語を超えた普遍性のあるものとして考えられる。それぞれの言語は概念メタファーという共通の概念体系を持ちながらも、1つの事柄または事象のどの側面に焦点を当てるかという「写像関係」に違いがあり、その違いが言語という記号にのっていると考える。特に、慣習的メタファー表現について考えた場合、意味自体は同じであるが、その意味構造のどの部分を捉えたのかという「写像」が異っているので、慣用表現という表現記号が言語ごとに異なっていると考える。

(4) Lakoff（1993）による概念メタファーと推論パターンの対応関係

概念メタファーは「起点領域」と「目標領域」の間を結ぶ一連の対応関係になっている。対応関係が活性化された場合、写像によって、起点領域の推論パターンを目標領域の推論パターンに投射することができる。個々の慣用的メタファー表現に見られる写像関係とそれに基づく推論パターンには、以下のような対応関係が成立している。推論パターンは存在的対応関係と認知的対応関係という2種類に分けることができる（Lakoff：1993）。

a) 存在的対応関係：起点領域にある「モノ」と、目標領域にあってそれに対応する「モノ」との対応関係である。

b) 認知的対応関係：起点領域に関する知識を目標領域に関する知識へ持ち込むことで、双方による対応関係が成立する。

第4章 慣用的メタファー表現に見る意味拡張と認知的基盤

1.2 概念メタファーの種類と写像関係のパターン

概念メタファーの分類についてさまざまな議論があるが、Lakoff and Turner (1989) によって提案されている分類規準は次の通りである。

a) 一般レベルの概念メタファー

一般レベルの概念メタファーとは、抽象的で極めて一般性の高いカテゴリーについて写像が行われることを言う。例えば、「出来事は行為である」というような概念メタファーはその典型例である。この種の概念メタファーは写像の全体的な枠を与える基本原理と見てよい。そして、これがほかの認知的操作と結びつくことで、より具体的なメタファーが成り立つ。

b) 個別レベルの概念メタファー

個別レベルの概念メタファーは、具体的で、経験的に関わり合うカテゴリーから成り立つ。本書の第1章 (3.2.2) で取り上げた「人生と学ぶこと」に関する概念メタファーの例がこれにあたる。個別レベルの概念メタファーは内容も細かく、対象もはっきりした概念の写像である。

これら2つのメタファーはどちらも習慣化した知識を元に成り立つ概念メタファーで、私たちの概念体系の一部をなす写像関係である。

メタファーによって、起点領域からどのような性質のある概念構造が写像されるかによって、以下のような種類のパターンがあると考えられている。Lakoff and Johnson (1980、1999) および Lakoff and Turner (1989) による概念メタファーの種類と写像パターンの論点の概要を以下に列挙する。

(1) 命題的構造のメタファー (Lakoff and Johnson：1980、1999)

Lakoff and Johnson (1980、1999) によれば、この種の概念メタファーでは、命題的概念構造を写像するのが特徴的である。例えば、アラビア語の「al-.hayât madrasah」(人生は学校である) という慣用的メタファー表現はこのタイプのメタファーと考えることができる。この種のメタファーで

は、例えば、「学生が学校で知識を身につける」、「学生が学校の試験に合格する」というような命題的知識が学校の領域から人生の領域に写像されている。また、「huwa（彼）　lam（～ない）　yanja.hu（成功する）　fî（に/で）　Al-.hayât（人生）：彼は人生で成功しなかった」、「huwa（彼）　ta'allama（学んだ）　Al-kathîr（多く）　fî（に/で）　Al-.hayât（人生）：彼は人生で多くのことを学んだ」などといった人間と人生の学習関係に関するこれらの慣習的メタファー表現は、先の「人生は学校である」という概念メタファーの下で生み出された表現である。

例えられる側の「人生」は抽象的概念である。それに対して、「学校」は身をもって経験できる具体的事象である。学校はふつう何らかの形式上の構成を持っている。そこで、人生の中でためになるような体験をすることを良いレッスンを受けたと表現したりするのである。つまり、「人生」と「学校」という2つの概念領域の間に、「人生での経験＝学校での学習」、「人生での成功または失敗＝学校のテストでの合格または落第」などの側面で対応関係が見られることから、形式上、または機能上、何らかの構造的類似性があると見なされる。

命題的構造のメタファーに関するもう1つ重要な側面としては、複合的な構造を形成する場合があることである。つまり、起点領域内の命題的概念構造は、相互的に関連性をもって結び付けられている複合的概念モデルを形成している場合がある。1つの例として、容器に入ったロウソクに火をつけて周りを照らすと、暗ければよく見えるようになる（第1段階）。ロウソクのロウがだんだん減っていく（第2段階）。ロウソクの火が燃え続けると、温度の上昇にともない、ロウソクの火が消え、明かりの元を失うのである（第3段階）。このような事態の展開に関する常識的理解を表す概念モデルは「典型シナリオ」と Lakoff（1987）は呼んでいる。典型シナリオはいくつかの命題的情報が繋ぎあわされて構成された、複合的な命題的構造であると考えられている。

(2) 包括的レベルのメタファー (Lakoff and Turner：1989)

この種のメタファーは、比較的特定の概念構造を写像する命題的構造の

第4章 慣用的メタファー表現に見る意味拡張と認知的基盤

メタファーとは違って、抽象的内容しかもたない概念を写像するものである。包括的レベルのメタファーが用いられる代表的例は擬人化である。

例1：ラマダン（断食月）は人を思いやる気持ちを教えてくれた。
例2：世界経済は株価の暴落によって破壊される危機にある。

　これらの例は、人間以外のものを人間として見ている。しかし、これらの例に共通するメタファーは単に「断食月、または世界経済は人である」というのではない。もっと具体的である。まず、これらの例は、非意図的な出来事を意図的行為にたとえている点で共通している。したがってLakoff and Turner（1989）が指摘するように、この場合の表現では、「出来事は行為である」という概念メタファーを設定することが可能となる。このように、包括的レベルのメタファーでは、行為と出来事のような一般的なレベルの包括的概念領域を結びつけるのが特徴である。

(3) イメージ・スキーマのメタファー (Lakoff and Turner：1989)

　私たちは、知覚や運動などの具体的な経験を通して様々なイメージを作り上げ、さらにこの具体的イメージのレベルからより抽象的認知様式を作り上げている。それをイメージ・スキーマという。

　この種のメタファーでは、上－下、内－外、前－後、着－離、深－浅、中心－周辺、などといった空間の方向性をある概念に与えるのが特徴である。例えば、「huwa ra.hala 'an hâdhâ Al-'âlam ：彼はこの世から去って行った」という「死」を表すアラビア語の慣用的表現では、移動の様態が変化の様態に対応づけられており、死の出来事が移動の構造というイメージ・スキーマによって写像されていると考えられている。

(4) イメージ・メタファー (Lakoff and Turner：1989)

　特定の慣例的イメージ・スキーマではなく、具像的で、個別のイメージ（視覚的イメージまたは運動的イメージ）を別のイメージへと写像する。その上で、特定の存在物に関する知識などを反映した抽象的構造を、起点領域と

目標領域の間に保っている。このようなメタファーをイメージ・メタファーという。

イメージ・メタファーもまた、イメージ・スキーマや命題的構造のメタファー同様、概念レベル働いていると考えられている。次の例を見てみよう。

例3：片道、2時間半かけて試験は1時間程度、トンボ帰りでした。
（出典：tokyop.cocolog-nifty.com/blog/.../index.html）

この種のメタファーでは、動物や生物などに特徴的な動作や仕草などが、動物以外の生き物（特に人間）の動作などに重ね合わされている。例えば、ここではトンボが飛びながら急に後方へ身をひるがえすイメージが、人が目的地に着くや否や帰る様子に重ねられている。

さらに Lakoff and Turner（1989）によれば、イメージ的メタファーは、慣用表現の意味における概念的知識を喚起したり、強めたりするなどして、概念メタファーとともに働く機能を持っている。例えば、日本語の「花と散る」という慣用的表現の場合では、「桜の花びらが散り散りと一度に散る姿」が「戦死する」へと写像されるのを見た。そこでは、「桜の花が一度に散ること」をイメージ的に写像することによって、「人間は花である＝命のはかなさ」という概念的メタファーが想起される。

1.3　Lakoff（1993）および Johnson（1987）によるメタファー写像とイメージ・スキーマ

1.3.1　人間の概念体系とイメージ・スキーマの関係

人間の概念体系には、以下のような二重の基盤があると Lakoff（1993）は指摘する。
(1) 基本レベルの概念：言語共同体の成員の知覚・運動経験の構造や心的イメージを形成する能力を反映する。
(2) 運動的イメージ・スキーマ：空間の中で機能する私たちの経験を概

念形成以前に構造化する。このことによって、私たちの持つ概念構造には、上記のこの2つの点に力点を置く体系が与えられる。

ここで、メタファーの写像とイメージ・スキーマの働きについて見ていきたい。まず、イメージ・スキーマとはどういうものなのかについては、Johnson（1987）が次のように定義している。

> 人間の身体的運動や物体の操作、知覚的相互作用の中には、繰り返し生じるパターンがある。そのパターンがなければ、私たちの経験は混沌とし、理解不能なものとなるだろう。こうしたパターンのことをイメージ・スキーマと呼ぶが、これはイメージの抽象的構造として主要な働きをするものである。イメージ・スキーマとは、その部分同士がある関係性を持ちながら、統一した全体に組織化されたゲシュタルト構造であり、それによって認識可能な秩序が私たちの経験に表出するのである。

こうした定義からもわかるように、イメージ・スキーマは抽象的で、認知作用において柔軟に適用できる性質を持っている。これに関して、Lakoff（1993）が提案するメタファー写像の論点を、以下の2点でまとめることができる。

(1) メタファーは、起点領域から目標領域へとイメージ・スキーマを写像する。
(2) 写像される対象の主要なものが、イメージ・スキーマである。

メタファーは、起点領域から目標領域へとイメージ・スキーマを写像する。例として、つぎのような概念メタファー、「恋愛は火である」を取り上げて、イメージ・スキーマと写像を見ていきたい。

起点領域：火
目標領域：恋愛
イメージ・スキーマ：「内部−境界−外部」のスキーマである
表現例：〈日本語〉胸を焦がす、身を焼く、など
　　　　〈アラビア語〉i.htaraqa bi nâra al-.hubbi（彼は恋に身を焼いた）」
体は一種の容器であり、その起点領域には、「内部−境界−外部」とい

第1節 意味ネットワークの形成とメタファー表現の理解について

う基本的イメージ・スキーマが内在している。私たちは、「恋愛」というより抽象的な経験の1つの側面に、このイメージ・スキーマに対応する構造を見出し、さらに起点領域である容器の「内部」「境界」「外部」を恋愛のきっかけ、過程、結果といった部分に対応させる。

以上のように、メタファー写像とは、メタファーがイメージ・スキーマを異なる概念領域に写像するものである。

1.3.2 イメージ・スキーマの写像のパターン (Lakoff and Turner：1989)
イメージ・スキーマは以下のような5つのタイプに分けられる。

(1) 容器のスキーマ
身体的経験：私たちは、常に自分の体を容器として経験し、また容器の中のものとして経験する。
構造的要素：内部 − 境界 − 外部
基 本 論 理：すべてのものは、容器の中にあるか、または容器の外にある。

(2) 部分 / 全体のスキーマ
身体的経験：私たちの存在は、諸部分を伴った全体的存在である。私たちを取り巻く物理的環境の中で生きていくために必要な基本的〈部分 / 全体〉の構造を私たちの基本レベルの知覚が識別することができるように進化してきた。
構造的要素：全体 − 諸部分 − 形態
基 本 理 論：このスキーマは非対称的である。すなわち、AがBの部分であるならば、BはAの部分ではない。さらに、〈全体〉が存在するが、その部分は存在しないというようなことはない。しかし、〈部分〉はすべて存在するが、それにもかかわらず〈全体〉を構成していないということはありうる。

(3) 連結のスキーマ

身体的経験：相互に関連する2つの事物の場所を確保するためには、接続の手段として、紐やその他の連結物を用いる。
構造的要素：AとBという2つの実体、およびそれらを接続する（連結物）。
基 本 理 論：もしAがBに連結されているならば、AはBに拘束され、Bに依存している。AとBは対称的である。

(4) 中心と周縁のスキーマ

身体的経験：私たちは、自分の身体を中心（胴体）と周縁（手の指、足の指など）を持つものとして経験する。
基本的要素：実体 – 中心 – 周縁
基 本 理 論：周縁は中心に依存する。しかし、その逆はありえない。

(5) 起点／経路／目標のスキーマ

　これは身体的経験によるものである。私たちはどこに移動するときでも、常に出発する場所や移動を終了する場所がある。また、出発地点と終了地点を結ぶ隣接した場所の連なりがあるほか、方向があるものとして経験する。
構 造 要 素：〈起点〉（出発点）、〈目的地〉（終了地点）、〈経路〉（起点と目的地を結ぶ隣接した場所の連なり）、（目的地へ向かう）〈方向〉。
基 本 論 理：もし起点から経路に沿って目的地へ行くならば、その経路にある各々の中間地点を通らなければならない。さらに経路に沿って移動すればするほど、出発時から経過した時間が長い。

1.4　メタファー表現の理解における推論プロセス

　言語共同体の使用する慣用的表現と経験には多くの構造的相関関係が存在する。それらの多くは、起点領域と目標領域の組み合わせおよび写像関係が経験によって、動機付けられる。さらに、経験における概念形成以前の構造的相関関係は、身体的経験に構造を与えるイメージ・スキーマを抽象的領域に写像するメタファーによって動機付けられる。したがって、私

第1節　意味ネットワークの形成とメタファー表現の理解について

たちは、運動的感覚のイメージ・スキーマおよびメタファー写像による慣用的メタファー表現の産出と理解が可能になるのである。

イメージ・スキーマによる動機付け　⇒　メタファーによる動機付け
　　　　　　　　　　　　　　　　　　⇒　慣用的メタファー表現の理解

図1

以上の考察から、Lakoff（1993）が指摘するように、私たちは身近に経験する空間的関係から演繹的推論とそのロジックを得ていると考えられる。以上のメタファーの概念構造説を踏まえて、Lakoff and Johnson（1993）が提唱するメタファーの構造と写像関係の特色を次のようにまとめることができる。

①写像は、概念領域の間で、「起点領域」と「目標領域」の間を結ぶ一連の対応関係になっている。
②写像は起点領域にある要素と目標領域にある要素の間の存在的、または認知的相関関係によるものである。
③概念領域間の対応関係が活性化された場合、写像によって、起点領域の推論パターンを目標領域の推論パターンに投射することができる。
④写像は恣意的なものではなく、日常経験および知識に力点を置いている。
⑤概念体系には多くの慣例的メタファー写像があり、それらは高度な構造を成す下位概念である。
⑥写像には、概念メタファーとイメージの写像の2種類がある。双方とも、不変性原理に基づく仕組みを持っている。

第5章　日本語とアラビア語の抽象的概念における
慣用的表現の個別事例分析
――「死」にまつわる慣用的メタファー表現――

　「死」は広範囲にわたる概念であり、死を巡る慣用的表現を十分に理解するためには、その中に現れるメタファーが「死」についての私たちの概念とどのように結びついているかを理解する必要がある。そのため、「死」をめぐる慣用表現には少なからず概念的メタファーが存在する。また、それらの表現の比喩性は「死」の異なった面を照らし出したり、目立たなくしたり、またさまざまの意味解釈をもたらしたりする。
　この前提を踏まえて、以下では、日ア両言語における「死」の概念を理解するためのもっとも基本的な「概念メタファー」をいくつか見ていくことにする。まず、日アには、それぞれどのような「死」の慣用的表現があるのかを以下に明示し、意味分析を行ってみたい。

第1節　日本語の「死」にまつわる
慣用的メタファー表現の意味分析

　上述のごとく、すべての慣用的表現は何らかの比喩性を持っているが、その比喩の構造は、ある言語共同体の成員が持っている既成概念から生じるものである。そして、その構造を知っていることによって、当該の事象を概念化し表現することが可能となる（Lakoff and Turner：1989）。つまり、概念レベルでのメタファーが成り立つには、その元となる日常知識がなければならない。
　日本語の場合、メタファーに基づいてなおかつ、死にまつわる慣用的表現としては、以下のような表現が挙げられる。
　（1）この世を去る　（2）他界する　（3）旅立たれる　（4）帰らぬ人となる　（5）帰らぬ旅人　（6）不帰の客となった　（7）永遠の眠りにつく

(8) 永い眠りにつく　(9) 目を瞑る　(10) 花と散る　(11) 命を落とす、など。

1.1 「死は移動である」

「(1) この世を去る、(2) 他界する、(3) 旅立たれる、(4) 帰らぬ人となる、(5) 帰らぬ旅人、(6) 不帰の客となる」という表現では、いずれも、「死」が「移動」という行為として描かれている。表1の「この世を去る」「他界する」「旅立つ」「帰らぬ人となる」「帰らぬ旅」「不帰の客」という表現には、「この世界を離れる」「別の世界へ行く」「どこかへ旅する」「もうそこに戻らない」という構成語の総和としての意味と、「死ぬ」という慣用的意味がある。そして、この2つの意味には、「今ここにいる場所を離れていく」という共通点を見出すことができる。つまり、上記の各表現の意味はそれ自身の字義どおりの意味からメタファーに基づき成り立っていることになる。

上で提示した〈死は移動である〉という概念メタファーにおける対応関係は次の通りとなる。この表現で使用されている概念メタファーは、イメージ・スキーマのメタファーというタイプに属するものである。

a) 存在的対応関係

起点領域：移動　　目標領域：死
① 去っていく原因が死の原因となる
② 死ぬことは移動することである
③ 状態変化が生じる＝位置変化が生じる
④ 魂による移動＝物理的移動
⑤ 死の世界への出発＝終着点への出発
⑥ 生き返らない＝片道の移動
⑦ 終局＝終着点

b) 認識的対応関係

起点領域：今の場所を去って別の場所へ移動すること。

第 1 節　日本語の「死」にまつわる慣用的メタファー表現の意味分析

目標領域：新しい生活をスタートすること。さらに、昔、旅は徒歩で行い、また身の危険が多いというイメージがあった、など。

　また次の表 1 の、「(1) この世を去る、(2) 他界する、(3) 旅立たれる、(4) 帰らぬ人となる、(5) 帰らぬ旅人、(6) 不帰の客となる」という各表現で用いられている、「去る、他界、旅立つ、帰らぬ、帰らぬ、不帰」という各表現を見ても、明らかに「移動」に由来する語が「死ぬ」の意味に転用されている。これらの表現に使用されているメタファーでは「別の場所へ移動すること」と「人間が死によってこの世からいなくなる」という 2 つの事象が対比さられている。また、「去る、他界する、旅立つ」という行為と「死」では、いずれの場合にも、「出発」を伴う行為という点に類似性を見出していると言える。さらにこの点に注目すると、それらの表現の根底に「死＝出発＝場所移動」というイメージ・スキーマの写像による概念メタファーが存在すると言える。

　この種の「死」に関する慣用的メタファーでは、メタファー的比喩によって「死」を「この世を離れる」、または「別の場所＝あの世へ行く」として理解することが規定される。このことから、この表現の字義通りの意味と慣用的意味の関係は構造的類似性によるものと考えられる。

　つまり、「死」をほかのところへの移動と結びつけるのだが、「死は移動である」という概念メタファーの持つ構造的類似性を語り手と聞き手が把握しているということは、「死」と「移動」という 2 つの概念領域に成り立つ対応関係が知識としてあるということである。

　「死＝出発＝移動」という概念的メタファーは、宗教的観念の中でそこでの出発点へと向かう旅の始まりとみなされると、レイコフとターナーは指摘している。上で取り上げた (1) ～ (6) は、日本語において、「死」と移動とを結びつける宗教的観念が強い表現であることが窺い知られる表現である。

　一方、ここでは、「状態は場所である」という概念的メタファーが用いられている。上の各慣用表現においてそのメタファーの使用が見られるのである。この「状態は場所である」というメタファーでは、状態の変化は

第5章 日本語とアラビア語の抽象的概念における慣用的表現の個別事例分析

メタファーによっては位置の変化となる。もしも生きているという状態を自分たちがいる場所とみなすならば、死はほかの場所や世界へと移動することになる。つまり、居る場所が他の場所へと変わるという表現法を使用することで、死への状態変化を表すことになる。

さらにこの種の「死＝出発＝移動」というメタファーによって、この終着点は終局の状態と解される。この終着点の細かいところは言語共同体が属する文化によって異なる。例えば、ここでは、仏教は他界＝極楽浄土、イスラム教の場合は神であるアッラーの定める「終極の世」、またはキリスト教の場合はイエスキリストの指し示す「天」であったりする。

(4)「帰らぬ人となる」(5)「帰らぬ旅人」(6)「不帰の客となった」などの表現は、仏教に根差した文化の影響が強い日本語で見られるタイプである。また、「死」を巡るこれらの表現では、「旅」「客」といった言葉がよく用いられ、あたかも「死」そのものが旅立ちであるかのように、「人」＝「死人」が旅に出ると写像される。しかし、「死」は旅のうちでも特異なもので、二度と戻ることのできない旅＝移動と理解される。

日本語の「死」における概念的メタファーその①：「死は移動である」	
概念メタファーの種類：イメージ・スキーマのメタファー	
「死」に関する表現例	(1) この世を去る。 　　例：自分が世を去った後の子供の将来を考えると、不安に駆られる。 (2) 他界する。 　　例：母親は昨年、他界した。 (3) 旅立たれる。 　　例：天国へ旅立たれた。 (4) 帰らぬ人となる。 　　例：先日の電車事故で帰らぬ人となった方々の追悼会が行われた。 (5) 帰らぬ旅人。 　　例：帰らぬ旅人になった。 (6) 不帰の客となる。 　　例：叔父は異郷でついに不帰の客となった。 ((1)～(6) の例の出典：類語大辞典)

表1

第1節　日本語の「死」にまつわる慣用的メタファー表現の意味分析

1.2　「死は眠りである」

　この種の慣用的メタファー表現は、第4章の1.2（1）に既述の通り、命題的構造のメタファーと呼ばれている。下記の対応関係から分かるように、この種の慣用的表現の使用するメタファーでは、人が死んだときの動かない様子は眠ったときの様子に対応し、死体の様子は——動かないことから——眠るものの姿と結びつく。そしてこの2つの概念領域間の写像を元に、下記のような表現が生み出されることになる。そして、「死」を深い眠りというメタファー的比喩によって理解することが規定される。

　例（9）の「目を瞑る」の本来の意味は、目を閉じることである。この表現のメタファーでは、「人間が目を閉じたときの穏やかで静かな様子」に着目している。そして、無意識のうちに私たちの思考に宿ったイメージでは、「死ぬ＝目を瞑る」という写像を元に、このような表現が生み出されたと思われる。

　ここに表現例として取り上げている「永遠の眠りに付く」「永眠する」という表現には、「永遠に眠り続ける」いう構成語の総和としての意味と、「死ぬ」という慣用的意味がある。この2つの事象には、次のような対応関係があると考えられる。

a)　存在的対応関係

起点領域：眠り　　　目標領域：死
① 目をつぶることや体が動かないことなどの点で、眠るときの振る舞いと死ぬときの振る舞いに対応関係が見られる。
② 体が動かない＝死ぬこと

b)　認識的対応関係

起点領域：寝ているときに意識がないことや体温が下がるなど、体の生理
　　　　　的機能の変化。
目標領域：死んだ人には意識がないことや体温がなくなるなど、体に生理
　　　　　的変化が発生する。

第5章 日本語とアラビア語の抽象的概念における慣用的表現の個別事例分析

日本語の「死」における概念的メタファーその②：「死は眠りである」	
概念メタファーの種類：命題的構造のメタファー	
死に関する 表現例	(7) 永遠の眠りに付く。 　　例：すなわち、いよいよ年齢をとれば、大量の睡眠が必要となり、すなわち**永遠の眠りにつく**というわけじゃ」。(出典：青空文庫・海野十三 大使館の始末機関——金博士シリーズ・7—) 　　例：彼女は永遠の眠りに就いた。(出典：類語大辞典) (8) 永い眠りに就く。 　　例：先生は、長い闘病生活の末、ついに永い眠りにつかれた。(出典：類語大辞典) (9) 目を瞑る。 　　例：御尊父は23日午前4時に目を瞑られました。(出典：類語大辞典)

表2

1.3 「死は有機体（花）である」

　この種の概念メタファーに属する慣用的メタファー表現は、イメージのメタファーによって、写像される。表3の(10)の「花と散る」という表現では、構成語の総和としての意味「満開の桜の花が一度に散る」と慣用的意味「戦死する」の2つがある。この2つの意味には、「ちりぢりになって落ちる様子」という共通点を見出すことができる。これもまた、字義どおりの意味からメタファーに基づき成り立っていることになる。

　イメージ的メタファーは、「死は移動である」式の概念的メタファーとは異なるが、機能面では、概念メタファーと基本的には同じように働く。すなわち、イメージ的メタファーの場合でも、ひとつの領域の構造をほかのものに写像するのである。だが、この場合の領域は心理としてのイメージである（Lakoff and Turner：1989）。

　ここでは、戦場で戦士の命が絶たれて倒れ落ちる瞬間のイメージが同じようにはかなくも一斉に散る桜の花に重ね合されている。この種のメタファーは認知レベルで成り立っているものであり、言葉によってできているのではない。というのは、この慣用的表現のメタファーの基盤は概念的知識というよりは、慣習化された心理的イメージにある。

　そして、イメージ的メタファーと概念的メタファーとは互いに効果を高めあっているのである。「人が潔く死ぬ、戦死する」の意味で用いられる

第1節　日本語の「死」にまつわる慣用的メタファー表現の意味分析

ことが多いこの慣用的表現のメタファーでは、人間の命が桜の花に重ねられる。より正確に言えば、人間の命を桜の花が一度に散ることになぞらえている。戦いに出る人の人生というものを理解し、それを美化する方法として、人を花と見なし、戦死する人間の人生を桜の生命の周期と結びつけるような形でメタファーが用いられる。

これは、「死」についての極めて繊細な描き方をしているメタファーである。花は自然に成長するものだが、花の種類によっては、桜のように一斉に舞い散るという特殊なものもある。また、例（10）について注意すべき点は、言葉の上からは、どの「花」が「死」と対応するのかは明確にされていない。つまり、言葉の上からは桜の花が関係していることは判らないのである。

しかし、「死は散る花である」についてすべての死が散る花に喩えられるのではなく、その死に方や状況による。つまり、この表現にはまだまだ生きられる若さであるのに死んでしまう、という意味合いがある。「花と散る」は「葉と散る」ではない。秋の落葉は死に例えるなら老いてはかない命という意味には例えられると思う。俳句の季語事典によると、花は桜を意味する。お花見といえば桜だということもあり、梅、つつじなどでは梅を見に行く、つつじを見に行く、とわざわざ花名をいう。桜の花期は短く、梅や紫陽花の花期は長い。そこで若死にや潔い死を桜で表現するのだと筆者は考える。

さらに Lakoff and Turner（1989）によれば、イメージ的メタファーは、慣用表現の意味における概念的知識を喚起したり、強めたりするなどして、概念メタファーとともに働く機能を持っている。例えば、「花と散る」の場合では、「桜の花びらが一度に散る姿」が「戦死する」へと写像されるのを見た。そこでは、「桜の花が一度に散ること」をイメージ的に写像することによって、「人間は花である＝命のはかなさ」という概念メタファーが想起される。

花＝桜になったのは、第二次世界大戦中から戦後のことである。『規範国語読本』の島崎藤村の「若菜集」（1897: 186）の秋のうたや二川相近（202-204: 江戸時代後期）の今様に現れる吉野の表現を読むと、分かるかと思

う。「秋のうた」には、「花に露」と書かれている。この花は秋草の花、つまり菊で、秋の重陽の節句の宴が表現されている。

二川相近の今様の花は、「三吉野の」と「春の」とあることにより「桜」と分かる。当時は「春の花＝桜」ではなかったので、吉野という桜の名所の地名と、「春の」という季節が書かれているわけである。

現代でも、一部のお花見好きな人以外にとっては、花＝桜ではないと言えるのかもしれない。花と散る、の表現の漫画で桜が背景に使われることもあれば、寒椿が使われることもあるし、薔薇が使われることもある。

桜に限らず、どんな花にも日本人は心を寄せることができ、昔から、はかなさや、気高さ、清々しさを感じるのが日本人気質の1つだと言える。ただ、戦中～昭和の文学において、ソメイヨシノを使ったプロパガンダで「桜＝死」というイメージが作られ、たくさんの作品が残されたのは確かである。

日本語の「死」における概念メタファーその③：「死は有機体（花）である」		
概念メタファーの種類：イメージ・メタファー		
「死」に関する表現例	(10)	花と散る。 例①：その若武者は戦場で花と散った。（出典：類語大辞典） 例②：ビクシの勇気、花と散る。 （出典：hsyf610muto.seesaa.net/article/137156113.html）

表3

1.4 「命は貴重品である」

この種のメタファー的理解を要する言語表現は、方向性のメタファーとも呼ばれている。このメタファーでは、垂直方向の空間的な上・下のイメージ・スキーマが、「元気と生命」「病気と死」のスケールに写像されている。

この概念メタファーでは、イメージ・スキーマによる写像を用いて、本来空間とは関係ない「生命」を、「上下」という空間的位置関係を用いて捉えている。おそらく、健康なときには起き上がっているが、病気のときや死んだときには寝た状態になるという「身体的」理由から、健康状態との結びつきが発生する。そのため、上の方向が生命と健康に対応づけられ、逆に下の方向が死と病気に対応づけられている。そして、人間の健康状態

第1節　日本語の「死」にまつわる慣用的メタファー表現の意味分析

や生死を「上」または「下」と形容し、概念化するのである。上記の表現に使用されているイメージ・スキーマ的メタファーには以下のよう対応関係が見られる。

a) 存在的対応関係
起点領域：貴重品　　目標領域：命
① 貴重品＝命
② 不意に落とすこと＝予期せぬ出来事によって死ぬ。

b) 認識的対応関係
起点領域：ものを落とすと、落とされたものがダメージを受ける。
目標領域：何らかの原因で人間の身体がダメージを受けて、生命が絶たれることになる。

　ここで確認しておくが、上で分析したイメージ・スキーマによるメタファー写像を見て分かるように、「命を落とす」というメタファー表現の意味の概念構造はイメージ・スキーマによって形成され、またその意味の一部が言語表現に現れるのは確かだが、イメージ・スキーマは言語表現の根源であっても、言語表現の意味拡張の基盤となるプロセスではない。

死における概念メタファーその④：「命は貴重品である」 概念メタファーの種類：イメージ・スキーマのメタファー	
「死」に関する表現例	(11) 命を落とす。 例①：彼は交通事故で命を落とした。(出典：慣用表現辞典) 例②：元来自分は非常に剣術がヘタで、又、生来臆病者で、いつ白刃の下をくぐるようなことが起って命を落とすかと思うと夜も心配で……。(出典：青空文庫・青春論) (12) 命拾い 例：綾戸の簗のしも手では、激流に脚をさらわれて、命拾いしたことがある。(出典：青空文庫・利根の尺鮎)

表4

第 5 章 日本語とアラビア語の抽象的概念における慣用的表現の個別事例分析

1.5 日本語における「死」の慣用的メタファー表現の分類案

ここでは、日本語における「死」のメタファー表現の分類を示す。これらは、これまで取り上げた慣用的メタファー表現から抽出したもので、動詞句を中心としている。

(1) モノを前提とするメタファー
　　表現例：① 命を落とす、② 命拾いをする
(2) 移動のメタファー
　　表現例：① この世を去る、② 他界する、③ 旅立たれる
(3) 静止の状態を表すメタファー
　　表現例：① 永遠の眠りにつく、② 永い眠りにつく、③ 目を瞑る

ここまで、日本語の「死」に関するメタファー思考と慣用表現の意味について考えてきた。次に、上に取り上げたアラビア語の「死」に関する個々の慣用的メタファー表現を調べて、それらの表現の意味理解と、アラビア語母語話者と一体化している概念的メタファーがどのように作用しているかを見てみたい。

第2節　アラビア語の「死」にまつわる慣用的メタファー表現の意味分析

アラビア語のメタファーに基づく慣用的表現としては以下のような表現が挙げられる。

(1) ra.hala ʻan hâdhâ Al- ʻâlam　رحل عن هذا العالم
　　ra.hala：彼は去る　ʻan：〜より / から　hâdhâ：この
　　Al- ʻâlam：世界 / 世
　　構成語の意味の総和：彼はこの世を去った。
　　慣用的意味：彼は死亡した。

(2) intaqala Ilá Al- ʻâlam Al-Âkhar　انتقل إلى العالم الآخر
　　intaqala：彼は移動する　Ilá：〜へ　Al- ʻâlam：世界 / 世
　　Al-âkhar：ほか / 別
　　構成語の意味の総和：彼はそのもうひとつの世界（あの世）へ移動した。
　　慣用的意味：彼は死亡した。

(3) intaqala Ilá ra.hmat Al-lâh　انتقل إلى رحمة الله
　　intaqala：彼は移動する　Ilá：〜へ　ra.hmat：慈悲　Al-lâh：アッラー（イスラム教の神様）。
　　構成語の意味の総和：彼はアッラーの慈悲（の域）へ移動した。
　　慣用的意味：彼は死亡した。

(4) intaqala Ilá jiwâri rabbihi　انتقل إلى جوار ربّه
　　intaqala：彼は移動する　Ilá：〜へ　jiwâri：となり　rabbihi：彼の主
　　構成語の意味の総和：彼は主のそばへ移動した。
　　慣用的意味：彼は死亡した。

第5章 日本語とアラビア語の抽象的概念における慣用的表現の個別事例分析

(5) balagha Al-mîqât بلغ الميقات
balagha：彼は～に到達する　Al-mîqât：しかるべき時
構成語の意味の総和：特定の時点に達した。
慣用的意味：彼は死を迎える時が来た／死に瀕している。

(6) .hâna yawmuhu حان يومُه
.hâna：～の時間になる／時間が来たる　yawmuhu：彼の一日
構成語の意味の総和：彼の日が来た。
慣用的意味：彼は死に瀕している／死を迎える時が来た。

(7) qa.dâ na.hbahu قضى نحبه
qa.dâ：果たす、全うする　na.hb（名詞）／na.haba（動詞）：誓い、約束　hu：彼の～
構成語の意味の総和：彼は果たすべき約束を果たした。
慣用的意味：彼は死亡した（死ぬこと）。

(8) wâfatuhu Al-manîyah وافته المنية
wâfatuhu：やってくる、たどり着く　Al-manîya：死、滅ぼすもの
構成語の意味の総和：死が彼にやってきた。
慣用的意味：彼は死亡した（死ぬこと）。

(9) wâfâhu 'Ajaluhu وافاه أجله
wâfâhu：彼はやってくる、たどり着く　'Ajaluhu：彼の寿命
構成語の意味の総和：彼（のところ）に自分の寿命がやってきた。
慣用的意味：彼は死亡した（死ぬこと）。

(10) wâfâhu Al-'Ajal Al-ma.htûm وافاه الأجل المحتوم
wâfâhu：彼はやってくる　Al-'Ajal：寿命　Al-ma.htûm：絶対的
構成語の意味の総和：絶対的な寿命が彼のところにやってきた。
慣用的意味：死亡した（死ぬこと）。

第 2 節　アラビア語の「死」にまつわる慣用的メタファー表現の意味分析

（11）ʾAdrakahu ʾAjaluhu　أدركه أجله

　　　ʾAdrakahu：彼に追いつく　ʾAjaluhu：彼の寿命。
　　　構成語の意味の総和：彼の寿命が追いついてきた。
　　　慣用的意味：死亡した（死ぬこと）。

（12）nâma Al-nawmat Al-kubrâ　نام النومة الكبرى

　　　nâma：彼は眠りにつく　Al-nawmah：ひと眠り
　　　Al-kubrâ：最も大きい／最大
　　　構成語の意味の総和：彼は最も大きな眠りについた。
　　　慣用的意味：死亡した（死ぬこと）。

（13）yadhûqu Al-mawt　يذوق الموت

　　　yadhûqu：彼は味見をする　mawt：死
　　　構成語の意味の総和：彼は死を味見する。
　　　慣用的意味：彼は死ぬ。

2.1　「死は移動である」

　ここで取り上げた（1）ra.hala ʿan hâdhâ Al-ʿâlam、（2）intaqala Ilâ Al-ʿâlam Al-Âkhar、（3）intaqala Ilâ ra.hmat Allâh、（4）intaqala Ilâ jiwâri rabbihi には、「この世を離れる」「別の世へ行く」「アッラーの慈悲（の域）へ移動した」「神のそばへ移動した」とそれぞれに構成語の総和としての意味がある。さらに、この 2 つの意味には、「今ここにいる自分がこの場所を離れて、別の場所へ移動する」という共通点があるため、メタファーによって「死ぬこと」の慣用的意味が成り立っている。

　上述のわずかの例からすでに推測できるように、ある種の慣用的表現とその中に含まれるメタファーは、日アとの間で緊密な対応を示している。これは「ra.hala ʿan hâdhâ Al-ʿâlam」「intaqala Ilâ Al-ʿâlam Al-Âkhar」などのアラビア語の「死」の関連表現と、日本語の「世を去る、他界する」などといった「死」の事実を述べている表現とではぴったり対応しておもしろい。系統の異なる 2 言語の間での密なメタファー対応は、それ自体

が人間言語としての共通性に根差していることを我々に示唆していると言える。

さらに重要なことに、上述の具体例からも分かるように、両言語のいずれの場合も、「ra.hala＝彼は去る」、「intaqala：彼は移動する」などのような「移動」を表す語を用いて、「死」が表現されているということである。

一方、状態変化のもう1つの形として、場所の変化というものがある。これらの表現で「移動」を表す表現を用いて、「死ぬ」という状態変化を表している。つまり、この表現では、場所を移動すること自体が状態変化の一種なのである。この場合、「死人」が別の世界へと移動するものと解される。これは、「動作主の移動は状態変化である」という枠内で理解するメタファーである。移動動詞の1つの「intaqala：移動する」が用いられている上記の表現では、「死」を迎えることが、「ほかの場所へ移動する」というように捉えられている。「死」はその意味で「ほかの世界」と見なされる。このことから、「死＝移動」という概念メタファーがアラビア語の「死」に関する慣用的表現の根底に存在していると言える。

「死＝移動」という概念メタファーは、「宗教的観念の中でしばしば拡張されそこでの移動は終着点へと向かう旅の始まりとみなされる」とLakoff and Turner（1989）は指摘しているが、上に取り上げた表現（1）〜（4）は、日ア両言語においても、「死」＝「移動」と結びつける宗教的観念が強いことが窺い知られる表現である。

これらの表現においては、「状態」は「場所」であるというもうひとつの基本的メタファーが使用されている。つまり、人間は、「生きている状態」にあれば「この世、またはこの世界にいる」のである。それに対して、別の場所に移動する、または居る場所が他の場所へと変わるという表現法を使用することで、「死」への状態変化を表すことになる。よって日本語のこれに似た表現と同様に、状態変化はメタファー的には場所変化となる。

概念メタファー：〈死は移動である〉。以下のように、移動の領域と死の領域の対応関係を次のような形で示すことができる。

a) 存在的対応関係

第2節 アラビア語の「死」にまつわる慣用的メタファー表現の意味分析

起点領域：移動　　　目標領域：死
① 別の世界へ移動すること（位置変化）＝死ぬこと（状態変化）。
② 死の世界への出発＝終着点への出発。
③ 生き返らない＝片道の移動。

b) 認知的対応関係
起点領域：今の場所を去って別の場所へ移動すること。
目標領域：新しい生活を始めること。

死における概念メタファーその①：「死は移動である」	
概念メタファーの種類：イメージ・スキーマのメタファー	
「死」に関する表現例	(1) ra.hala ʿan hâdhâ Al-ʿâlam رحل عن هذا العالم ra.hala：彼は去った　ʿan：〜より／から　hâdhâ：この Al-ʿâlam：世界／世 構成語の意味の総和：彼はこの世を去った。 慣用的意味：彼は死亡した。 （出典：lisân Al-ʿarab）
	(2) intaqala Ilá Al-ʿâlam Al-Âkhar انتقل إلى العالم الآخر intaqala：彼は移動した　Ilá：〜へ　Al-ʿâlam：世界／世　Al-Âkhar：ほか／別 構成語の意味の総和：彼はそのもう一つの世界（あの世）へ移動した。 慣用的意味：彼は死亡した。 （出典：.muʿjam Al-taʿâbîr）
	(3) intaqala Ilá ra.hmat Al-lâh انتقل إلى رحمة الله intaqala：彼は移動した　Ilá：〜へ　ra.hmat：慈悲　Al-lâh：アッラー 構成語の意味の総和：彼はアッラーの慈悲（の域）へ移動した。 慣用的意味：彼は死亡した。 （出典：lisân Al-ʿarab）
	(4) intaqala Ilá jiwâri rabbihi انتقل إلى جوار ربه intaqala：彼は移動した　Ilá：〜へ　jiwâri：となり rabbihi：彼の主（神様） 構成語の意味の総和：彼は主（アッラー）のそばへ移動した。 慣用的意味：彼は死亡した。 （出典：.muʿjam Al-taʿâbîr）

表5

第5章 日本語とアラビア語の抽象的概念における慣用的表現の個別事例分析

2.2 「死は特定の時点または地点に達することである」

先ず、ここで説明すべきことは、慣用的意味上、重要な役割を果たす構成語の1つである「Al-mîqât」とは何かということである。「Al-mîqât」とは「一定の行為を実行するために定められている時刻や日時」、または、「特定の行為を行うために定められている場所」という二重の意味を持つ語である。そのため、「Al-mîqât」は、「特定の時間」もしくは「特定場所」のいずれの意味にも使用することが可能な語彙なのである。

「死」と「時」の間にある関係は密接なものである。死は避けがたいものであり、時が過ぎてゆくことによって、死という避けがたい出来事がもたらされると考えられる。そして、時に追い付かれれば、私たちは歩みを止め死ぬ、というようなイメージを含んだ、「死」を示唆するものと解される。このことから、もう1つの概念メタファーとして、「死は追跡者である」を設定できる。このメタファーが強調しているのは、逃れようとしても最終的に逃れられないという死の本質である。人が人を追うさまは、死のこのような描き方と合致している。

「死」の瞬間が来た際に、「balagha Al-mîqât」とアラブ人が言うとき、時間の経過によって、死という出来事が不可避的に起きるということが意図されている。

表現例（5）からは、2つの異なる意味が読み取れる。「特定の場所にたどりついた」という構成語の総和の意味と、「死を迎える時が来た」という慣用的意味である。そして、この表現が持つ「構成語の意味の総和としての意味」と「慣用的意味」の間には「ある地点に達する」という共通点があり、慣用的意味が成り立っている。

この表現のメタファーでは、「死」は、動詞の balagha（達した、到達するなど）を用いることによって、「人生＝継続時間上、到達する最後の時点を迎えること」という比喩的意味を指すものとして理解される。すなわち、「死」は Al-mîqât と対応し、「しかるべき時に達すること」の意味と結びつく。類似の表現としての、(6) .hâna yawmuhu（彼の日が来た）に関しても、同様の概念的メタファー、「死＝時の経過である」によって、「死に瀕する状態」を指すことが理解される。

172

第2節　アラビア語の「死」にまつわる慣用的メタファー表現の意味分析

死における概念メタファーその②：「死は特定の時点または地点に達することである」 概念メタファーの種類：イメージ・スキーマのメタファー	
「死」に関する表現例	(5) balagha Al-mîqât　بلغ الميقات balagha：彼は〜に到達する Al-mîqât：ある行為を実行するために定めた時、日時 構成語の意味の総和：彼は時間に達した。 慣用的意味：彼は死に瀕している。 　　　　　　　　　　（出典：Al-murshid Ilá maʻâni Al-mu.s.talahât） (6) .hâna yawmuhu　حان يومه .hâna〜する時間になった　yawmuhu：彼の一日 構成語の意味の総和：彼の日が来た（到来した）。 慣用的意味：彼は死に瀕している。 　　　　　　　　　　　　　　　（出典：muʻjam Al-taʻâbîr）

表6

2.3　「死は果たさねばならない約束または誓いである」

　この種の慣用的表現には次の表7の (7) qa.dá na.hbahu（彼は果たすべき約束を果たした）という表現がある。この表現では、「死」が人間の誰しもが果たすべき義務だと捉えられている。これに関連し、「死」＝「果たすべき義務」というような捉え方は、宗教的伝統に深く根ざしているものである。表現例の「qa.dá na.hbahu」の構成語では、「死」は「na.hbahu＝ある出来事が実現した場合に実行する約束ごと（誓い）」に対応している。以下のように、「死は約束である」の概念メタファーは次の対応関係によって構成されている。

a) 存在的対応関係

起点領域：約束　　　目標領域：死
① 「死」は自分と神との間の約束である。
② 「死」を迎えることは、約束を果たす。
③ 「死」という約束がいつか果たされる時が来る。

b) 認識的対応関係

起点領域：「〜が叶ったら、アッラに〜捧げます」というように自分に誓

第5章 日本語とアラビア語の抽象的概念における慣用的表現の個別事例分析

った約束ごと（na.hb）を実行することで約束を果たす。
目標領域：死を迎えることで、神との約束を果たす。

　この対比関係からは、人間の「死」が「義務」に重ねられるものだと理解できる。より正確に言えば、死とは、一生のうち、誰も逃れることのできない絶対に果たさなければならない、na.hb（約束、誓い）というイスラム教的な概念と結びつけるメタファーが用いられている。
　「na.hb」の出典元となるコーランには、na.hb を取り上げた次のような節句がある。

مِنَ الْمُؤْمِنِينَ رِجَالٌ صَدَقُوا مَا عَاهَدُوا اللَّهَ عَلَيْهِ فَمِنْهُمْ مَنْ قَضَى نَحْبَهُ وَمِنْهُمْ مَنْ يَنْتَظِرُ وَمَا بَدَّلُوا تَبْدِيلًا

　信者の中には、アッラーと結んだ約束に忠実であった人々が（多く）いたのである。或る者はその誓いを果たし、或る者は（なお）、待っている。（コーラン：66章）

　このような意味の捉え方は、「人生とは絶対に果たさなければならない義務のある誓いである」というメタファーの構造について、その共同体のメンバーであるアラビア語母語話者が持っている知識から生じるものである。「死」と「na.hb＝果たさねばならぬ約束・誓い」という2つの概念領域の間に成り立つ対応関係が成り立つには、この種のメタファーの構造を理解する必要がある。そしてそれが言語共同体のメンバーには知識としてあるということである。

死における概念的メタファーその③：「死は果たさねばならぬ約束または誓いである」概念メタファー：命題的構造のメタファー	
「死」に関する表現例	(7) qa.dá na.hbahu　قضى نحبه qa.dá＝果たす、全うする。na.hb＝約束／誓い　hu＝彼の〜 構成語の意味の総和：彼は果たすべき約束を果たした。 慣用的意味：彼は死亡した。 例：Raji qa.dá na.hbahu ta.hta Al-taʿdhîb 訳：ラジが拷問を受けて死亡した。 （出典：alirhel.maktoobblog.com/category）

表7

2.4 「死は追跡者である」

　まず、ここで取り上げている、(8) wâfâtuhu Al-manîyah（死が彼（のところ）にたどり着いた）、(9) wâfâhu Ajaluhu（彼に自分の寿命が来た）、(10) jâ'a Ajaluhu（彼の寿命が来た）、(11) Adrakahu Ajaluhu（彼の寿命が追いついてきた）のこれらの例は、非意図的な出来事を意図的行為にたとえている点で共通している。

　上述の表現の「Al-manîyah」とは「死の訪れ」を意味するものだが、もともとは、「弱体化させる」「不都合な出来事が身に降りかかる、受難する」などという意味の動詞「muniya」から派生した語である。「死の訪れ」を表すのによく用いられるこの「Al-manîyah」という語は、極めて宗教的概念（イスラム教）に根ざした考え方である。この表現では、人間一人ひとりの「死」の日取りは神の意思によって決められていることを前提に、人間のところに死＝御者がやって来て死に瀕した人を連れ去る、というようなイメージを含んだ、「死」を示唆するものと解される。このことから、もう1つの概念的メタファーとして、「死はやってくるものである」を設定できる。

　「wâfâtuhu Al-manîyah」という表現は、逐語的に訳せば、「死が彼のところへ突然やって来た」という意味になるが、これは「死の擬人化」が現れた表現である。「死」のこうした擬人化は、上述のように「死はこの世の私たちのところへやってくる」という概念的メタファーの現れである。

　またこれと同様に、次の表8の例 (9)～(10) も「死」を「'Ajal＝人間にとって生きることのできる期間の期限」（寿命が彼にやって来た）という具合に擬人的に表しているのである。これも、「死は我々人間を迎えに来る」という概念メタファーによって生み出されたものである。長い歴史の中で、人間、とりわけ、アラブ人（アラビア語母語話者）が「死」にどれほど大きな宗教的・哲学的比重を置いてきたかを示すものである。

　以上の個々の例の分析によって抽出した概念メタファー、「死は追跡者である」に見られる対応関係は次の通りとなる。

第5章 日本語とアラビア語の抽象的概念における慣用的表現の個別事例分析

a) 存在的対応関係

起点領域：追跡者　　目標領域：死

①追跡している人は死である。
②追跡されることによって抱く不安、恐怖などは死による不安、恐怖、など
③追ってくる様子

b) 認識的対応関係

起点領域：追跡者はどこへ行っても追ってくる様子。
目標領域：死を免れる人間は存在しないという真理。

死における概念メタファーその④：「死は追跡者である」		
概念メタファーの種類：包括的レベルのメタファー		
「死」に関する表現例	(8)	wâfatuhu Al-manîyah　وافته المنية wafa：たどり着く、やってくる　t：動詞活用　hu：男性三人称代名詞　Al-manîyah：死 構成語の意味の総和：死が彼（のところ）にたどり着いた。 慣用的意味：彼は死亡した。 例：da'awatukum li .sâ.hibî .hithu wâfatuhu Al-manîyah yawm Al-thalâthâ' Al-mâ.dî 訳：この間の火曜日に亡くなった友達のために祈りを捧げていただけるようにお願いします。 （出典：www.grnaas.com/vb/showthread.php?t=8853）
	(9)	wâfâhu Ajaluhu　وافاه أجله wâfâ：たどり着く、やってくる　hu：彼の〜　Ajaluhu：寿命 構成語の意味の総和：彼に自分の寿命が来た。 慣用的意味：彼は死亡した。 例：wafahu Ajalahu fî al-mustashifá fî bakisutân 訳：彼は、パキスタンの病院で亡くなった。 （出典：tdwl.net/vb/showthread.php?t=231847）
	(10)	jâ'a Ajaluhu　جاء أجله jâ'a：彼〜来る　Ajaluhu：その人にとって生きることのできる期間の期限。 構成語の総和の意味：彼の寿命が来た。 慣用的意味：彼は死んだ（死に瀕した状態）。 例：lan yu'Akkhir Al-lâhu nafsan jâ'a Ajalahâ 訳：アッラーは、死期が訪れた人の死を延ばすまい。 （出典：www.alkaabi.org/vb/archive/.../t-52277.html）

第 2 節　アラビア語の「死」にまつわる慣用的メタファー表現の意味分析

(11) Adrakahu Ajaluhu　أدركه أجله
Adrakahu：彼は追いつく　Ajaluhu：彼の寿命
構成語の意味総和：彼の寿命が追いついてきた（たどり着いた）。
慣用的意味：亡くなった（あるいは死に瀕している状態）。
例：Adrakahu Ajaluhu fî Al-sijn ʿâm 728 هـ = 1328 م
訳：刑務所で亡くなったのは、1328 年だった。
（出典：www.islamport.com/.../
المعجب20%في20%تلخيص20%أخبار20%المغرب2004%.html）

表 8

2.5 「死は眠りである」

　比喩（メタファー）はイメージと想像力によって、慣用的表現に認識の力を与える手立ての 1 つである。慣用的表現の意味理解もまた、言語と想像力の関係度合いという大きな問題に深く左右されるのである。〈死〉を表わす表現例としての次の表 9 の（12）nâma Al-nawmat Al-kubrá（彼は最も大きな眠りについた）では、日本語と同様に「死ぬこと」と「眠ること」という 2 つの概念が「眠ることによる体の動かない様子」や「寝ている間、意識がない」という点で対応している。そして、これらの対応関係によって、「死」は、目覚めなき永遠の眠りとして理解される。概念構造の対応関係は次の通りとなる。

a) 存在的対応関係

起点領域：眠ること　　目標領域：死
①眠ることは（一定時間）死ぬことである。
②眠ることによる動かない様子は死による静止状態である。
③目が閉じている様子は死んだ後の状態である。

b) 認識的対応関係

起点領域：人間は眠っているときには意識がないこと。
目標領域：死んだ人は当然意識を失うことになる。

　また、表現の構成要素の 1 つに形容詞の kabîrah（大きい / 女性形容詞）の

第 5 章 日本語とアラビア語の抽象的概念における慣用的表現の個別事例分析

最上級「Al-kubrá」(最も大きい) が用いられているが、「死」は「大きい眠り」と「小さい眠り」とによって構成されているというイスラム教の宗教的概念に基づく表現である。この区別は、また、「眠り」も「死」の一種であると考えるのである。アラビア語では、「眠る」という事象を、「小さい眠り」と「大きい眠り」に分ける。そして、もし、小さい眠りが休息だとすれば、大きな眠りは目覚めることのない終極の眠りとなる。

死における概念的メタファーその⑤:「死は眠りである」	
概念メタファーの種類:命題的構造のメタファー	
「死」に関する表現例	(12) nâma Al-nawmat Al-kubrá نام النومة الكبرى nâma:彼は眠りにつく　Al-nawmah:ひと眠り　Al-kubrá:最も大きい 構成語の意味の総和:彼は最も大きな眠りについた。 慣用的意味:彼は死亡した。 例:nâma Al-nawmat Al-kubrá 訳:彼は亡くなった。 (出典:nâma Al-nawmat Al-kubrá)

表 9

2.6 「死は味覚による経験である」

Lakoff and Johnson (1980) が提唱した「メタファーに誘引される類似性」という説によれば、メタファーそのものが、ほかのメタファーを前提としている場合がある。次の表 10 に挙がっている表現例を見れば、アラビア語母語話者は「死」を食べたり、飲んだりして、体に吸収するものと概念化していることが分かる。こうした概念化を行う際には、より基本的なメタファーが関わっている。例 (13) yadhûqu Al-mawt (彼は死を味見する) にあるように、「死は物体である」という存在的メタファーに加えて、「心理は容器である」という容器のメタファーがある。この 2 つのメタファーが組み合わさって、「死は心の中に入る物体である」というメタファーが成立する。そしてこれによって、「食べ物は体の中に入る物体である」という食べ物に関するメタファーと対応関係を成すことになる。

つまり、「死に伴う気持ちは心の中に入る物体である」という構造のメ

178

第2節　アラビア語の「死」にまつわる慣用的メタファー表現の意味分析

タファーは、まず〈死〉を物体に、心を容器に見立てることを前提としており、「死」と「飲食物」の間に直接類似性が見出されているわけではない、ということになる。死に伴う気持ちを物理的実体のある物によって理解しているのである。

概念構造の対応関係は次の通りとなる。

a) 存在的対応関係

起点領域：味見（味覚すること）　　目標領域：死
①味見することは死を体験することである
②味覚することによる経験は死による経験

b) 認識的対応関係

起点領域：味見しないとそのものの味が分からない。
目標領域：経験しないといけない、または経験しないと分からないのが死である。

死における概念的メタファーその⑥：「死は味覚による経験である」
概念メタファーの種類：命題的構造のメタファー
「死」に関する表現例	(13) yadhûqu Al-mawt يذوُق الموت 構成語の意味の総和：彼は死を味見する。 慣用的意味：彼は死ぬ。 例：kullu nafsin dhâʾiqat Al-mawt كل نفس ذائقة الموت 意訳：死を経験しないひとはいない。（出典：コーラン84章）

表10

2.7　アラビア語における「死」の慣用的メタファー表現の分類案

ここでは、アラビア語における〈死〉のメタファー表現の分類を提案する。これらは、これまで取り上げた比喩的慣用表現から抽出したもので、動詞句を中心としている。

（1）移動のメタファー

例①intaqala Ilá jiwâri rabbihi انتقل إلى جوار ربه（彼はアッラーの域へ移動し

179

第5章 日本語とアラビア語の抽象的概念における慣用的表現の個別事例分析

た)、② ra.hala ʻan hâdhâ Al-ʻâlam رحل عن هذا العالم（彼はこの世を去った）など。

(2) 有機体を前提とするメタファー表現
例①jâʼa Ajaluhu جاء أجله（彼の寿命が来た)、② wâfatuhu Al-manîyah وافته المنية（死が彼（のところ）にたどり着いた）など。

(3) 特定の時間を前提とするメタファー表現
例：① balagha Al-mîqât بلغ الميقات（彼は時間に達した)、.hâna yawmuhu حان يومه（彼の日が来た)、② nâma Al-nawmat Al-kubrá نام النومة الكبرى（彼は最も大きな眠りについた）など。

第3節　日本語とアラビア語の類似点と相違点

　以上、日アにおける「死」に関する慣用表現はメタファー的に幾つかの異なった概念の枠内で理解されていることを見てきた。以下は、両言語の慣用表現それぞれの「死」に関する基本的概念的メタファーを整理し、表にまとめたものである。

(1) 日本語の「死」における概念メタファー
① 〈死は移動である〉
② 〈死は特定の時間（眠り）である〉
③ 〈死は有機体（花）である〉
④ 〈命は貴重品である〉

(2) アラビア語の「死」における概念メタファー
① 〈死は移動である〉
② 〈死は特定の時間（眠り）である〉
③ 〈死は約束である〉
④ 〈死は追跡者である〉
⑤ 〈死は特定の時点に達することである〉
⑥ 〈死は味覚による経験である〉

　重要なことは、「死」に関する個々の慣用表現では、「死」が何か別のものの枠内でメタファー的に理解されるということである。そして、どれも「死」を理解する上で様々なヒントを与えてくれる。これは視点ごとに異なった方法で「死」を把握する必要があるからと思われる。またこのことは、慣用表現の意味理解の本質について重要な問題を提起する。概念的メタファーは、慣用表現の理解にきっかけを与える働きを持つものとして、こうした慣用表現の仕組みの一部であり、またある言語共同体の成員が世

第5章 日本語とアラビア語の抽象的概念における慣用的表現の個別事例分析

界を理解する手立ての1つである。つまり、慣用表現の意味を結ぶ一種の共通的概念があるとして、その共通的概念を共有することによって、私たちは慣用表現の意味を理解している。そうでなければ、慣用表現の理解はおぼつかなくなるはずである。

特に慣用表現を翻訳する際にこの問題によく突き当たる。例えば「qa.dâ na.hbahu」を例に取ってみよう。この表現をそのまま訳した場合には、「彼は約束を果たした」となるが、これでは何のことかさっぱり分からない訳になってしまう。なぜならば、「死」の事実を述べている原文とは異なる概念が使用されているからである。原文の言語と翻訳文の言語に属する2つの言語共同体には「死は約束」という概念的メタファーが一致していないということである。

本章でこれまで考察してきた個々の表現から下記の表11のような基本要素を抽出できる。抽出されたこれらの要素は、〈基本レベルのメタファー〉と呼ばれており、Lakoff（1987）によれば、これらの〈基本レベルのメタファー〉は、情報量が多く慣習的かつ心的イメージを持つ概念である上、もっとも直接的に経験に結び付けられているものである。下記表11は、本研究で提示した、日本語およびアラビア語の〈概念メタファー〉に用いられる〈基本レベルの概念〉を写像の傾向の観点から比較した結果をまとめたものである。

起点領域の各事象	日本語の〈死〉	アラビア語の〈死〉
空間	○	○
旅	○	○
花	○	×
有機体（人間）	×	○
有機体（植物）	○	×
誓い、約束	×	○
眠り	○	○
飲食物	×	○

表11 日本語とアラビア語の〈死〉の起点目標領域への写像の傾向の比較

第3節　日本語とアラビア語の類似点と相違点

　以上の考察を踏まえて、日ア両言語において、慣用的メタファー表現を分析することにより、〈死〉という概念領域について、次のような点を指摘することができる。

①死を表す慣用表現のそれぞれの意味が特定のメタファーにより構造化されている。
②死の概念における構造を〈移動〉と〈有機体〉の要素から特徴づけることができる。
③日本語とアラビア語の両言語においても自然現象の構造と死の概念構造には、認識的対応が成立する。
④死について異なる概念を持つはずの日本語とアラビア語の間には意外な共通性がある。
⑤類似する経験を元にしている概念に意外な相違点がある。

　概念メタファーには、普遍的な概念メタファーと個別的概念メタファーがあると考えられる。さらに、個別的概念メタファーには、特定文化メタファーが含まれる。どのメタファーが普遍的であり、またはどのメタファーが個別的であるかによって、翻訳の抽出の難易の度合が左右される。これは実証的に決めていくほかない。
　本節での「死」に関する個々の慣用表現の分析では、日本語の場合は、「この世、旅、他界、客、眠り、花」といった語が、アラビア語の場合は、「他界、特定の時点、約束、眠り、味見」が検出された。このように列挙しただけで、私たちは、「死」の捉え方に関する特異な傾向を感じ取ることができるであろう。このことから、慣用的表現が使用するこれらの語から得られるイメージは、普段の私たちの「死」に対するイメージ形成に少なからず影響していると言えよう。
　最後に、本節は、単に「死」に関する慣用的表現を列挙したものではない。ここで重要なのは、当該の言語共同体が、「死」という概念をどのように把握し理解しているかという概念化のプロセスを、慣用的メタファー表現の分析を通して明示するという点である。さらに言えば、慣用的表現

第 5 章 日本語とアラビア語の抽象的概念における慣用的表現の個別事例分析

やそれに含まれるメタファー的比喩を理解することなしに、「死」とはどのようなものであるかを理解するのは困難である。「死」のような抽象概念は、それ自体が比喩表現に依存している度合いが高いと言えるのである。

徒然なるままに……　アラブと慣用的表現の世界②
――死とアラブ人――

アラブ・イスラム文化における死の考え方とその極意

　アラブ人またはイスラム教徒の「死」に対する考えを知るには、アラブ・イスラム文化の源泉とされる詩集、慣用的表現、格言、ことわざ、などの言語表現が最も有効な手段だとされている。

　イスラム教では、死がどのように捉えられるかなどについては、様々な文献を通じてもはや知れ渡っているのだろう。もちろんそれらの文献の中心的検証資料となるのは、イスラム教の聖典である『コーラン』と予言者ムハンマドの現行録である。

　実際、調べてみると、死を意味するアラビア語の単語「mawt」はコーランの中で約170回取り上げられており、かなりの使用頻度といえる。

　イスラム教では、死は、単なる体の機能の停止に留まらない。なぜなら、人間は、体の他に魂があるからだ。なので、体の機能は止まっても、魂は別の次元で生きていると考えている。そのため、死は「終わり」を意味すると同時に「始まり」の意味でもある。つまり、死は、肉体の終わり、現世の終わりを意味してはいるものの、終世への旅立ちへの始まりなのだ。また、そこで人間は審判を受け、生前の自分の行いの内容によって処遇が決まってくる。つまり、地獄行きか天国行きかのいずれかになる。

死とは何か？

　イスラム教の信仰では死に対する考え方はほとんど結論済みだ。とはいえ、アラブやイスラム文化の長い歴史において、死の本質を探究する思想家や宗教学者、文芸家などは少なくなく、その描写は多様であった。

　その中で、最も代表的なメタファーによる描写は、「眠り」に例えることだった。次の有名な哲学者で詩人のアルマッリ氏による詩の一節はその例のひとつだ。

第5章 日本語とアラビア語の抽象的概念における慣用的表現の個別事例分析

ضجعة الموت رقدة يستريح الجسم فيها ، والعيش مثل السهاد

死は体を休めるぐらいのもので、生きることは眠れなくなった体のようなものだ。

もちろん、これは描写の一例に過ぎないが、眠りと死の両方の状態に共通する体を横たえることや活動の停止、意識の一時的な喪失などの特徴にかけた表現である。

どうして去って行くのか？

人は必ず死ぬ。たとえどんなに老いに抗い、健康を維持しようと努めても、死は万人が受け入れざるを得ない宿命だ。

どうせ最後に去って行くのなら、どうして私たちはこの世に生まれて来るのだろうか？　永遠に疑問が尽きない問題ではあるが、アラブ人の捉え方は次の詩集からもわかるように至ってシンプルである。自然の摂理の一環として、他人が永遠に生きていたら、人生は自分には回ってこない。ずっと生きていたら、誰も生まれてこない。

格言：もし他の人がずっと生きていたら貴方はいまだにいないだろう。

لو دامت لغيرك ماآلت اليك

死ぬ瞬間について

では、死ぬ瞬間とは一体、どのようなものなのか。暗闇に入るようなものなのか、痛いのか、何も感じないのか。

イスラム教徒のアラブ人は、「死の瞬間」を痛みの伴う恐ろしいものとして描写し捉えている。そのため、理想的な死に方とされるのは、寝ている間などの無意識状態で息を引き取ることだ。これについて、アラブの詩人ナジャフイ氏は、次の詩を詠んでいる。

احاول أن أموت بغير وعي   مخافة رؤية الموت الخطير
ولكني أخاف على نقصاً   بحرماني من الدرس الاخير

恐ろしい死との対面を恐れて、無意識のうちに死のうとします。

徒然なるままに…… アラブと慣用的表現の世界②

しかも、最後の教訓を見逃すのも、もったいないという気にならないのです。

死を恐れないアラブ人！

死は万人が受け入れざるを得ない宿命だ。であれば、死の前から絶対逃げてはいけない。

アラブ社会においては、死はどんなに恐ろしいものであっても、その死の前から逃げずに立ち向かえることこそ、真のアラブ人だとされている。死を恐れずに戦うことはアラブ人にとってまさに勇敢な精神や勇ましさの象徴である。もし戦いの際に死ぬことを恐れて逃げたりしたら、大きな恥となる。これがアラブ人が生きる社会の通念の１つである。

そのため、アラブの偉人たちは、死など恐れぬ勇気とその精神を常に強調していた。そこで思い出されるのは、アラブの詩の歴史において最も有名なアルムタナッビ氏である。勇敢に戦うことの意味の大切さを次のような詩の一節で訴えている。

واذا لم يكن من الموت بدٌ　　فمن العار أن تموت جبانا

どうせ死ぬのなら、恥となる臆病な死に方はするな！

「死」に憧れるイスラム教徒！

イスラム教徒にとって「終世」または「来生」の存在を信ずることは信仰上、義務である戒律の１つである。また、イスラム教では、人は死ぬと最後の審判の日によみがえると信じられている。そのため、極めてムスリム的な考え方ではあるが、死を通して、アッラーに会うことに憧れる人たちもいる。つまり、イスラム教では、死は今ある世界の生活の終着点でしかない。死は人生の終着点ではなく、愛する者との一時の別れである。審判の日に再びよみがえり、神がお許しくだされば、再び終世または来世で家族と再会できると信じられている。もちろん、これは審判を受けた上での話である。

第5章 日本語とアラビア語の抽象的概念における慣用的表現の個別事例分析

死とはアッラーの許へ戻ること!

イスラーム教徒は人の死の知らせを受けると、『クルアーン』の次の言葉を唱える。

إن الله وإن اليه راجعون

（雌牛章　2/156）

読み方：インナー　リッラーヒ　ワ　インナー　イライヒ　ラージウーン

　　訳：本当にわたしたちは、アッラーのもの、かれの御許にわたしたちは帰ります。

イスラムの教えでは、生命はアッラーから与えられたものである。自分の魂はアッラーから授かったものだと信じているイスラーム教徒にとって、死は無に帰ることでも消失することでもない。現世における生を終え、他の場所に移るだけなのである。

死と言霊について

アラブ人は、病気、事故、災害など、不吉で死を連想させる言葉を口にするのを好まない。それは、おそらくアラブ人が、言葉には不思議な力が宿っていて、口にした言葉は将来に影響を及ぼすと考えるからである。

ガンや事故など死とその不幸を予感させるような言葉は、言葉通りに実現するという、いわゆる「ことだま」のような思想がアラブ人の間にはある。そのため、会話が病気や死のような話題に及んだときは、遠まわしに触れるか、またはできるだけ触れまいと努めるか、そのどちらかの方法でその場をしのごうとすることが多い。

こう考えてみると、「マー・シャーアッラー（アッラーの思し召しのままに）」「アル・ハムド・リッリラー（アッラーに感謝を）」などと、アッラーへの祝福の慣用的表現や言葉でアラブ人の会話が溢れているのは、「物事がうまく運べるように」と無意識のうちに、ささやかな祈りを捧げるかのようである。

第6章　日本語とアラビア語の「恋愛」にまつわる慣用的メタファー表現

第1節　日本語慣用的メタファー表現の意味分析

メタファーに基づく慣用的メタファー表現としては次のような表現が挙げられる。

　　身を焼く、胸を焦がす、恋焦がれる、赤い糸で結ばれる、恋に落ちる、心を籠める、思いをよせる、あつあつ、お熱、熱愛、愛が芽生える、など

1.1　「恋愛は個体の燃焼である」

表1のメタファー表現は日常経験における構造的相関関係によって動機づけられている。また、ここで取り上げている表現はすべて恋愛に関係しているが、これらの表現に共通する〈恋愛を、個体の燃焼として捉える〉というメタファーが強調しているのは、恋愛感情のもどかしさ、激しさ、恋愛している当人に対する損傷である。このメタファーの対応関係は次の通りである。

a) 存在的対応関係

起点領域：火　　目標領域：恋愛
①火（起点）は恋愛感情（目標）である。
②燃えているもの（起点）は恋愛している人（目標）である。
③火の原因は恋愛の原因である。
④火の強さ（起点）は恋愛感情の強さ（目標）である。
⑤燃えている建物への物理的損傷（起点）は、恋愛している人への精神的

第6章　日本語とアラビア語の「恋愛」にまつわる慣用的メタファー表現

損傷（目標）である。

b) 認識的対応関係
起点領域：燃えてしまった物は通常の機能を果たせない。
目標領域：恋愛の尺度の限界点では、人が行う通常の日常生活のあらゆる
　　　　　活動に支障が出て機能しない。

日本語の「恋愛」における概念メタファー：〈恋愛を、個体の燃焼として捉える〉	
「恋愛」に関する表現例	(1) 身を焼く。 　　例：恋に**身を焼く**ことも、もうしないで、すみそうで、 　　　　　　　　　（出典：tag.rakuten.co.jp/redirect.phtml?cid=13070074） (2) 身を焦がす。 　　例：彼女は遂げられぬ想いに**身を焦がした**。 　　　　　　　　　　　　　　　　　　（出典：例解、慣用句辞典）

表1

1.2 「恋愛は落とし穴である」

「恋愛」に関わるこの種の慣用表現では、メタファー的比喩によって「恋愛すること」を「予想もしない突然の出来事で、体のバランスが崩れて、落ちる」として理解することが規定される。つまり、「恋愛すること」は「落下する」と結びつくのだが、「誰かを好きになることと落下すること」という2つの経験の間に相関関係が発生している。そして、「恋愛感情の高揚」を「体の位置の上下を通して捉える」というまったく異なるこの2つの経験の間にある種の相関関係が生じ、メタファーによる写像関係が見出されるわけである。以下のように、「恋愛は落とし穴である」のメタファーは次の対応関係によって構成されている。

a) 存在的対応関係
起点領域：落とし穴　　　目標領域：恋愛
①落とし穴（起点）は恋愛（目標）である。
②恋愛に偶然に出会うこととうっかりと落とし穴に落ちることが対応している。

③ 人が、いつ、どこで恋するかは分かるものではない。また、落とし穴は通常見えないように隠されている。この2つの事柄は「分からない」と「見えない」という点で対応しているといえる。

b) 認識的対応関係

起点領域1：不意に落ちることによって、体のバランスが崩れる。
目標領域1：恋愛すると、動揺することがある。

起点領域2：落とし穴の場所を事前に予測し特定することは普通はできない。そのため、そういった状況に出くわしたときに人は体のバランスが崩れて不意に落ちるのが自然だと考えられる。
目標領域2：自分がいつどこで恋愛するかについて、基本的には、誰にもが分からないことである。そのため、私たちは常識として、恋愛は事前に予測できないということを知っている。

日本語の「恋愛」における概念メタファー：〈恋愛は落とし穴である〉 〈恋愛感情の高揚を、体の位置の上下を通して捉える〉	
「恋愛」に関する表現例	(1) 恋に落ちる 例①：人はなぜ恋に落ちるのか？――恋と愛情と性欲の脳科学。 （ヴィレッジブックス）（出典：www.amazon.co.jp/） 例②：二人は旅行先で知り合い、やがて恋に落ちた。 （出典：日本語の感情表現法） 例③：私たちは、「恋に落ちて」という映画を見に行ったら、本当に恋に落ちちゃった。（出典：日本語の感情表現法）

表2

1.3 「恋愛は個体の熱である」

概念メタファー：〈恋愛は固体の熱である〉

この概念メタファーにおいて、個体の領域と恋愛の領域の対応関係を次のような形にして示すことができる。

起点領域：個体　　目標領域：恋愛

第6章　日本語とアラビア語の「恋愛」にまつわる慣用的メタファー表現

a) 存在的対応関係
①容器は身体である。
②個体の熱は恋愛中の状態である。
③熱の温度は、恋愛の尺度である。
④容器の熱は身体の熱「体温」である。
⑤生理的影響により体温が上がり、目が熱くなる。目（熱い視線）から発せられる熱が、「恋愛」である。

b) 認識的対応関係
起点領域：個体がある一定の限界点を超えて加熱されると、危険を及ぼすことがある。
目標領域：恋愛感情がある限界点を超えて強まると、人は制御（理性）を失う点にまで高まる。

日本語の「恋愛」における概念メタファー：〈恋愛は個体の熱である〉	
「恋愛」に関する表現例	(1) 妹は彼に**お熱**だ。（お熱） (2) あの二人は結婚したばかりで**あつあつ**だ。（あつあつ） (3) 浩子はバスケット部の先輩に**熱い視線**を送っている。（熱い視線を送る） (4) あの二人は**熱愛**中だ。（熱愛）
	（出典：日本語の感情表現）

表3

1.4 「恋愛は火である」

　表4で取り上げた「身を焼く」「胸を焦がす」「身を焦がす」「恋焦がれる」「火遊びをする」という事例はすべて恋愛に関係しているのだが、これらの表現に共通する〈恋愛は火である〉というメタファーが強調しているのは、恋愛感情の原因、激しさ、恋愛している当人に対する損傷である。「もの」の対応関係は次の通りである。

起点領域：火　　目標領域：恋愛

第 1 節　日本語慣用的メタファー表現の意味分析

a）存在的対応関係

①火は恋愛感情である。
②燃えているものは恋愛している当人である。
③火の原因は恋愛の原因である。
④火の強さは恋愛感情の強さである。
⑤燃えている建物への物理的損傷は、恋愛している人の精神的損傷である。
⑥発火点にある物は恋愛が頂点に達する人に対応する。

b）認識的対応関係

起点領域：燃えてしまった物は通常の機能を果たせない。
目標領域：恋愛の尺度の限界点では、人が行う通常の日常生活のあらゆる
　　　　　活動に支障が出て機能しない。

日本語の「恋愛」における概念メタファー：〈恋愛は火である〉		
「恋愛」に関する表現例	(1)	身を焼く。 例：まったく江戸の女たちがこのゆかしく男らしい名人と恋に**身を焼く**ほどもひと苦労したくなるのはあたりまえです。 （出典：青空文庫） 例：ただ独り**身を焼く**。（出典：大類義辞典）
	(2)	胸を焦がす。 例①：堪えがたい想像を心に描いて、ほとんどいても起てもいられないような愛着と、嫉妬（しっと）と、不安のために**胸を焦がす**ようなこともあったが、（出典：青空文庫：黒髪） 例②：遠く離れて、ただ**胸を焦がす**。（出典：大類義辞典）
	(12)	身を焦がす。 例：不倫の恋には終わりがあると知りながら、切ない恋の炎に**身を焦がす**。（出典：大類語辞典）
	(13)	恋焦がれる。 例①：それならば大友はお正さんに**恋い焦がれ**ていたかというと、全然（まったく）、左様（そう）でない（出典：青空文庫：恋を恋する人）。 例②：マリアはトニに**恋焦がれ**ている。（出典：大類義辞典）

	（14）火遊びをする。
	例：友達とのみに行って、酔った勢いで行きずりの男と**火遊び**をしてしまった。（出典：日本語感情表現）

表4

1.5 「恋愛は奪い取りである」

ここで取り上げたいのは「心を奪う」という表現である。この表現が、すでに私たち（日本語母語話者）の思考体系に埋め込まれている「恋愛は奪い取りである」という概念メタファーから産出されている。そのため、私たちは、恋愛のあり方として、「奪い取り」の構造に合致する面を発見することができるのである。

以下のように、「恋愛は奪い取りである」のメタファーは次の対応関係によって構成されている。

a) 存在的対応関係

起点領域：奪い取る人　　目標領域：恋愛
①恋愛は奪い取りである。
②知らないうちに恋心を抱くことは、他人に所属するものをひそかに奪い取ることに対応する。
③人の注意や関心を強引に引き寄せることと、無理やりに取り上げる行為が対応している。

b) 認識的対応関係

起点領域：奪うというのは、相手の意思に反して、無理に取り上げること。
目標領域：自分自身の意思の有無に関係なく、人は、好きな人ができると、その人への恋心を抑えようにも抑えられない場合がある。

日本語の「恋愛」における概念メタファー：〈恋愛は奪い取りである〉	
「恋愛」に関する表現例	（1）心を奪う 例：彼女は女たらしの彼にすっかり**心を**奪われてしまった。 （出典：大類義辞典）

表5

1.6 「恋愛は繋ぎ合わせる物（糸、くさりなど）である」

恋愛をめぐる日本語独特の表現として「赤い糸で結ばれる」「腐れ縁が切れる」という表現がある。これらの表現に共通する〈恋愛は繋ぎ合わせるもの（糸、くさりなど）である〉というメタファーが強調しているのは、恋愛感情の強さである。「モノ」の対応関係は次の通りである。

a) 存在的対応関係

起点領域：繋ぎ合わせる物（糸、くさり）　　目標領域：恋愛
①糸、くさりは恋愛関係である。
②繋ぎ合わされているものは恋愛している人である。
③くさりの強さは恋愛関係の強さである。
④繋ぎ合わされている物への物理的損傷は、恋愛している人への精神的損傷である。

b) 認識的対応関係

起点領域：繋ぎ合わされている物は離そうとしても離れず、通常の機能を果たせない。
目標領域：恋愛関係にある当人は、相手への恋心が強いあまり離れようにも離れられないことに対応する。

概念体系の多くは包括的な概念メタファー[24]および個別的な概念メタファーに基づいた、階層的または重層的構造によってできていると言えよう。このことは「恋愛は繋ぎ合せるものである」という概念メタファーのケースに見出すことができる。

「恋愛は繋ぎ合わせる物（糸、くさりなど）である」という個別的な概念メタファーに基づいている「運命の糸で結ばれている」や「縁が切れる」などの慣用的メタファーは、特に恋愛関係に限って使われる表現ではなく、恐らく他の人間関係についても使える。これは、〈恋愛〉を含むより包括的な〈人間的関係〉を元に、「人間は個々の物事を繋いで1つにするものである」という包括的なメタファーが成立していて、その一部として「恋愛は繋ぎ合わせるものである」という個別的メタファーを設定できる、と

195

いう理解プロセスの想定が可能だと思われる。つまり、この種の概念的メタファーでは、ある個別的な概念をより包括的な概念に基づいて理解するのである。ここでは恋愛感情に伴う結婚や一緒になることが糸などの物理的実体のある物によって理解されている。

日本語の「恋愛」における概念的メタファー：〈恋愛は結ぶ糸である〉	
「恋愛」に関する表現例	(1) 赤い糸で結ばれる。 　　例：彼らは赤い糸で結ばれている。(出典：日本語慣用表現例解辞典) (2) 腐れ（くさり）縁が切れる。 　　例：彼とは腐れ縁が切れない。(出典：大類義辞典)

表6

1.7 「恋愛は導管である」

　この種のメタファーの典型的表現例として挙げられるのは「心を籠める」「思いをよせる」「心情を託す」である。これらの表現に現れる〈恋愛〉に関する事柄を概念化するためには、1つのメタファーがもう1つのより具体的メタファー（個別レベルの概念メタファー）を前提としている。その具体的メタファーとは、「心は容器である」というものである。上記の表現では、「恋愛は物体である」という存在のメタファーのほか、もう1つには〈心は容器である〉という容器のメタファーがある。この2つのメタファーが組み合わされると、〈恋愛感情は容器に詰め込まれて送られる〉というメタファーが成立する。よって、〈導管はものを導き送る〉との構造と対応関係ができるのである。

　つまり、恋愛は導管であるという構造のメタファーは、まず恋愛を物体に、心を容器に見立てることを前提としており、〈恋愛〉と〈導管〉の間に直接類似性が見出されているわけではない。これが、Lakoff and Johnson (1980) の言う「メタファーに誘引された類似性」である。

日本語の「恋愛」における概念メタファー：〈恋愛は導管である〉	
「恋愛」に関する表現例	(19) 心を籠める。 　　　例：心を籠めて編んだセーター (出典：例解慣用句辞典)

(20) 思いを寄せる。 　　例：妹は初めて出会った時からずっと君に**思いを寄せ**ていたようです。(出典：大類義辞典) (21) 心情を託す。 　　例：彼に**心情を託**す。(出典：大類義辞典)

表7

1.8 「恋愛は有機体である」

　この種のメタファーでは、恋愛が人間または植物の一生に重ねられる。「恋愛」が植物の一生に重ねられる場合、(1) 愛が亡くなる、(2) 愛が芽生える、(3) 愛をはぐくむ、という表現例からもわかるように、恋愛が葉や花や実と同じように、芽吹き、枯れ、あるいは草や麦のように、植物全体が育つこともある。つまり、恋愛の一生の各段階は、植物の一生（または人の一生）の各段階と対応するわけである。下記の表8の（1）〜（3）では、「恋愛は有機体である」というメタファーを当てはめて、「生きる、亡くなる、芽生える」の慣用的表現での構成語を恋愛の成長の各段階を指すものと理解するのである。この種のメタファーを通して、恋愛の周期というものを理解し、それについて語るための一般的な方法の1つは、恋愛を植物（ないしは人間）と見なし、恋愛を植物（ないしは人間）の生命の周期と結びつけるような形のメタファーを用いることである。このメタファーを構成する対応関係は以下の通りとなる。

　まず、存在的対応関係は次の通りとなる。

a) 存在的対応関係

起点領域：有機体　　目標領域：恋愛
①有機体の存在は恋愛感情の存在である。
②生きている人は恋愛している人である。
③有機体の生死の原因は恋愛の原因である。
④有機体の寿命は恋愛関係の期間である。
⑤人への物理的損傷は、恋愛感情への精神的損傷である。

第6章　日本語とアラビア語の「恋愛」にまつわる慣用的メタファー表現

b) 認識対応関係
起点領域：死んでしまった人はもう生き返らない。
目標領域：相手への恋愛感情を一度なくしてしまうと、その気持ちが戻ってこないこと。

日本語の「恋愛」における概念メタファー：〈恋愛は有機体である〉	
「恋愛」に関する表現例	(1) 愛が亡くなる（死ぬ）。 (2) 愛が芽生える。 (3) 愛をはぐくむ。

表8

1.9 「恋愛は水の泡である」

　ここで、メタファーの類似性とは何かということを確認したい。前にも述べたように、メタファーの類似性というのは、2つの事象または概念に内包しているということではなく、私たち人間が主体的に持っている知識から生じるものである。それ以外には慣習化された心理的イメージによって得られることがある。つまり、メタファーのすべてが概念的構造間の写像によって成り立っているわけではない。概念的メタファーは無意識的かつ自動的に言語共同体のメンバーの認知を組織しているが、それとは別に、即自的なメタファーが存在する。それは概念というよりはイメージの写像である。表9例（1）の表現はまさしく、概念的メタファーとイメージ的メタファーという2種類のメタファーが交差している一例となる。

　イメージ的概念メタファーは、「恋愛は〜である」式の概念メタファーとは異なるが、機能面では、概念メタファーと基本的に同じように働く。すなわち、イメージ的メタファーの場合でも、1つの領域の構造をほかのものに写像するということである。ただし、この場合の領域は心理としてのイメージである（Lakoff and Turner：1989）。

　ここでは、〈好きな相手とすぐに別れなければならないというはかない恋の瞬間のイメージ〉が同じように〈水に浮かぶ泡が割れる瞬間〉に重ね合わされている。この種のメタファーは認知レベルで成り立っているものであり、言葉によって構成されているのではない。というのは、ここの慣

198

用表現のメタファーの基盤は概念的知識というよりは、慣習化された心理的イメージだからである。イメージ的メタファーと概念メタファーとは互いに効果を高め合っているのである。

さらに Lakoff and Turner（1994）によれば、イメージ的メタファーは、慣用的表現の意味における概念的知識を喚起したり、強めたりするなどして、概念的メタファーとともに働く機能を持っている。例えば、「泡沫の恋」の場合では、「水に浮かぶ泡がすぐに割れる姿」が「別れること」へと写像されるのを見た。そこでは、「水に浮かぶ泡が割れること」をイメージ的に写像することによって、「恋愛は水泡である＝恋のはかなさ」という概念メタファーが想起される。

日本語の「恋愛」におけるイメージ的概念メタファー：〈恋愛は水の泡である〉	
「恋愛」に関する表現例	（1）泡沫の恋 　　例：王子と町娘との**泡沫の恋**である。（出典：大類義辞典）

表9

1.10 「恋愛は病である」

〈恋愛は病である〉というメタファーが強調しているのは、悩んだり塞ぎ込んだりするなど、恋の煩わしさによる、恋愛している当人に対する損傷である。また、次の表10例（1）にある〈四百四病〉とは、人間がかかる一切の病気の総称を意味する仏教語だという。

「もの」による概念構造の対応関係は次の通りとなる。

a）存在的対応関係

起点領域：病　　目標領域：恋愛

①病気は恋愛感情である。
②病んでいる者は恋愛している人である。
③病気の原因は恋愛の原因である。
④病気の者に対する物理的被害は、恋愛している人に対する精神的損傷である。
⑤病気によっては死亡することがある。この場合、つまり病死する場合と

第6章　日本語とアラビア語の「恋愛」にまつわる慣用的メタファー表現

は恋愛が絶頂に達した時に対応する。

b) 認識的対応関係
起点領域：病気になった人は体の臓器などが通常に機能しない。
目標領域：恋愛の尺度の限界点では、人は通常の活動を行えない。

日本語の「恋愛」における概念メタファー：〈恋愛は病（身体への損傷）である〉	
「恋愛」に関する表現例	(1) 四百四病の外（文語的表現） 　　例：彼女の心中、**四百四病の外**であろうとお察しいたします。 　　　　　　　　　　　　　　　　　　　（出典：慣用表現辞典） (2) 恋の病 　　例：**恋の病**にかかって、彼は食欲がない。（出典：慣用表現辞典） (3) 恋煩い 　　例：姉はどうも**恋煩い**のようだ。（出典：大類語辞典） (4) 心が砕かれる。 　　例：あの出来事で、彼の**心が砕かれた**ようである。 　　　　　　　　　　　　　　　　　　　（出典：大類語辞典）

表10

1.11　日本語における恋愛の慣用的メタファー表現の分類案

(1) 身体への損傷のメタファー表現
実際には起きていない身体の損傷や圧迫を述べることで、精神的つらさや苦しみを表す。
　表現例：傷つく、心が壊れる、など

(2) 有機体を前提とするメタファー表現
生物を対象とする動詞を用いる表現である。成長などに関する表現は恋愛感情に伴うある精神的状態に用いられる
　表現例：愛をはぐくむ。愛情が芽生える、愛が生きる、愛が亡くなる（死ぬ）、など

(3) 燃焼に関するメタファー表現

火と関係する表現である。情熱的、または激しい恋愛感情や心の動きに用いられる。

表現例：身を焼く、胸を焦がす、恋焦がれる、など

(4) 導管、容器を前提とするメタファー表現

感情、とりわけ〈恋愛〉が容器としての言語に詰め込まれて送られる（Reddy1979）。

表現例：心を籠める、思いをよせる、思いが届く、気持ちが通じる、など

これまで、日本語の「恋愛」に関するメタファー思考と慣用的表現の意味について考えてきた。一方、節を改めて、アラビア語の「恋愛」に関する慣用的メタファー表現について、それらの表現の意味理解とアラビア語母語話者と一体化している概念メタファーがどのように作用しているかを次節で見てみたい。

第 6 章　日本語とアラビア語の「恋愛」にまつわる慣用的メタファー表現

第 2 節　アラビア語の「恋愛」にまつわる慣用的メタファー表現

　アラビア語では、メタファーに基づく慣用表現としては以下のような表現が挙げられる。
(1)　i.htaraqa bi nâr Al.hubb احترق بنار الحب（彼は恋に身を焼いた）
(2)　in.tafaʾAt nîrân .hubbihi انطفأت نيران حبه（彼の愛の火は消えた）
(3)　waqaʿa fî .hubbihâ وقع في حبها（彼は彼女に恋に落ちた）
(4)　waqaʿa fî shibâk Al-.hubb وقع في شباك الحب（彼は恋の網に落ちた（引っかかった））
(5)　junna bi .hubbihâ جُنَّ بحبها（彼は彼女への愛で頭が狂った）、
　　　その他……

2.1　「恋愛は狂気（精神異常）である」
　アラビア語の〈恋愛は狂気である〉の概念メタファーにおける対応関係は次の通りとなる。

a) 存在的対応関係
起点領域：狂気　　目標領域：恋愛
①狂気の原因（起点）は恋愛の原因（目標）である。
②発狂すること（起点）は恋愛の尺度を超えること（目標）である。
③狂気の振る舞い（起点）は、恋愛の振る舞い（目標）である。

b) 認識的対応関係
起点領域 1：気の狂った人は正常な活動ができない。
目標領域 1：恋愛感情が度を超えた人は、正常な判断・活動ができない。
起点領域 2：気が狂った人は、自分の感情を制御することも解き放つこともできない。
目標領域 2：恋愛感情が度を超えた人は、感情を制御することも解き放つ

第2節　アラビア語の「恋愛」にまつわる慣用的メタファー表現

こともできない。

概念メタファー：〈恋愛を狂気（精神異常）として捉える〉	
「恋愛」に関する表現例	(1) junna bi .hubbihâ جُنَّ بحبها junna：彼は頭が狂った　bi：〜で　.hubbihâ：彼女の愛 構成語の意味総和：彼は彼女への愛で狂った（頭が変になった）。 慣用的意味：彼は彼女に夢中である（首っ丈になる）。 (2) junna qalbî bi hâ جُنَّ قلبي بها junna：彼は頭が狂った　qalbî：自分の心（ハート） bi hâ：彼女で 構成語の意味総和：私の心は彼女のことで狂った。 慣用的意味：彼は彼女に夢中である（首っ丈である）。

表11

2.2 「恋愛は個体の燃焼である」

　恋愛、火、熱には、何か共通点があるのだろうか。そう聞かれると、何だかあるような気がする人も多いと思う。

　そもそも、恋愛感情は自律的にわき起きるものであり、それを制御しようとすれば、下に挙げた例（1）のように、感情のエネルギーは抑制不可能なほどあふれ出る。

　（1）i.htaraqa bi nâr Al.hubb（彼は恋に身を焼いた）、（2）ishta'alat nâr Al-.hubb fî qalbihi（彼の心に恋の火がついた）、（3）A.hraqatnî nâr Alshawq（彼女に会いたい気持ちに身が焼かれた）、（4）in.tafa 'At jamrat .hubbinâ（炭火が複数ならjamarât）（私たちの愛の炭火は消えた）表現例では、「火傷する」ことに関する概念は「恋愛する」ことに関する概念に対応付けられている。しかも、この対応関係の内容を見ると、極めて体系的であることが分かる。この対応関係は、「i.htaraqa, A.hraqatnî nâr：火傷する」と「悶々とする思い（恋愛感情にさいなまれる）」、「ishta'alat nâr Al-.hubb：火がつく」と「恋心が芽生える」、「in.tafa'at nîrân：火が消える」と「好きでなくなる」といった個別的概念同士の対応になっている。

　アラビア語母語話者の概念体系において、〈火〉は多面的構造を持った概念領域としてまとまっていると考えられる。例えば、人々の「火」に関

203

第6章 日本語とアラビア語の「恋愛」にまつわる慣用的メタファー表現

する知識としては、火が点き始める、火の勢いが増す、火が移る、火に触れると火傷する、火が消えるなどの側面はある程度決まった因果関係、時間的順序に従って関係付けられている。このように、次の表12の（1）～（4）の個々の例は、〈火〉と〈恋愛〉を関係付ける概念レベルでのメタファーを反映した表現と捉えられる。このメタファーを「恋愛は火である」と呼ぶことにしよう。

〈恋愛〉は〈火が点く、火傷する〉と結びつくのだが、〈恋愛は火である〉という概念メタファーの持つ構造的類似性を語り手と聞き手が把握しているということは、「愛／恋」と「火」という2つの概念領域に成り立つ対応関係が知識として存在しているということである。

また、2つの領域のICMを関連付けるメタファー的写像は単語の意義間の関係を規定するというルールに基づいて、「Ishtaʻalat nâr Al-.hubb fî qalbihi.」では、恋心が芽生え始めることと火が点く瞬間が対応関係にある。この〈恋が始まる〉と〈火が点く〉による写像関係には、開始と勢いの強さが込められている。発火するや否や、火が勢いよく燃え始めるガスコンロのように、恋心を覚えるや否や、思いが強くなることに結びつく。この表現では、動詞の〈Ishtaʻala：火が点く〉を用いることによって、〈恋に落ちること〉＝〈火が点くこと〉という比喩的意味を指すものとして理解される。

（1）I.htaraqa bi nâr Al-.hubb（彼は恋に身を焼いた）と（2）Ishtaʻalat nâr Al-.hubb（彼の心に恋の火がついた）でのメタファーが強調しているのは、恋い慕う心が激しくじっとしていられないこと、恋心を抑えきれなくなることである。表12で挙げた各々の慣用的表現のメタファーは次の対応関係によって構成されている。

a) 存在的対応関係

起点領域：火　　目標領域：愛／恋
①火は恋愛である。
②火が及ぼす痛みや苦しみなどは、心を苦しめる、思い悩ますなどの恋愛感情に伴うつらさに対応する。

第2節　アラビア語の「恋愛」にまつわる慣用的メタファー表現

③発火の原因は恋愛の原因である。
④火の強さは、恋愛感情の強さである。
⑤火が点くこと＝恋心を覚えはじめること。
⑥発火点にある物は、恋心を覚えはじめる人に対応する。

b) 認識的対応関係

起点領域1：火が及んだ物は、高熱を出し燃えるのが普通である。そして、その高熱がエネルギーへと変わる。
目標領域1：恋愛するのに必要なエネルギーは火の力によるエネルギーに対応する。

　私たちは、恋愛すると、興奮状態にあるかのように、エネルギーに満ちあふれた行動をとることを知っている。

起点領域2：火に触れるとやけどする、というのが常識である。したがって火は、ものや人を焼きつくす危険なものである。
目標領域2：恋愛すると、その恋愛についての悩みなどで悶々とする思いをさせられることがある。そのように自分の身も焼かれる恐れがあるといったイメージに対応する。

概念メタファー：恋愛を、個体の燃焼として捉える	
「恋愛」に関する表現例	(1) I.htaraqa bi nâr Al-.hubb احترق بنار الحب I.htaraqa ＝彼は火傷した　bi ＝〜で　nâr ＝火　Al-.hubb＝愛 構成語の意味総和：彼は恋愛で焼かれた（火傷した）。 慣用的意味：彼は恋愛で悩み、悶々とする日々を過ごした（恋に身を焦がす）。 (2) Ishtaʻalat nâr Al-.hubb fî qalbihi. اشتعلت نار الحب في قلبه Ishtaʻalat：火が点く　nâr：火　al-.hubb：愛　fî：〜で/に　qalbihi：彼の心 構成語の意味総和：彼の心に恋の火が点いた。 慣用的意味：彼の心に恋が芽生えた。

> (3) ʼa.hraqatnî nâr alshawq أحرقتني نار الشوق
> ʼa.hraqatnî：自分を火傷させた　nâr：火　Alshawq：恋しさ
> 構成語の意味総和：(彼女と) 会いたい気持ちに身を焼いた。
> 慣用的意味：彼は心が苦しいほど会いたい (彼女のことが寂しく思う)
> 例：ʼa.hraqatnî nâr alshawq ʼilayki yâ .habîbatî
> 　　　　　　　　　　أحرقتني نار الشوق إليكِ ياحبيبتي
> 意訳：愛しい人よ、貴方に会いたい火に焼かれた。
> （出典：www.alshmal-gate.net/vb/showthread.php?t...）
>
> (4) in.tafaʻt jamarât .hubbihi
> in.tafaʻt：消える　jamarât：炭火（複数）　.hubbihi：彼の愛/恋
> 構成語の意味総和：彼の愛の炭火は消えた。
> 慣用的意味：彼はもう（その人）に対する愛情が尽きた。
> 例：in.tafaʻt jamarât .hubbinâ
> 意訳：私たちの愛の炭火は消えた。
> （出典：www.ankawa.com/forum/index.php?topic=416864.0　）

表12

2.3 「恋愛感情の高揚は、体の上昇・下降である」

　すべての慣用表現は基本的に何らかの比喩性を持っているが、その比喩の構造は、当該の言語共同体の成員が持っている既成概念から生じるものである。その構造を知っていることによって、ある事象を概念化し表現することが可能となる（Lakoff and Turner：1989）。

　表13で扱った（1）waqaʻa fî .hubbihâ（彼は彼女の恋に落ちる）、(2) waqaʻa fî shibâk～（彼は～の網に落ちた）の表現例では、いずれも、「恋愛」が「身体的動作」による行為として描かれている。各表現には、「恋愛＝穴に落ちる」、「彼は恋愛の網に落ちた（引っかかった）」という構成語の総和としての意味と、「好きになる」という慣用的意味がある。この２つの意味には、「出来事が突然起きる／急な状況が発生する」という共通点を見出すことができる。つまり、これらの意味はそれ自身の字義どおりの意味からメタファーに基づいて成り立っていることになる。

　また、表13の表現例（1）（2）で用いられている、「waqaʻa：落ちる」という動詞を見ても、明らかに「身体的動作」に由来する語が「好きになる」の意味に転用されている。これらの表現に使用されているメタファーでは「地面に掘ってあった穴などに不意に落ちる」と「人間が誰かを好き

になる」という2つの事象が対比させられている。また、「落ちる」という出来事と「好きになること」ではいずれの場合にも、「予測できず、突然に起きること」という条件を伴う行為という点で類似性を見出していると言えよう。この点に注目すると、それらの表現の根底に「恋愛感情の高揚を、体の上昇・下降を通して捉える」というような概念的メタファーが存在すると言える。

　この種の「恋愛」に関する慣用表現では、メタファー的比喩によって「好きになったこと」を「予想もしない出来事に出会い、体のバランスが崩れては、落ちる」として理解することが規定される。また、このことからは、この表現の字義通りの意味と慣用的意味の関係は構造的類似性によるものと考えられる。つまり、「好きになること/恋愛する」を「体のバランスが崩れて落ちる」と結びつけるのだが、「好きになることは体のバランスが崩れることである」という概念的メタファーの持つ構造的類似性を語り手と聞き手が把握しているということは、「好きになる/恋する」と「(体の)バランスが崩れる」という2つの概念領域に成り立つ対応関係が知識として存在するということである。

　「恋愛は落とし穴である」のメタファーは次の対応関係によって構成されている。

a) 存在的対応関係

起点領域：落とし穴　　　目標領域：恋愛
①恋愛は落とし穴である。
②恋愛という出来事に偶然に出会うこととうっかりと落とし穴にひっかかることが対応している。
③人が、いつ、どこで恋をするのかは分かるものではない。また、地面に掘ってある落とし穴は通常見えないように隠されている。この2つの事柄は「分からない」と「見えない」という点で対応しているといえる。

b) 認識的対応関係

起点領域1：突然落ちることによって、体のバランスが崩れる。

第6章　日本語とアラビア語の「恋愛」にまつわる慣用的メタファー表現

目標領域1：恋愛すると、動揺することがある。

起点領域2：落とし穴の場所を事前に予測し特定することは普通はできない。そのため、そういった場面に出会したときは、体のバランスが崩れて不意に落ちるのが普通である。
目標領域2：自分がいつどこで恋愛するかについて、基本的には、誰にもが分からないことである。そのため、私たちは常識として、恋愛は事前に予測できないということを知っている。

概念メタファー：〈恋愛感情の高揚を、体の上昇・下降を通して捉える〉	
「恋愛」に関する表現例	(1) waqa ʻa fî hubbihâ　وقع في حبها 構成語の意味総和：彼は彼女の恋に落ちた。 慣用的意味：彼は彼女のことが好きになった。 例：waqa ʻa fî .hubb fatâh yadrusu maʻahu 意訳：一緒に勉強している（勉強仲間）女の人の恋に落ちている。 　　　　　（出典：ejabat.google.com/ejabat/thread?tid=3eb30166a1299b33） (2) waqa ʻa fî shibâk　وقع في شباك 構成語の意味総和：彼は恋の網に落ちた（引っかかった）。 慣用的意味：彼は恋に落ちた。 例：sûdânî waqa ʻa fî shibâk Al.hubb 意訳：あるそのスーダン人は、恋の網に落ちた。 　　　　　　　　（出典：www.mrame.net/vb/showthread.php?p=2741）

表13

2.4 「恋愛は支配者である」

表14の表現例（1）istabadda bihi Al-hubb / Al-shawq（愛は彼を独裁支配した）、(2) tamallaka Al-.hubb min ～（愛は彼の心を抑えつけた）に見られる〈恋愛〉の捉え方の1つとして、〈恋愛〉がある種の「tamakkana, Istabadda：抑えこむ、支配する」などのような行為によって成立する関係であるとアラビア語母語話者は考える。相手の心を奪えるかどうかによって、〈恋愛感情〉が成り立つのである。このように、「恋愛」を「相手を無理に抑え込む」こととする見方は多くのアラビア語母語話者にとって自然な考えであり、その傾向は男性に強いといわれる。実際に、恋愛す

第2節　アラビア語の「恋愛」にまつわる慣用的メタファー表現

ることを「奪い戦い」、「支配する」ことに例えた表現は多く見られる。

「恋愛は支配者である」のメタファーは次の対応関係によって構成されている。

a) 存在的対応関係

起点領域：支配者　　目標領域：恋愛

①支配者によって制御されるまたは操られることと相手に無我夢中になる気持ちが対応する。
②支配者に侵されることと心身ともに恋愛感情に浸ること。
③相手への恋愛感情を抑えられないことと支配者に自由を奪われること。

b) 認識的対応関係

起点領域：国や人は、支配者に侵略されることによって、自由を失い、またその支配者に従わなければならなくなる。
目標領域：恋愛感情に伴う無我夢中になる気持ちにより、自分の恋心（気持ち）を抑えようとしても抑えられない気持ちに対応する。

〈支配者〉のメタファーは、コントロール（制御）ということと、恋愛する当人にとってのコントロールが奪われることの危険性に焦点を当てている。また、このメタファーによると、恋愛は知らないところで、または気付かないところで、外界から侵入してくるものと捉えられている。さらにこのメタファーにおいては、恋愛に侵されることは、その気持ちを止められないことである。

概念メタファー：恋愛は支配者である（恋愛を独り占めにすることとして捉える）	
「恋愛」に関する表現例	(1) istabadda bihi Al-hubb / Al-shawq　استبدّ به الحب / الشوق istabadda：彼は独占した　bihi：彼で　Al-.hubb：愛 Al-shawq：情 構成語の意味総和：愛は彼を独裁支配した。 慣用的意味：とりこになる。

	例：falammâ istabadda bihi al- shauq ʿâda ʾiliayhâ thâniyah 意訳：彼女に会いたい気持ちを抑えきれず再び彼女のもとへ戻ることになった。 （出典：a7ad.blogspot.com/2008_08_01_archive.htm）
(2) tamallaka Al-.hubb min 〜	تملك الحب من 〜 tamallaka：何かに抑え込まれてしまい、もはや抵抗できない状態にある　Al-.hubb：愛　min：〜から 構成語の意味総和：愛は彼の心を抑えつけた／抑え込んだ。 慣用的意味：愛が彼をとりこにした。 例：tamallaka Al-.hubb min suwaydâʾ qalbihi. تملك الحب من سُويداء قلبه 意訳：彼は恋人を想うあまりに、その相手のことしか見えなくなる。

表14

2.5 「感情（恋愛）の高揚を摂食することである」

　Lakoff and Johnson（1980）が提唱した「メタファーに誘引されたる類似性」という説によれば、メタファーそのものが、ほかのメタファーを前提としている場合がある。次の表15に挙げた例を見れば、アラビア語母語話者は人に"会うこと"を"食べたり"、"飲んだりして"、体に吸収するものと概念化していることが分かる。こうした概念化を行う際には、より基本的なメタファーが関わっている。1つには、例（1）jâ ʿa ʾilâ liqâʾihi（彼と会うことに飢える）にあるように、「恋愛や会うことは物体である」という存在的メタファー、もう1つには、「心理は容器である」という容器のメタファーがある。この2つのメタファーが組み合わさって、「会うことは心の中に入る物体である」というメタファーが成立する。これによって、食べ物は体の中に入る物体であるという食べ物に関するメタファーと対応関係を成すことになる。

　つまり、「〈恋愛、会うこと〉は心の中に入る物体である」という構造のメタファーは、まず、〈恋愛、会うこと〉を物体に、心を容器に見立てることを前提としており、「会うこと」と「食べ物」の間に直接類似性が見出されているわけではない、ということになる。

　〈常套的メタファー〉と呼ばれているこの種のメタファーでは、あるものを異なった種類のほかのものに基づいて理解するのである。ここのアラ

ビア語の表現では、恋愛感情に伴う会いたい気持ちを物理的実体のある物によって理解している。

概念メタファー写像のタイプ：メタファー：感情（恋愛）の高揚を摂食として捉える	
「恋愛」に関する表現例	(1) jâ'a 'ilâ liqâ' ihi　جاع إلى لقائه jâ'a：おなかが空く　'ilâ：〜へ　liqâ' ihi：彼と会うこと 構成語の意味総和：彼と会うことに飢える。 慣用的意味：会いたい気持ちを強調した言い方。 （出典：lisân al-'arab） (2) 'a.tasha 'ilâ liqâ' ihi　عطش إلى لقائه 'a.tasha：喉が渇く　'ilâ 〜へ　liqahi：彼と会うこと 構成語の意味総和：彼と会うことにのどが渇く。 慣用的意味：会いたい気持ちを強調した言い方。 （出典：lisân al-'arab）

表15

2.6 「恋愛は盗み、奪い取り行為である」

これらの表現が、アラビア語母語話者の思考体系に埋め込まれている「恋愛は盗人である」という概念メタファーから産出されている。また、そのため、私たちは、恋愛のあり方として、「奪い取り」の構造に合致する面を発見することができるのである。

表16の（1）salabat qalbî（彼女が私のハートを盗んだ）、（2）kha.tafa qalbî wa zahaba（彼は私のハートを奪って行った）の表現例に見るように、〈恋愛を盗み、奪い取りの行為として捉える〉メタファーは次の対応関係によって構成されている。

a）存在的対応関係
起点領域：盗人　　目標領域：恋愛
①恋愛は略奪である。
②知らないうちに恋心を抱くことは、他人に自己の所有物をひそかに奪い取られることに対応する。
③人の注意や関心を強引に引き寄せることと、無理やりに取り上げる行為が対応している。

b) 認識的対応関係

起点領域：盗むことというのは、相手の意思に反して、無理に取り上げること。

目標領域：自分自身の意思の有無に関係なく、人は、好きな人ができると、その人への恋心を抑えようにもできない場合がある。

	概念メタファー：恋愛を盗み、略奪の行為として捉える
「恋愛」に関する表現例	(1) salabat qalbî سلبت قلبي salabat：彼女は奪った　qalbî：私の心 構成語の意味総和：彼女は私のハートを盗んだ。 慣用的意味：彼女のことを好きになった。 例：fâtinatun salabat qalbî min bayna ʼa.dlâʼî 　　　فاتنة سلبت قلبي من بين أضلاعي 意訳：一人の美人は骨に埋もれた私の心を奪っていった。 　　　　　　　　（出典：travel.maktoob.com/vb/travel369867） (2) kha.tafa qalbî wa dhahaba خطف قلبي وذهب kha.tafa：取った　qalbî：私の心　wa：そして　dhahaba：行く 構成語の意味的総和：私のハートを奪って行った。 慣用的意味：彼女のことを好きになった。 例：ʼannaka mâ takhâf kha.tafat qalbî أنك ما تخاف...خطفت قلبي 意訳：あなたは恐れずに私のハートを奪ってしまった。 　　　　（出典：fnanen.net/index.php?option=com_resource.）

表16

2.7 「恋愛は魔法である」

ここでは、魔法のメタファーが基盤になっている。魔法のメタファーによれば、恋愛とは、魔力を働かせて、相手に対して恋心を抱かせることである。以下は、このメタファーを構成する対応関係である。「もの」の対応関係は次の通りとなる。

a) 存在的対応関係

起点領域：魔法　　目標領域：恋愛

①恋愛は魔法である。

第 2 節　アラビア語の「恋愛」にまつわる慣用的メタファー表現

②恋愛感情に対する制御を失うことは、魔法がかけられることである。
③恋愛している人は魔法がかけられた者である。
④恋愛の原因は魔法の原因である。

b) 認識的対応関係

起点領域：魔法がかけられた人は通常の状態とは異なり自分を律することができない。

目標領域：人は、誰かに恋心を抱くと、冷静な判断ができないことに対応する。

概念メタファー：恋愛は魔法である（恋愛を魔法による不可抗力として捉える）	
恋愛に関する表現例	(1) sa.haruhu .hubbuhâ　سحرهُ حبها sa.haruhu：彼は魔法をかけられた　.hubbuhâ：彼女への愛 構成語の意味総和：彼は彼女への愛に魔法をかけられた。 慣用的意味：彼は彼女にほれ込み、心を奪われている。 （出典：mu ʻjam Al-ta ʻâbîr） (2) mas.hûr bi.hubbihâ　مسحور بحبها mas.hûr：とりつかれた　bi：〜で／に　.hubbihâ：彼女への愛 構成語の意味総和：彼は彼女への愛にとりつかれている。 慣用的意味：彼は彼女にほれ込み、心を奪われている。 例：wa kâna mas.hûran bi .hubbihâ　وكان مسحوراً بحبها 訳：彼女への愛にとりつかれていた。 （出典：qabalan.maktoobblog.com/.）

表 17

2.8 「恋愛感情による展開は、有機体の生死である」

　この種の概念メタファーについて、ʻâsha Al-.hubb（愛は生きた）、mâta Al-.hubb（愛は死んだ）というような表現例はその典型である。次の表18 の (1)(2) の表現例では、恋愛が生きたり死んだりするという点で、「恋愛は有機体である」と捉えられている。この種のメタファーは、存在のメタファーという名で知られており、抽象的なもの、または実態のないものを具体的で形のあるものにたとえるのである (Lakoff and Turner : 1989)。さらに、この表現では、擬人化している。この種のメタファーを通じて、私たちは、世の中の様々な事物に関する経験や活動、現象などを人間の尺

213

第6章　日本語とアラビア語の「恋愛」にまつわる慣用的メタファー表現

度で理解することができるのである。このメタファーを構成する対応関係は以下の通りとなる。

a）存在的対応関係
起点領域：有機体　　目標領域：恋愛
①有機体の存在は恋愛感情の存在である。
②生きている人は恋愛している人である。
③有機体の生死の原因は恋愛の原因である。
④有機体の寿命は恋愛関係の期間である。
⑤人に対する物理的損傷は、恋愛感情に対する精神的損傷である。

b）認識対応関係
起点領域：死んでしまった人はもう生き返らない。
目標領域：相手への恋愛感情を一度なくしてしまうと、その気持ちは戻ってこないということ。

概念メタファー：恋愛は有機体である（感情による展開を、有機体の生死として捉える）	
「恋愛」に関する表現例	(1) ʿâsha Al-.hubb　عاش الحب 　　ʿâsha：彼は生きた　.hubbuhu：彼の愛 　　構成語の意味総和：愛は生きた。 　　慣用的意味：(2人の) 愛はいつまでも続いた。 　　例：ʿâsha Al-.hubb,　mâta Al-.hubb 　　訳：愛は生きた、愛は死んだ。 　　　　　　　　　　　　　（出典：www.aklaam.net › ... ›） (2) mâta .hubbuhumâ　مات حبهما 　　mâta：彼は死んだ　hubbuhumâ：二人の愛 　　構成語の意味総和：彼の愛は死んだ。 　　慣用的意味：恋愛感情がもうないことを強調した言い方。 　　例：hal mâta Al.hubb？　هل مات الحب؟ 　　訳：愛は亡くなったのだろうか。 　　　　　（出典：jassmin20.jeeran.com/archive/2006/11/124358.html）

表18

2.9 「恋愛は繋ぎ合わせる物（縄、ロープなど）である」

　この種の概念メタファーについて、縄やロープのようなものを題材とした下記の表19の（1）baynahumâ .habl ma.habbah（2人の間には、慕い合う縄がある）、（2）yûjad baynahumâ .habl wisâl（2人の間には、繋げてくれる縄がある）のような表現例が挙げられる。これらの表現に共通する〈恋愛は縄またはロープである〉というメタファーが強調しているのは、恋愛感情の強さである。「モノ」の対応関係は次の通りである。

a) 存在的対応関係

起点領域：縄（ロープ）　　目標領域：恋愛
①くさりは恋愛関係である。
②繋ぎ合わさっているものは恋愛している当人同士である。
③縄の強さは恋愛関係の強さである。
④繋ぎ合わせている物に対する物理的損傷は、恋愛している当人同士に対する精神的損傷である。

b) 認識的対応関係

起点領域：繋ぎ合わさっている物同士は離れようとしても離れられないので、通常の機能を果たせない。
目標領域：恋愛関係にある当人同士は、相手への恋心が強いあまり離れようにも離れられないことに対応する。

概念的メタファー：恋愛は繋ぎ合わせる物（縄、ロープなど）である	
恋愛に関する表現例	(1) baynahumâ .habl ma.habbah　بينهما حبل محبة 構成語の意味総和：2人の間には、慕い合う縄がある。 慣用的意味：2人は仲が良い。 例：wama ʿa dhâlika qu.tti ʿat .hibâl Al-ma.habbah baynahumâ 　　ومع ذلك قُطِّعت حبال المحبة بينهما 意訳：しかし、やはり2人の間にあった愛情の気持ちがなくなってしまった。 （出典：www.syrianstory.com/a.diba.htm）

215

第6章　日本語とアラビア語の「恋愛」にまつわる慣用的メタファー表現

(2) yûjad baynahumâ .habl wisâl يوجد بينهما حبل وصال
構成語の意味総和：2人の間を繋げてくれる縄がある。
慣用的意味：2人の仲は特別である（2人の間に特別な関係がある）。
例：limâdhâ qu.ti ʿa .habl Al-wisâl？ لماذا قطع حبل الوصال؟
訳：互いを繋げてくれる縄をなぜ切ってしまったのだろうか。
（出典：www.saudiinfocus.com › ...）

表19

2.10 「恋愛は流動体である」

〈恋愛感情〉の領域に関するこれらのメタファー表現の顕著な特徴としては、〈水などの流動体〉の領域からの写像が多く見られることである。

次の表20例（1）（2）は、〈恋愛〉の愛しく思う気持ちの強さを示す表現例であるが、yasîl や fâda といった水などの流動の激しさを表す語が媒体として用いられている。

ここで、メタファーの類似性とは何かということを確認したい。上述のように、メタファーの類似性というのは、2つの事象または概念に内包されているのではなく、私たち人間が主体的に持っている知識から生じるものである。それ以外には慣習化された心理的イメージによって得られることがある。この場合、メタファーのすべてが概念的構造間の写像によって成り立っているわけではない。概念的メタファーは無意識的かつ自動的に言語共同体のメンバーの認知を組織しているが、それとは別に、即自的なメタファーが存在する。即自的メタファーは概念というよりはイメージの写像である。次の表20の例（1）の表現はまさしく、概念的メタファーとイメージ的メタファーという2種類のメタファーが交差しているものである。

イメージ的メタファーは、「恋愛は〜である」式の概念メタファーとは異なるが、機能面では、概念メタファーと基本的には同じように働く。すなわち、イメージ的メタファーの場合でも1つの領域の構造をほかのものに写像するのであるが、この場合の領域は心理としてのイメージである（Lakoff and Turner :1989）。

第 2 節　アラビア語の「恋愛」にまつわる慣用的メタファー表現

概念メタファー：感情（恋愛）の度合を流動体として捉える	
「恋愛」に関する表現例	(1) yasîl .hubbuhu fî damî　يسيل حبه في دمي 構成要素の総和的意味：彼の愛が私の血液に流れている。 慣用的意味：相手を強く思う気持ちを言う。 （出典：lisân Al- ʼarab） (2) fâda qalbî bi .hubbihi　فاض قلبي بحبه 構成要素の総和的意味：心が彼への恋心で溢れている。 慣用的意味：相手を強く思う気持ちを言う。 （出典：muʼjam Al-taʼâbîr）

表20

2.11　「恋愛は身体への損傷である」

（1）injara.ha qalbî（心が傷ついた）、（2）ta.ha.ttama fuʼâdî（心が砕かれた）、（3）inkasara qalbuhu（心が壊れた）、（4）dâʼ Al-.hubb（恋の病）、（5）qatalahu .hubbuhâ（彼女への恋心が彼を殺した）、（6）wa min Al-.hubb ma qatala（恋愛が人を殺すこともある）、という表現例に共通する〈恋愛感情の高揚を身体への損傷として捉える〉というメタファーが強調しているのは、恋愛感情の激しさと、恋愛している当人に対する損傷である。例（1）〜（6）に見られる対応関係は次の通りである。

a） 存在的対応関係

起点領域：損傷（病など）　　目標領域：恋愛
①恋愛感情は損傷または病気である。
②恋愛している人は損傷を受けている、または病んでいる者である。
③恋愛の原因は損傷または病気の原因である。
④恋愛している人への精神的損傷は病人への物理的ダメージ（physical damage）である。
⑤損傷または病気によっては死亡することがある。病死と恋愛の絶頂期が対応する。

第 6 章　日本語とアラビア語の「恋愛」にまつわる慣用的メタファー表現

b) 認識的対応関係

起点領域：病人は体の臓器などが通常通りに機能しない。
目標領域：恋愛の尺度の限界点では、人は通常の活動を行えない。

概念メタファー：恋愛感情の高揚を身体への損傷として捉える	
「恋愛」に関する表現例	(1) injara.ha qalbî （心が傷つく）　انجرح قلبي 構成語の意味総和：心が傷ついた。 慣用的意味：心情が損なわれる。 例：ʼughniyah jadîdah li râghib ʻalâmah bi ʻunuwân law injara.ha qalbî أغنية جديدة لراغب علامة بعنوان لو انجرح قلبي 訳：ラギブ・アラーマ氏の新曲「心が傷つけられたのならば」 （出典：www.anamasry.com/board/showthread.php?t） (2) ta.ha.ttama fuʼâdî　تحطم فؤادي 構成語の意味：心が砕かれる。 慣用的意味：感情的に衝撃を覚える。 例：limâzâ ʻudta? hal li tu.ha.tim fuʼâdî? لماذا عُدْتَ؟ هل لتحطم فؤادي؟ 訳：どうして戻ってきたんですか。私の心を壊すためなのか。 （出典：www.zawye.com/montda/showthread.php?t=35897 - ） (3) inkasara qalbuhu　انكسر قلبه 構成語の意味総和：彼の心は壊れた。 慣用的意味：恋に破れて落胆する。 例：ʼihdâʼ ʼilâ kulli man inkasara qalubuhu. إهداء إلى كل من انكسر قلبه 訳：心が壊れた人全てに（この曲を）送ります。 （出典：www.iraqna4ever.com/vb/showthread.php?goto=newpost&t） (4) dâʼ Al-.hubb　داء الحب 構成語の意味総和：恋の病。 慣用的意味：恋愛という心の思いのことを表す言い方。 例：shufîya min dâʼ Al-.hubb　شُفِيَ من داء الحب 訳：彼は恋の病から治った。 （出典：lisân al-ʻarab）

第 2 節　アラビア語の「恋愛」にまつわる慣用的メタファー表現

	(5) qatalahu .hubbuhâ　قتله حبُّها 構成語の意味総和：彼女への恋心が彼を殺した。 慣用的意味：彼女に惚れ込んだあまり、自分の身が滅びてしまった。 例：rajul qatalahu Al-.hubb　رجل قتله الحب 訳：愛に殺された男。 　　　　　　　（出典：www.club-arab.com/.../showthread.php?..）
	(6) wa min Al-.hubb mâ qatala　ومن الحب ما قتل 構成語の意味総和：〈恋愛〉が人を殺すこともある。 慣用的意味：苦しい思いをさせられ、自分の身が滅びてしまった。 例：qi.ssah "wa min Al-.hubb ma qatala" li hayfâʼ Nizâl قصة " ومن الحب ما قتل" لهيفاء نزال 訳：ハイファ・ニザール氏が書いた小説「恋愛が人を殺すこともある」 　　　　　　　（出典：www.sora.ps/article.php?id=426）

表 21

2.12　アラビア語における恋愛の慣用的メタファー表現の分類案

　ここでは、アラビア語における恋愛のメタファー表現の全般的な分類を示す。これらは、これまで取り上げた比喩的慣用表現から抽出したもので、動詞句を中心としている。

(1) 身体への損傷のメタファー表現

例：ta.ha.ttama fuʼâdî　تحطم فؤادي

構成語の意味総和：心が壊れる / 砕かれる。

慣用的意味：恋心が破れた。

(2) 有機体を前提とするメタファー表現

例：mâta .hubbuhu　مات حبه

構成語の意味総和：彼の愛は死んだ。

慣用的意味：恋愛感情がもうないことを強調した言い方。

(3) 具体物の所有に関するメタファー表現

　恋愛感情を外界に存在するものとみなす表現である。特別感覚措置から

のイメージを恋愛感情の内部状態に用いたものである。
例：ya.hmil mashâʿir .hubb　يحمل مشاعر حب
構成語の意味総和：彼は恋愛感情を持っている。
慣用的意味：彼は恋愛感情を抱く。

　(4) 摂食に関するメタファー表現
　恋愛感情を外界の物質に喩える表現であるが、飲食と共起する動詞を用いることが特徴である。
例：jâʿa ʾilâ liqâʾihi　جاع إلى لقائه
構成語の意味総和：彼と会うことに飢える。
慣用的意味：会いたい気持ちを強調した言い方。
　この表現例に見られる〈空腹感〉から伝わるイメージは、飲食性の信号を受けたものである。

　(5) 燃焼に関するメタファー表現
　火と関係する表現である。情熱的、または激しい恋愛感情に用いられる。体内温度や血圧などの生理的症状が影響すると考えられる。
表現例：i.htaraqa bi nâri Al-.hubb　احترق بنار الحب
構成語の意味総和：彼は恋愛で焼かれた／火傷した。
慣用的意味：彼は恋愛で悩み、悶々とする日々を過ごした。

　(6) その他のもの
　喩えの元となる物質の様態が比較的限定されるものを以下にまとめておく。
a) 引っかけるもの
表現例：taʿallaqa qalbî bihâ　تعلّق قلبي بها
構成語の意味総和：私の心（ハート）が彼女に引っかかった。
慣用的意味：私のハートは、彼女のとりこになった。

b) 武器
表現例：'a.sâbatnî sihâm Al-.hubb　أصابتني سهام الحب
構成語の意味総和：彼の愛の矢が私の心（ハート）に命中した。
慣用的意味：私は彼を好きになった。

c) 繋ぎ合わせる物（綱、ロープ）
表現例：baynahumâ .habl ma.habbah　بينهما حبل محبة
構成語の意味総和：2人の間には、慕い合う縄がある。
慣用的意味：2人は仲が良い。

2.13 アラビア語の〈恋愛〉における
　　 概念メタファーと文化的モデルについて

　最後に、恋愛を表す慣用的メタファーを中心にメタファーと文化の関係を見ていこう。
　文化の定義としては、以下のKovecses（2000）に従う。それによれば、文化とは、どういうような規模の集団にせよ、その集団を特徴づける一連の共通理解である。

> In line with some current thinking in anthropology, we can think of culture as a set of shared understandings that characterize smaller or larger groups of people... (p.1).

　認知言語学では、一般にメタファーは文化を反映すると考えている。例えば、Dilin（2002）は、以下のように述べている。

> Being a figure of speech. Metaphor must also be simultaneously influenced by and actively influencing culture.

　彼によれば、アメリカではスポーツやビジネスなどに関するメタファー表現が多く、他方、アラブ世界では家族や食に関するメタファーは表現が多いのは、それぞれの文化の特徴を反映しているからである。
　また、Kovecses（2000）も言語などと文化の影響を以下のように捉えている。

221

第6章　日本語とアラビア語の「恋愛」にまつわる慣用的メタファー表現

Universal embodiment can be overridden by either socialcultural (experiences) of cognitive processes (cognitive preferences) (p.293)

すなわち、共通の概念があるが、文化的特徴によって、メタファー表現が異なってくることがあるという意味だ。

ところで、Kovecses (2005) は、同じ文化の中でも、男女の性差であるか、あるいは、思想的相違によって生み出されるメタファーが異なることがあるとしている。例えば、Gibbs (1997) が指摘するように、慣用的メタファー表現の意味基盤となる概念メタファーは、個々人の頭の中に存在しているだけでなく、社会・文化的に共有されているものである。このことから、慣用的メタファー表現、とりわけ〈恋愛〉に関する慣用表現における体系的概念は、概念メタファーが文化的モデルをも反映していることが判る。ここで言う〈文化的モデル〉とは、その文化に属する人々に共有されている文化的スキーマである。例えば、このスキーマによって、〈恋愛〉を語る際に絶えず生じるメタファーには、以下のような種類を設定できる。

アラビア語	行動的反応のメタファー	感情の高揚のメタファー	進退による結果のメタファー
	waqa'a fî hubbihâ （恋に落ちる。） وقع في حبها	I.htaraqa bi nâr Al.hubb （彼は恋愛で焼かれた。） احترق بنار الحب	baynahumâ .habl ma.habbah （2人の間に仲の良い縄がある。） بينهما حبل محبة

表22

アラビア語では、人が恋愛を語る際に用いるメタファーの種類は多様であるが、それらは表22に挙げた種類に還元できると思われる。これらのメタファーの種類は、恐らく日本人またはアラブ人それぞれが抱く〈恋愛の1つのモデル〉を規定している概念的要素を反映しているのである。例えば、アラブ人にしても、日本人にしても、恋愛について、愛する人を失わず、その人が愛し続けてくれることを願い、それゆえに恋愛が永続的であること、人は愛する人と考え方や感覚が同じであることを望み、恋愛観が一致することを期待する。こうした期待は、〈恋愛〉について言語共同体の成員が持つさまざまな文化的概念の下で結婚という社会制度へと写像される。

第3節　日本語とアラビア語の類似点と相違点

　以上のように、アラビア語の慣用的メタファー表現を分析することにより、〈恋愛〉という概念領域について、次のような点を指摘することができる。
　　①愛を表す慣用表現のそれぞれの意味が特定のメタファーにより構造化されている。
　　②日本語およびアラビア語において自然現象の構造と恋愛感情の概念構造には、認識的対応が成立する。
　私たちは、恋愛という現象を理解しようする際に、個々の経験をもとに何らかのモデルを利用することが多い。そのため、〈恋愛〉を語る際に私たちの利用するモデルは、日常生活における具体的経験に基づく内容のものが多いのである。そして、この様な経験に根ざしたモデルは、比喩を理解するための認知的基盤ともなっている。
　以上、日アにおける「恋愛」に関する慣用表現がメタファー的に幾つかの異なった概念の枠内で理解されていることを見てきた。これらの概念メタファーによって、特定の慣用表現が特定の出来事を指示するために用いられる動機づけの一部を説明できる。
　日アの慣用的メタファー表現においての、〈恋愛〉に関する概念構造としての〈概念メタファー〉を整理し、両言語の恋愛の認知モデルを示す概念メタファーを以下にまとめる。
　日本語には、「恋愛」にまつわる以下のような概念メタファーの存在が見られる。
　　①〈恋愛は熱である〉
　　　　例：妹は彼にお熱だ。
　　②〈恋愛は火である〉
　　　　例：胸を焦がす。
　　③〈恋愛は奪い取りである〉

第6章　日本語とアラビア語の「恋愛」にまつわる慣用的メタファー表現

　　　　例：彼女は女たらしの彼にすっかり心を奪われてしまった。
　④〈恋愛は身体への損傷である〉
　　　　例：あの出来事で、彼の心が砕かれたようである。
　⑤〈恋愛は地面の落とし穴である／恋愛感情の高揚を体の上昇・下降を通して捉える〉
　　　　例：2人は旅行先で知り合い、やがて恋に落ちた。
　⑥〈恋愛は水の泡である〉
　　　　例：王子と町娘との泡沫の恋である。
　⑦〈恋愛はあふれる水である〉
　　　　例：山田先生、緑ちゃんに首っ丈らしいわね。
　⑧〈恋愛は繋ぎ合わせる物である〉
　　　　例：彼らは赤い糸で結ばれている。
　⑨〈恋愛は導管である〉
　　　　例：心を籠めて編んだセーター。
　⑩〈恋愛は有機体である〉包括的レベルのメタファー
　　　　例：愛が生きる、愛情が芽生える。

　一方、アラビア語には、「恋愛」にまつわる以下のような概念メタファーの存在が見られる。

①〈恋愛を個体の燃焼として捉える〉
　　　　例：i.htaraqa bi nâr Al-.hubbi　احترق بنار الحب（彼は愛／恋で焼かれた）。
②〈恋愛を精神異常（狂気など）として捉える〉
　　　　例：junna bi .hubbihâ　جُنَّ بحبها（彼女への愛が彼をおかしくした）。
③〈恋愛を支配者として捉える〉
　　　　例：istabadda bihi Al-.hubb　استبدّ به الحب（愛は彼を独裁支配した）。
④〈恋愛を摂食として捉える〉
　　　　例：jâʻa ʼilâ liqâʼ ihi　جاع إلى لقائه（彼と会うことに飢える）。
⑤〈恋愛を魔法などによる不可抗力として捉える〉
　　　　例：sa.harahu .hubbuhâ　سحرهُ حبّها（彼は彼女への恋心にとりつかれて

第3節　日本語とアラビア語の類似点と相違点

いる)

⑥〈恋愛感情の高揚を身体への損傷として捉える〉

　例：ta.ha.ttama fuʾâduhu　تحطم فؤاده（彼の心が割れた)。

⑦〈恋愛を体の位置の上下として捉える〉

　例：huwa waqaʿa fî hubbihâ　هو وقع في حبها（彼は彼女の恋に落ちた)。

⑧〈恋愛を水など流動体として捉える〉

　例：yasîl .hubbuhu fî damî　يسيل حبه في دمي（彼の愛が私の血液に流れている)。

⑨〈恋愛関係の強弱を、綱やロープなどの双方を物理的に繋ぎ合わせるものとして捉える〉

　例：baynahumâ .habl ma.habbah　بينهما حبل محبه（2人の間には、慕い合う縄がある)。

　上に列挙した概念メタファーから分かるように、概念メタファーは、慣用的表現の理解にきっかけを与える働きを持つものとして、こうした慣用的表現の仕組みの一部であり、またある言語共同体の成員が世界を理解する手立ての1つである。つまり、慣用的表現の意味を結ぶ一種の共通的概念があり、その共通的概念を共有することによって、私たちは、慣用表現の意味を理解している。

　本章では、恋愛においての慣用的メタファー表現が表す事態について、日本語およびアラビア語母語話者のそれぞれがどのような心的イメージを持っているかを考察した。慣用的表現は、字義どおりの表現に見られない複雑なメタファー的意味を持っているが、慣用的表現が表す状況について母語話者が一致して抱くイメージの大部分はメタファーの起点にある概念構造と重なる。

　概念メタファーによって私たちは経験の意味を理解することができる。つまり、メタファーは一貫した構造を与え、あるものを際立たせ、その他のものを隠すのである。

　概念メタファーが持つ含意は、それぞれがさらにそれ自身のさまざまな含意をもっていることである。そして、そのネットワークが存在すること

第 6 章　日本語とアラビア語の「恋愛」にまつわる慣用的メタファー表現

になる。これに対して、我々の個々の恋愛経験はそうした含意のネットワークに全体として一致するかしないかのどちらかである。一致する場合、その恋愛経験は、そのメタファーの例として 1 つの首尾一貫した全体を形成する。その種のメタファーによって私たちが経験するのは含意のネットワークを通して伝わってくる一種の反響である。その反響は過去の恋愛経験に関する様々な記憶を呼び覚まし、結合させる。例えば、上記で抽出したアラビア語の「恋愛」における各概念メタファーにある「I.htaraqa：焼かれた」「junna：気が狂った」「ta.ha.ttama：砕かれた」「sa.harahu：魔力にとりつかれた」などという概念によって、恋愛の持つ受動的側面が前面に引き出されている。これによって必然的に恋愛の持つ能動的側面を隠してしまうことになる。事実、概念体系の中では恋愛の感情的な側面が恋人たちによって能動的にコントロールできるものとみなされることは絶対にない。一方、日本語の慣用的表現の場合は、受動的側面よりも、能動的側面が前面に引き出されている。

　これまで考察してきた個々の表現からは、表 23 のような基本要素を抽出できる。抽出されたこれらの要素は、〈基本レベルのメタファー〉と呼ばれており、Lakoff（1987）によれば、これらの〈基本レベルのメタファー〉は、情報量が多く慣習的かつ心的イメージを持つ概念である上、もっとも直接的に経験に結び付けられているものである。表 23 は、本章で提示した、アラビア語と日本語それぞれの〈概念メタファー〉に用いられる〈基本レベルの概念〉を写像の傾向という観点から比較した結果をまとめたものであり、恋愛の概念における構造を、〈火〉や〈有機体〉などのような元素と要素から特徴づけることができる。

起点領域の各事象	日本語の〈恋愛〉	アラビア語の〈恋愛〉
火（fire）	○	○
熱（heat）	○	×
地	○	○
水	○	○
有機体	○	○
病（physical damage）	○	○

第3節 日本語とアラビア語の類似点と相違点

食べ物　（Hunger）	×	○
支配	×	○
綱、ロープ、糸	○	○
導管	○	×
魔法	×	○
泡	○	×
破損、病	○	○

表23　日本語とアラビア語の〈恋愛〉の起点目標領域への写像の傾向比較

　ここまでの分析からは、日本語とアラビア語において、慣用的メタファー表現を分析することにより、〈恋愛〉という概念領域について、次のような点を指摘することができる。
　①恋愛を表す慣用的表現のそれぞれの意味が特定のメタファーにより構造化されている。
　②恋愛概念における構造を〈火〉〈地〉〈水〉という元素と要素から特徴づけることができる。
　③両言語における自然現象の構造と恋愛感情の概念構造には、認識的対応が成立する。
　④恋愛感情について異なるはずの概念を持つ日本語とアラビア語の間には意外な共通性がある（例：両言語が、恋愛感情の高揚を、個体の燃焼として、また体の上昇・下降として捉える、など）。
　⑤類似する経験を元にしている概念に意外な相違点がある。
　⑥身体との結びつきが強い。
　⑦アラビア語のメタファーは受動的側面が強いのに対して、日本語のメタファーは能動的側面が強い。
　⑧概念体系の多く、とりわけ「恋愛」の概念体系は包括的概念メタファーおよび個別的概念メタファーに基づいた、階層的または重層的構造によってできている。その理解の過程において、個別的概念をほかの包括的概念メタファーに基づいて理解している。
　以上のように、本論が明らかにした日ア両言語の「恋愛」の意味用法とその概念体系の特徴は、ここからあらゆる細部が予測できるというほど決

第6章　日本語とアラビア語の「恋愛」にまつわる慣用的メタファー表現

定的なものではない。しかし、一言語を支える概念体系は単純なものではない上に、どのような視点、またはどのようなデータから分析や考察を行うかによってさまざまな側面が見えてくると思われる。日本語とアラビア語の対照という眼差しを通じて明確になった上記の特徴は、同言語の相違点という以上に、「恋愛」における両言語のそれぞれの概念体系に固有の顕著な特性であると考えられる。

徒然なるままに…… アラブと慣用的表現の世界③
—— アラブ人と恋愛 ——

アラブ人と日本人が愛を表現するとき、どのような言葉を使うか、またどのような心の風景が浮かぶかなど、日本語とアラビア語の愛情表現について、徒然なるままに書いてみたいと思う。

伝統的には、アラブ人が考える「愛」には3種類あると言われている。その3種類の愛とその意識は交差しているため複雑な構造を作っている。

この3種類の愛は次のとおりとなる。

　　1）神への愛　　　2）プラトニック愛　　3）肉体的愛

1）神への愛

アラブ人の伝統的な考え方では、人間は自分の創り主であり、産みの親である神様に仕えるべき立場にいるのである。その崇高な尊い神への愛を惜しみなく捧げる気持ちを大切にしていた。

2）プラトニック愛

肉体的な欲求を離れた、精神的な愛である。かつては、好き合った男女同士でも結婚までは純潔を保つべきであるとされ、結婚までは精神的な愛を理想と考える向きが強かった。そのため、それをプラトニックと呼んだ。

3）肉体的愛

アラブ人の詩や歌は、そこに住む人々の尊厳、血筋や部族への誇り、強靱さ、挑戦者への勝利などについて詠んでいる。アラビアの詩人たちは、生活を通した人間の生き様や姿をそのままに記録したのである。

訓練に明け暮れる騎士道での勝利は、安易さに打ち勝つ強い意志の賜物であり、絶望や後退への道ではなく、前進と忍耐と勇気と強靱な力に裏付けられ、現実に対処することでもあった。そうした環境にあって、そこに生きる家族や愛する兄弟たちを護るための努力と献身と勝利が存在してい

第6章　日本語とアラビア語の「恋愛」にまつわる慣用的メタファー表現

た。
　以下に、アラブ人の恋愛観や道徳感などを表す詩をいくつか選んでみた。
　　　あなたは涙をこらえる者、忍耐強い者だが気持ちだけはどうにもならぬもの。そう、私は恋焦がれ病んではいてもたやすく胸の内を明かせない者。夜が更ければ私は伸ばす、手を宙に向けそして屈服させる、高慢ちきな涙を今にも燃え出さんとする我が両胸、募る思いと熱情に油注がれ。
　　　　　　　　　　作者：アブー・フィラース・アル＝ハマダーニー

　　愛よ、お前は私の試練、私の悩み、私の恐れ、私の疲れ、私のやつれ、私の涙、私の懲罰、私の病、私の哀しみ、私の不幸。愛よ、お前は私の存在の秘密、私の人生、私の威信、私の誇り、私の時間の暗闇を貫く一筋の光、私の親友、私の喜び、私の希望。
　　　　　　　　　　作者：アブー・アル＝カースィム・アッ＝シャービ

アラブの街と恋愛の情緒
　少し前に、眠らない町として知られるカイロへ里帰りしたときのこと。久しぶりに喫茶店やレストランで溢れる夜の街、ダウンタウンに出かけてみると、何だか街の様子や雰囲気が変わったように感じたのだが、明らかに目立ったのは、若いカップルの数である。
　男女の関係にうるさいアラブ社会でも、恋愛は恋愛である。当たり前の話だが、アラブ社会でも、男も女も、好きな人ができると、一緒に出かけたり話したりする楽しさを覚えていく。そして、逢いたい気持ちがますます募った恋人たちはデートの場所を求める。
　一部を除いてアラブ世界のほとんどでは、一昔前までのカップルのデート場所といえば、人気が少ないレストランや公園などだったのだが、今では、人の目を気にせずに堂々とデートするのが普通（常識）になってきたのか。
　私としては、ジェラシーの気持ちもあってか、その変化にやや違和感が残る。まあ、せっかくの里帰りなので難しいことは考えず、カイロの夜を

もう少し楽しもうと散策してみることにした。

　カイロの夜には、気持ちをウキウキさせてくれるものがある。それは街のあちこちに流れる音楽だ。ダウンタウンを歩いても、タクシーに乗っても、どこへ行っても、音楽がどこまでも追ってくる。まあ、踊りや音楽好きのエジプト人のことだから不思議ではない。そして、聞こえてくる歌のほとんどはラブソングである。

　好きな曲が流れている方向に進んで耳を澄ますと、その歌詞の意味を日本語に訳せば、歯の浮くような恋愛表現ばかり。以前に何かで読んだことがあるのだが、日本語の表現で一番少ないのは恋愛に関する語彙だという。昔も今も恋の言葉こそ口にするのが苦手な日本人のことだから、それもそうかもしれない。

　他方、アラブ人の歌などを聞くと、あとで紹介する曲の歌詞にあるように、「一瞬でも一緒にいないと寂しくなる」「あなたと一緒の一番幸せな恋に浸る」などと直接的に恋の喜びを表現するのが得意なのである。それに比べて、日本人はどうも悩みを歌にするのが好きなようだ。日本の歌詞に注意して聞くと、そこに出てくる単語には「泣く」「涙」「濡れる」といった言葉が多い。

アラブ人の恋愛事情
——恋心は"魂"そのもの

「日本の皆さん、こんにちは」——可愛らしい表情、笑顔を浮かべながらそう話すのは、2006年放送の「NHK・テレビ　アラビア語会話」の取材先レバノンで出会った、今やアラブ世界の歌姫であるナンシー・アジュラム（女性歌手）。1998年に"Mouhtagalak"というラブソングでデビューを果たし、その後も、次々とヒット曲を飛ばし、今やアラブ世界で誰からも愛される人気歌手だ。

　あなたは、もうすでに身をもって感じているのかもしれないが、恋とは、魂のような存在である。そんなイメージもあって、アラブ人は、好きな人への恋心を、人の肉体に宿って人を動かしており、肉体がなくなっても存在し続ける魂であるかのように表現することが多い。

第6章　日本語とアラビア語の「恋愛」にまつわる慣用的メタファー表現

「いつも一緒にいたい」人との出会いを求めて

　ところで、「あちら（アラブ）では、恋愛結婚と見合い結婚のどちらが多いんですか」と聞かれることがある。正確なデータをもっているわけではないが、今のアラブでは、「見合い結婚」はもはや古い時代の象徴的な存在となった。

　一般にアラブでは、ほとんどすべての人が「結婚する」という感覚を当然のようにもっている。これは、アラブ人の人生において結婚の比重が大きいことを物語っている。イスラム教徒は、結婚を「自分の信仰の完成であり、信仰の半分に相当するもの」と考えるのである。そこから、アラブ人の婚姻率の高さの理由として、イスラム教による社会通念の確立があげられる。さらに、経済成長による個人の経済的自立をあげることができるだろう。

　伝統的にアラブでは、日本と同様に見合い結婚が圧倒的に多かったが、今では恋愛結婚がほとんどである。その男女の出会いの場は「大学や近所づきあい、職場」などだが、一番多いのは、何といっても家族関係の「集まり」である。

　たとえば、結婚式や家族訪問などのときに、男性が女性を見初めて、婚約を経て結婚という流れが多い。もうおわかりいただけたと思うが、アラブ人の結婚の最大の特徴は、「親戚同士の結婚が多い」ことである。

　この出会いから恋愛に至る推移が、家制度（男は仕事、女性は家庭という従来の考え方）の変化と、男女平等などの教育や考え方と連動していることは明らかである。これは、今のアラブの男女は、出会える場面が以前より何倍も増えたことを物語っている。

　ただし、これにはいろいろな事情があって、アラブ人と一口に言ってもさまざまな国の人がいる。エジプト人、シリア人、サウジアラビア人など、国による環境と事情の違いもあれば、共通するところもある。サウジアラビアなどの湾岸諸国では、いまだに男女の交際がタブー視されている。共学や共働きもほとんど存在しない。

　他方、エジプトやシリア、レバノン、チュニジアなどでは、男女の恋愛

を容認する風潮が広がっている。そのため、共学や共働きなどは決し珍しくないのである。

　家族の出発点である結婚を見ても差がある。経済的事情もあるが、エジプトやシリアなど生活水準が低い国では、結婚の時期が他の湾岸諸国に比べて遅い。ちなみに、アラブ地域全体の男女の初婚の平均年齢は、男性が28歳、女性が25歳だという。この数字は目安にすぎないが、経験的に言うと、アラブ社会でも、ほかの多くの国と同様に晩婚化が進んでいるのが事実である。晩婚化の要因の1つとして、女性教育の向上や社会進出の増加などもあるが、何といっても、人の意識の変化が一番の原因なのではないかと思う。

　こうした時代背景を知る手掛かりとして便利なのはテレビドラマだ。ドラマで描かれる家族像は、それぞれの時代を反映している。この20年で放映されたドラマを調べたところ、以前のように、女性が専業主婦として描かれる割合がかなり減っている。これは興味深い変化だ。「性による役割分担」から「家庭内協力」への変化を示している。とはいえ、「男は仕事、女は家庭」はまだ根強いものだと言えよう。

　ひと昔前までは、アラブの結婚といえば、お見合いによる結婚が主流だったが、今やアラブの女の子が好きな男性を選ぶ時代となった。そして、ナンシーの甘い歌声に酔いしれながら、「私はいつもあなたと一緒」「私はあなただけのものよ」と思える相手との出会いを求めるのが、アラブでは今や当たり前のことだ。

　男女の出会いについては、宗教や伝統などによる制約はもちろんあるが、理想の異性やロマンティックな期待を抱いて結婚相手を選ぶ点では、日本もアラブも同じだろう。

　そうはいっても、家族、性格、経済状況などがよくわかる相手と結婚すれば安心できると考えるカップルたちは決して少なくない。結婚となると、アラブのカップルたちは、意外にも、きわめて現実的な考え方をもっているのである。大切なのは、相手の社会的地位や財力など。何だか日本と変わらないような気がする。

　好きな人への懸命な想いがぎっしりと詰まったアラブの歌とその魂の恋。

第6章 日本語とアラビア語の「恋愛」にまつわる慣用的メタファー表現

そんな魂の恋に出会ってみたいものだ。

アラブの恋と月話

月の中に見えるものはうさぎ？　それとも……

月を見て、連想するのは何か。「うさぎだよ、うさぎ」と日本人の仲間の1人が言うが、アラブ人、そしてエジプト人である私の目に写る月の姿はうさぎではない。

どうやら月を見て何を思い浮かべるかは、国によって違うらしい。日本では、月の模様は「うさぎが餅をついている」とよく表現される。幼い頃に、月にはうさぎが住んでいるという話を聞かされ、本当に信じていた人もいたそうだ。もしかしたら、今もそう思っている人もいるかもしれない。

ほかの国はどうだろうか。ある国では、月の黒い影の部分を巨大なはさみを持つカニに見たてたり、ロバに見たてたり、本を読む少女に見たてたりと、じつにさまざまである。これらの見立ての背景となったのは諸民族の間に伝えられた伝説によるものだが、アラブ人の目に写る月の姿は、意外とロマンティックな要素で溢れている。

美しい女性——意外かもしれないが、アラブ人の目には、月は美しい女性に見えるのである。

一度見たら心奪われる、満月前夜の月

もちろん、これにはわけがある。満月前夜の14日の月。この日の月は、アラブ人にとってどうやら特別なものである。

実際に見ていない人にとってそれを想像するのは難しいかもしれないが、"qamar 'arba'at 'ashr قمر أربعة عشر カマル　アルバーターシャル"と呼ばれる14日の月は、その形といい、明るさといい、気高さといい、これ以上美しいものはないだろうと感じさせるほどのもので、それを見た人はその美しさにたちまち見とれてしまう、いや惚れてしまうのだ。

こうしたイメージから、アラブ人は、月を意味する「qamar/カマル」という言葉で、美しい女性を表現することが多い。

アムル・ディアブさんもこの曲で、好きな人の目を見て、「君の瞳って

月のように美しい」と殺し文句を放っているが、あなたの瞳も、qamar ʼarbaʻat ʼashr のように美しいのではないだろうか。

第7章　日本語とアラビア語の〈時間〉にまつわる慣用的表現

　日本語にしても、またアラビア語にしても、時間的意味を表す表現が多く存在するが、そのほとんどは、〈時間〉という概念を〈空間〉や〈モノ〉として捉えたものである。本章では日アの「時間」にまつわる慣用的表現のいくつかを分析する。

第1節　日本語の〈時間〉に関する慣用的メタファー表現の意味分析

　日本語では、「時間」についての慣用的メタファー表現が多様である。これらの表現は「時間」とどのような関係を持っているのだろうか。また、これらは互いにどのような関係を持っているのだろうか。以下、日本語の「時間」に関するこれらの慣用的表現の根底には首尾一貫した概念構造が存在することを示して行きたい。
　伊藤創（2008）によると、時間的意味を表す表現の多くは、〈時間〉という〈概念〉や〈モノ〉として捉えたものである。この論文の中で伊藤氏は図1を提示し、時間の概念を次のように位置づけている。

第 7 章　日本語とアラビア語の〈時間〉にまつわる慣用的表現

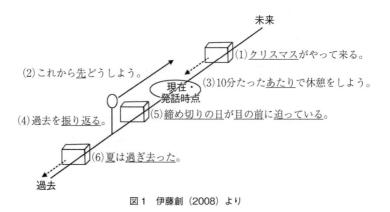

図 1　伊藤創（2008）より

　「クリスマス」「締め切り日」「夏」といった、ある〈時間〉、ある〈時刻〉は、(1)(5) のように、未来方向から「やって来る」「追って来る」〈モノ〉として、あるいは (6) のように、現在時あるいは発話時を「過ぎ去っていく」〈モノ〉として表現される。
　また主体の〈前方〉は〈未来〉にあたって〈未来の時間〉は、(2)(5) のように、「先」、「目の前」の〈空間〉として表現され、〈過去〉は (4) のように「振り返る」方向にある〈空間〉として表現される。時間は、主体が位置し、移動していく地盤であり、従って〈10 分後の時間〉は、(3) にあるように「10 分たったあたり」と表現される。このような〈時間〉という概念を〈時間〉や〈モノ〉として描く表現は枚挙に暇が無い。
　メタファーに基づく「慣用的メタファー表現」としては以下のような表現が挙げられる。
　(1) 時間が無くなる、(2) 時間を作る、(3) 時間を使う、(4) 時間を延ばす、(5) 時間を削る、(6) 時を得る、(7) 時間を稼ぐ、(8) 時間がやってくる、(9) 時を移さず、(10) 時を待つ、(11) 時を失せる、(12) 時を選ぶ、(13) 時を争う、(14) 時間をさかのぼる、(15) 時間を下る、(16) 時間を超える、(17) 先が真っ暗、(18) 時間を忘れる、(19) 時間を惜しむ、(20) 時間を置く、(21) 時間を挟む、(22) 時間をずらす、(23) 時間が

第1節　日本語の〈時間〉に関する慣用的メタファー表現の意味分析

途切れる、(24) 時間が来る、(25) 時間を節約する、(26) 時間が流れる、(27) 時間をつぶす、など。

　以下は日本語の「時間」にまつわる慣用的メタファー表現を分析した内容である。

1.1　「時間は物質的資源である」

「時間が無くなる」という表現は私たちの生活で重要な働きをしている「構造的概念メタファー」の一例である。「時間は物質的資源である」というメタファーは、物資的資源に関する私たちの経験を基盤にして成り立っている。物質的資源というのは、普通は原材料か燃料源であり、どちらも有意義な役目を果たしていると見なされる。燃料源にしろ、原材料にしろ、どちらも数量化し、そして価値を付与することができる。

　また、原材料も燃料源も、役目を果たしているうちに、次第次第にその物質は使い果たされてしまう。以上を要約すると次のようになる。

物質的資源 {
・物質の一種である。
・数量化できる。
・意義のある役目を果たしている。
・一定の量単位で価値を付与することができる。
・役目を果たしているうちに、次第次第にその物質は使い果たされてしまう。
}

図2

　時間と資源の関係について、時間は産業社会において、数量化されるのが一般的である。したがってここに、「時間は資源である」というメタファーの基盤があるわけである。

第7章　日本語とアラビア語の〈時間〉にまつわる慣用的表現

時間 ｛
・物質の一種である。
・数量化できる。
・意義のある役目を果たしている。
・一定の量単位で価値を付与することができる。
・役目を果たしているうちに次第次第にその物質は使い果たされてしまう。

図3

日本語の「時間」における概念メタファー：〈時間は物質的資源である〉 メタファー写像のタイプ：イメージ・スキーマのメタファー 包括的メタファー	
「時間」に関する表現例	(1) 時間が無くなる。 (2) 時間が増える。 　例：それをいちいち議論すると家庭内で問題が起きるでしょうが、とりあえず暇な**時間が増えた**のは間違い。（出典：バカの壁） (3) 時間が途切れる。 　例：そこで**時間が途切れ**、そのあと思い出せるのは、おろおろする先生や警官たちに囲まれて、（出典：海のカフカ・上） (4) 時間が終わる。 (5) 時間を節約する。 　例：しかし、**時間を節約する**ためにちょっと失礼して話を先に進めれば、　（出典：海のカフカ・上）

表1

1.2 「時間はモノである」

　まず、次の表2の表現例においては、共通の統語的振る舞いが見られる。これらのどの表現例も「（動作主）＋目的語＋動詞」という組み合わせで、能動性のある出来事を表している。したがって、能動性を見出すことは、「行為が出来事である」というメタファーから来ているが、どの要素を認めるかというのは、擬物化である。ここでの擬物化とは、無生物の叙述について用いられる表現が抽象物、とりわけ〈時間〉に適応される言葉の綾である。

　概念メタファー理論に従えば、上記の表現は、実際に、私たちが〈時間〉

第1節　日本語の〈時間〉に関する慣用的メタファー表現の意味分析

という概念を〈モノ〉として捉えているという、我々の認識のあり方が言語表現として具現化したものであるとされる。〈時間〉という直接的に認識することの困難な抽象的概念を、ほかのより経験的、具体的概念によって捉えるのである。その結果、本来、形や大きさを持たない〈時間〉という概念が、〈モノ〉として捉えられ、〈時間〉は「使う」「作る」「稼ぐ」ことができる、形ある存在として認識・表現されるのである。

　概念メタファー理論においては、〈空間〉という概念で〈時間〉を捉えるという心的操作は、根源領域である〈空間〉の構造が目標領域である〈時間〉に写像される過程として捉えられる（Lakoff 1987）。このメタファーの対応関係は次の通りである。

a) 存在的対応関係

起点領域：モノ　　目標領域：時間
①モノの存在＝時間の存在
②モノの形、量などは、時間の長さなどである。
③モノを削ったり、作ったりすること＝時間調整という行為の性質に相当する。
④動作主（人間）＝時間を作ったり、削ったり、のばしたりするなどの行為の主体

b) 認知的対応関係

起点領域：モノを作ったり、のばしたりするなどの行為に必要なノウハウやそれに伴う苦労や労力など。
目標領域：時間の調整に必要なノウハウやそれに伴う苦労や労力など。

日本語の「時間」における概念メタファー：〈時間はモノである〉	
メタファー写像のタイプ：イメージのメタファー	
「時間」に関する表現例	(1) 時間を作る。 　例：「今度、ゆっくりと、ふたりだけの**時間を作って**くれんかな」 （出典：天国の階段・上）

(2) 時間を削る。
    例：その単調な音は石臼のようになめらかに**時間を削り**とり、人々の意識を削りとっていく（出典：海のカフカ・上）
(3) 時間を使う。
    例：きのうから一馬君が大阪に出張に出かけて留守の**時間を使っ**てこれを書いている（出典：天国の階段・上）
(4) 時間をのばす（延ばす）。
    例：スマートフォンの強い味方、ドコモ「I-0AT」の駆動**時間を延ばす**カリスマ店長！（出典：itlifehack.jp/archives/583911.html）
(5) 時間をいただく。
    例：詳しいことはお目にかかってお話しさせていただくとして、少々お**時間をいただけ**ないでしょうか（出典：天国の階段・上）
(6) 時間を忘れる。
    例：「いや若い人を相手にしているとついつい**時間を忘れる**」口をすぼめた桜木が柏木に視線を注ぐ（出典：天国の階段・上）
(7) 時間を見つける。
    例：桑田は、清水とコンビを組んで以来、**時間を見つけて**はその「おふくろ」に顔を出すようにしていた（出典：天国の階段・上）
(8) 時間を置く。
    例：たばこを一本吸い、五分ほど**時間を置いて**から柏木は応接室にむかった（出典：天国の階段・上）
(9) 時間を利用する。
    例：きょうの昼、一時間ほどの空き**時間を利用して**、大急ぎで代々木の興信所から受け取ってきた、（出典：天国の階段・上）

表 2

1.3 「時は貴重品または財産である」

次の表 3 で取り上げた時間にまつわる慣用的メタファー表現は私たちの日常経験における構造的相関関係によって動機づけられている。ここで取り上げている表現はすべて「時間」に関係しているが、これらの表現に共通する〈時は貴重品または財産である〉というメタファーが強調しているのは、人生の重要な財産としての時間である。貴重品また財産などとみなされる人生には、時間が重要な要素である。もちろん、財産と見なされるのは、人生全体とは限らず、その一部、例えば 10 年間、または 1 年でもよいのである。そして、このことから、時間が「稼げる」「得る」「争う」

第1節　日本語の〈時間〉に関する慣用的メタファー表現の意味分析

対象になり、上記の定句が成り立つのである。
　このメタファーの対応関係は次の通りである。

a) 存在的対応関係

起点領域：貴重品　　　目標領域：時
①貴重品（起点）は時（目標）である。
②得ている人（起点）は時を手に入れる人（目標）である。
③貴重品を手に入れることによる利得は、時間を得る利得である。
④貴重品を入手することによる利得（起点）に伴う苦労は時間をつくるための苦労（目標）である。

b) 認識的対応関係

起点領域：得られたものはためになることである。
目標領域：時間を手に入れることは、何かを行うために役立つという前提がある。

日本語の「時間」における概念メタファー：〈時間は貴重品または財産である〉		
メタファー写像のタイプ：イメージのメタファー		
「時間」に関する表現例	(1) 時間を得る。 　　例：ふだん、忙しく仕事に追はれてゐる者が、時たま休養の**時間を得る**といふことは、理窟なしにたのしいことに違ひない 　　　　　　　　　　　　　　（出典：青空文庫・生活のうるほひ） (2) 時を失う。 　　例：（この一瞬のために二時間を**失うて**はならない）この数学的な思い付きでやっと弾みつけられて、いきなり帽子を取って、「卒爾ながら伺いますが、あなたは水原紀代子さんですか」月並でない、勿体振った言い方をと二時間も考えていた末の言葉だった…（出典：青空文庫・青春の逆説） (3) 時間を稼ぐ。 　　例：学校から家までの道をできるだけゆっくり歩いた。ときには遠まわりをして**時間を稼いだ**（出典：世界の中心で愛を叫ぶ） (4) 時間、一刻を争う。 　　例：復帰に向けて時間を争うスターたち。 　　　　　　　　（出典：news.livedoor.com/article/detail/4815015/）		

(5) 時間を奪う。
例：相手の**時間を奪う**ような頼みごとをしていないか？―らいおんさんから
（出典：blog.goo.ne.jp/lion_san/e/2d61dab06f4f4ade4df59fd1214f9038）
(6) 時間を無駄にする。
例：こんなに**時間を無駄に**していて、これから先どうなることだろう？」と溜息をついている
（出典：青空文庫・マリア・バシュキルツェフの日記）
(7) 時間を惜しむ。
例：桑田は、今のこの場面での**時間を惜しむ**気持ちでいっぱいになっていた。（出典：天国の階段・上）

表3

1.4 「時間は動く者である」

Lakoff and Turner（1989）は、擬人化の成立に必要な条件について、次のように述べている。「一般に、擬人化は〈出来事は行為である〉というメタファーと文化モデルや日常的知識、ほかの隠喩との相互作用によって生まれる」。ここで取り上げる「時間は動く者」というメタファーにおいて見られる「時間の擬人化」もそれに当てはまるものなのである。つまり、「時の位置変化」は「出来事の変化」という文化モデルを抽出できる。

擬人化は、人間が動作主としてもっとも認識されやすいことからよく用いられる。しかし、通常では、動作主を人間として見立てるのが一般的であるが、次の表4の表現例（1）「時間を待つ」では、「時間」は動作主ではなく、目的語の部分である。ある行為が成り立つための条件は、出来事とその出来事を起こした主との因果関係を内包している。「出来事」は「変化」するものだと捉え、それを、〈出来事＝行為というメタファー〉を〈時間の経過のメタファーが変化の原因であるとする文化モデル〉と組み合わせることで、時間を、「変化をもたらす行為者」としてメタファー的に理解することができるのである。

表4で扱った例では、起点領域〈動く者〉があり、目標領域〈時間〉がある。私たちは、起点領域の何らかの側面をメタファーによって目標領域に写像し、それについて新しい理解を得るわけであるが、下の例では、こうした写像関係によって、〈時〉を〈動く者〉としてメタファー的に理解

第1節　日本語の〈時間〉に関する慣用的メタファー表現の意味分析

することが規定されている。

「時は動く」という概念メタファーは、「明日が来、明日が去り、そしてまた明日と」といった不滅の格言とともに、「時は誰も待たない」のような日常の警句にも用いられている。「時または時間を待つ」が、「時は動く」の拡張であるというのはその一例である。

「時間がやってくる」という表現に関しては、〈空間〉において、ある対象が我々に近づいてくることもあれば、私たちが対象に近づいていくこともあり、〈接近〉という概念に対して両方の経験のあり方が存在する、しかし「日本語の〈時間〉表現においては、ある時刻が近づいてくるという経験のあり方は存在しても、意図的に私たちがある時刻に近づいていくという形で認識される経験はほぼないと言ってよい」（伊藤創：2008）。

| 日本語の「時間」における概念メタファー：〈時間は動く者である〉 |
メタファー写像のタイプ：イメージのメタファー
「時間」に関する表現例	(1) 時間を待つ。 　例：終戦ちかいころの焼野原にかこまれた乞食小屋のような防空壕の中で**その時間を待つ**以外に手がなかったものだ 　　　　　　　　　　　　　（出典：青空文庫・もう軍備はいらない） (2) 時間がやってくる。 　例：最近ブルーは嫌な**時間がやってくる**んです。 　　　　　　　　（出典：blogs.yahoo.co.jp/fjbc4211/9667647.html） (3) 時間が近づいていく。 　例：石田を細君の手へ戻す**時間が近づく**。（出典：青空文庫・世相） (4) 時間が来る。 　例：ただ、決められた**時間が来た**からというみたいに、彼は何の予兆もなくさっと目覚めました。（出典：海のカフカ・上） (5) 時間が過ぎる。 　例：**時間は**ひどくゆっくりと**過ぎていった**（出典：海のカフカ・上）

表4

1.5　「時間は空間である」

表5の (1)〜(3) の類の慣用的表現では、私たちが〈時間〉を〈空間〉として捉えていることが分かる。〈空間〉として捉えられることによって、〈時間〉は「さかのぼったり」「下ったり」「超えたり」することができる、

第7章　日本語とアラビア語の〈時間〉にまつわる慣用的表現

形ある存在として認識されるのである。

　時間表現が生み出される過程には、Johnson（1987）の指示する合併と分化という過程がある。Johnson（1987）は、子供の発達段階において、本来は2つの独立した経験であるものが、1つの経験として認識される段階があるとする。例えば、〈見る〉と〈知る〉という経験であれば、〈見る〉ことによって〈知る〉という経験が非常に多く、ある発達段階にある子供はその両方の概念を区別しないという。ただし、その段階においても、「I see what you mean」という「see」が〈分かる〉という意味でのみ用いられている発話において、子供は「see」の意味をきちんと理解しているという。

　ここで重要なことは、このような身体的〈見る〉という経験が、認識的「知る」という経験と同時に経験される段階が存在し、こうした経験によって、メタファー写像が動機づけられているであろうということである。このように、〈見る〉と〈知る〉のように、2つの概念が、区別されずに1つの「see」という語に結びついている状態を、「合併」という。この未分化であった、身体的経験〈見る〉と、認識的経験〈知る〉が、独立した2つの経験として認識されるようになることを分化という。このような認識過程は、〈空間〉に属する表現と〈時間〉に属する概念の関係について以下のような段階が想定できるのである。

　　(1) ある特定の経験Aは〈空間〉〈時間〉の両方に属するものとして、認識される。
　　(2) 経験Aが、〈空間〉〈時間〉という個別の枠組みにおいて理解される。

　〈空間〉に属する〈前方〉〈後方〉といった概念要素が、〈時間〉に属する〈未来〉〈過去〉といった概念要素に、経験を通して対応づけられている。これが写像という心的操作である。経験を通した対応付けとは、例えば、我々が移動する際、我々の〈前方〉の空間は〈未来〉にたどり着く場所であり、〈後方〉の空間は〈過去〉に辿ってきた空間である、というように概念要素間に関係を見出し、おたがいを結びつけることをいう。さらに、概念要素間の対応付けがなされるために、例えば次の表5の表現例

第1節　日本語の〈時間〉に関する慣用的メタファー表現の意味分析

(4) のように、〈前方〉という概念要素と結びついた言語表現「先」が〈未来〉を表すためにも用いられることになる。このような〈空間〉という概念領域からの写像により、〈空間〉の構造が〈時間〉に与えられるのである。

日本語の「時間」における概念メタファー：〈時間は空間である〉	
メタファー写像のタイプ：①イメージ・スキーマのメタファー	
時間に関する表現例	(1) 時をさかのぼる。 例：結局創造の時まで遡るの外はなく、そして創造の際には人間は人間であるのみであり、それ以外の何ものでもあり得ないのである。（出典：青空文庫・人口論） (2) 時を下る。 (3) 時間を超える。 例：**時間を超えて**、遠い世界の出来事にも思える （出典：世界の中心で愛を叫ぶ） (4) 先が真っ暗。 例：株価暴落で**先が真っ暗**に見える時代に求められる冷静さ （出典：www.watanabemiki.net/journal/post-13.html）

表5

第7章 日本語とアラビア語の〈時間〉にまつわる慣用的表現

第2節 アラビア語の「時間」にまつわる
慣用的メタファー表現の意味分析

アラビア語においては、メタファーに基づく慣用的表現として、以下のような表現が挙げられる。

① Al-waqt yajrî الوقت يجري（時間は走っている）
② Al-waqt dhahaba الوقت ذهب（時間はもう行った）
③ Al-waqt yaqtaribu الوقت يقترب（時間は近づいてくる）
④ sawfa yaʼtî Al-waqt Al-munâsib سوف يأتي الوقت المناسب（適当な時はやってくる）
⑤ Al-waqt saraqanâ الوقت سرقنا（時間は私たちを盗んだ）
⑥ saraqanâ Al-waqt سرقنا الوقت（時間に奪われた）
⑦ saraqa Al-zamân ʻumranâ سرق الزمان عمرنا（時代は私たちの寿命を盗んだ（奪った））
⑧ kasaba waqt كسب وقت（時間を稼ぐ）
⑨ ʼA.dâʻa Al-waqt أضاع الوقت（時間を失くした）
⑩ yamuddu fî Al-waqt يمدُّ في الوقت（時間をのばす）
⑪ ya.snaʻu Al-waqt يصنع الوقت（時間を作る）
⑫ yaqta.sidu fî Al-waqt يقتصد في الوقت（時間を節約する）
⑬ yanta.ziru Al-waqt Al-munâsib ينتظر الوقت المناسب（ふさわしい時間を待つ）
⑭ Al-waqt lâ yanta.ziru الوقت لا ينتظر（時間は（人を）待たない）
⑮ yata.sâraʻu maʻa Al-waqt يتصارع مع الوقت（時間と争う）
⑯ intahâ Al-waqt انتهى الوقت（時間が無くなる）
⑰ zâda Al-waqt زادَ الوقت（時間が増えた）
⑱ waffara Al-waqt وفَّر الوقت（時間を短縮する）

2.1 「時間は動く者である」
物理的物体や動作、関係の基本レベルのカテゴリーに関わる内容である。

248

第2節　アラビア語の「時間」にまつわる慣用的メタファー表現の意味分析

　私たちが持っている基本レベルの概念はモノについての概念だけではなく、動作についての概念や属性についての概念もある。「走る」「行く」「食べる」などのような動作は基本レベルである。それに対して「動く」「摂取する」などは上位にある。

　ここでは、〈時〉は移動するもの、すなわち自らを駆り立てるものとみられている。Lakoff and Turner (1989) によれば、これは〈時〉は行為者であるとする「出来事は行為である」というメタファーと、〈時間〉の変化を移動という枠内で理解するメタファー、すなわち「時は移動するもの」の組み合わせから成り立っている。表6の表現例 (1) では、このメタファー表現の写像関係は、イメージのメタファーを通じて、「時間」と「走ること」の間に存在する類似性「走ることの早い様子＝時間が早く過ぎていく」によって、動機づけられている。この例においては、現在という時間が未来に向かって前進しているように捉えられている。〈時〉はその意味で、自力で移動する走者と見なされる。

　〈時間〉は抽象的概念なので、これについて何かを語るときには、表現手段としてメタファーを用いるのが効用的である。もちろん、擬人法もその効用的メタファーの一種である。表6に挙げた「時間」に関する一連の表現を見ると、明らかに擬人化による比喩性を持っていることが分かる。

　さて、次の表6に上げた表現例 (2)〜(4) では、「行く」「来る、やって来る」「近づく」と通常なら人間にしかできない行動を表す語が用いられているが、いずれも〈時間〉という概念に含まれる変化を表現しているという点では、これらの表現中のメタファーは構造的に類似していると言える。例えば、〈時間〉と「近づくこと」の間に類似性「自分に近づくものの動作の様子＝未来が近づいてくる」によって、動機づけられている。

　さらに、こうした人間的行為を表す語が時間に転用されている点に注目すると、これらの表現の根底に「時は変化をもたらす者」という概念メタファーが存在していると考えることができる。これによって、一連の慣用的表現の意味の一貫性を説明できるのである。例えば、次の表6の「時」の慣用表現に共通する認識の一貫性を規定するには、擬人化というものを「時は変化をもたらす者である」という比喩の諸形態の現れとして分析す

第7章　日本語とアラビア語の〈時間〉にまつわる慣用的表現

るのが適切だと考えられる。

　一方、ここでは、「位置変化は状態変化である」という概念メタファーが用いられている。次の表6の各慣用表現においてそのメタファーの使用が見られるのである。この概念メタファーでは、状態の変化はメタファーによっては位置の変化となる。もしも「今の時間」という静止状態を自分たちがいる場所となみなすならば、時が流がれることによって「時」はほかの場所へと移動することになる。つまり、居る場所が他の場所へと変わるという表現法を使用することで、時間の変化を表すことになる。

　基本的に時間概念を表す個々の慣用的メタファー表現に見られる「時間」の進行方向とその空間的位置関係には、2パターンがあるとされている。1つは「未来が前、過去が後ろ」とするメタファーであり、もう1つは「未来が後ろ、過去が前」とするメタファーである。違いが生じるのは、未来がこちらに向かってやって来るのか、われわれが現在の時点から未来に向かって移動するのかという点である。アラビア語においては、一般的に、人は静止したままであり、時がかたわらを通り過ぎるという形を取ることが多い。時は未来からこちらに近づいて来て、過去へと通り過ぎてゆくのである。次の表6の（3）（4）の表現例はまさにその種の一例である。時間が「時は移動する物体である」という概念メタファーによって概念化されており、未来は現在の位置にいる話者へ向かって移動してくるのだと言える。この種の表現を使う場合、アラビア語母語話者は未来の方向（前方）を向いて静止している。話者自身の位置は、図4のように、未来が前にあり、過去は後ろにあるという風に捉えていると考えられる。したがって、「未来は前」という見方は、話者自身を基準にした配置となる。

図4　アラビア語の「時間」の進行方向のパターン

　表6の表現例（6）に関しては、「未来へ向かって現在の時が動いていく」という見方を用いれば、「時間と競争し〜する」といったメタファー表現の成り立ちが説明できる。こうした表現では、私たちの目標は移動の終点

第2節　アラビア語の「時間」にまつわる慣用的メタファー表現の意味分析

となっており、それを目指して移動している。しかし同時に、現在の時もまた目標が達成されるべき時に向けて動いている。そこで、私たちが求めるのは、目標の達成点（終着点）にデッドラインより早く着くことである。つまり、経路においてここで2通りのメタファーが挙げられる。「目標への経路」と「時のすぎる経路」である。どちらの場合も経路に沿って移動している。このように、下記の表6のメタファー表現（1）（2）（6）では、私たちは目標に向かっており、現在の時は未来に向かっている。2人の走者とされる現在の時間と私は平行する経路を同じ方向に向かっているのである。その結果、ある状況においては、私たちと現在の時間を並んで同じ向きに走る競走者として見ることができるのである。そして、タイムリミットよりも前に目標を達成すれば、時との競争に勝つことも想定できる。

日本語の「時間」における概念メタファー：〈時は移動する者である〉 メタファー写像のタイプ：① イメージスキーマのメタファー イメージのメタファー	
時間に関する表現例	(1) Al-waqt yajrî　時は走っている（時間があっという間に過ぎている）。 例：Al-waqt yajrî wa Al-layâlî sarî'ah الوقت يجري والليالي سريعة 訳：時間が早く過ぎて（自走する）、また、夜が過ぎるのもあっという間だ。 （出典：vb.alnassrclub.com/t72214.htm） (2) Al-waqt dhahaba ذهب الوقت 時はもう行った（時間が過ぎてしまった）。 (3) sawfa ya'tî Al-waqt Al-munâsib سوف يأتي الوقت المناسب （適当な時はやってくる。しかるべき時が来る） 例：.hînamâ ya'tî Al-waqt Al-munâsib、sa'Akûnu mudarriban li Al-burtughâl حينما يأتي الوقت المناسب سأكون مدرباً للبرتغال 訳：しかるべき時が来たら、ポルトガルの監督になる。 （出典：www.atlassport.net/?action=details&id=news&code...） (4) Al-waqt yaqtaribu يقترب الوقت 時間が近づいてくる。 例：Al-waqt yaqtaribu, wa .hâna Al-waqt li ma'rifat Al-.haqîqah الوقت يقترب وحان الوقت لمعرفة الحقيقة 訳：時間が近づき、真実を知るべき時になった。 （出典：www.cyemen.com/.../showthread.php?）

第7章　日本語とアラビア語の〈時間〉にまつわる慣用的表現

(5) yanta.ziru Al-waqt Al-munâsib ينتظر الوقت المناسب （適切な時を待つ）。
例：lâ tanta.ziru Al-waqt Al-munâsib fa huwa lan yaʼti
لا تنتظر الوقت المناسب فهو لن يأتي
訳：しかるべきタイミングを待つことない、どうせ来ないんだ。
（出典：www.alrassxp.com/forum/t190359.html）

(6) yata.sâraʻu maʻa Al-waqt يتصارع مع الوقت （時間と争う：〈時〉に時間を奪われないために争う）
例：ʼA.sba.ha bilâl yata.sâraʻu maʻa Al-waqt wa .dîq ʼAiyâmihi
أصبح بلال يتصارع مع الوقت وضيق أيامه
訳：ビラルさんは、時間と争って日々が狭まってきた。
（出典：www.algomhoriah.net/newsweekarticle.php?sid=87548）

表6

2.2 「時は盗人である」

表7に挙がっている表現(1)を理解するためには、「ʼA.dâʻa .hayâtahu：彼は自分の人生を無くした（棒に振る）」「ʼA.dâʻa hayâtahu min Ajli ʼAwlâdihi：自分の子供のために命（人生）を犠牲にした（捧げた）」など、人生をめぐるメタファーが、アラビア語話者が〈時間〉に対して抱く概念とどのように結び付いているかを理解することが不可欠である。また、これらの表現例からも分かるようにアラビア語に属する言語共同体は「人生は貴重品、財産」と見ている。貴重品また財産などと見なされる人生には、時間が重要な要素である。もちろん、財産と見なされるのは人生全体とは限らず、その一部、例えば 10 年間、または 1 年でもよいのである。このことから、人生は盗まれうる対象になり、「時が人生の時間などを盗む」といった定句が成り立つのである。しかしここで、「盗みを働くこと」自体には、何らかの行為者が必要になってくる。表7に挙げた表現例(1) saraqanî Al-waqt（時間は私を盗んだ）と表現例(2) saraqa Al-zamân ʻumranâ（時は私たちの歳月（人生）を盗んだ）の慣用的メタファー表現のように、そもそも最初からそれを行う動作主がいない場合は、〈時間〉などのようにメタファーを介して動作主がいるがごとく概念化される。

ここでは、Lakoff and Turner（1989）が提案する「出来事は行為である」という上位の概念メタファーが用いられている。ここで注意したいのは、

252

第2節　アラビア語の「時間」にまつわる慣用的メタファー表現の意味分析

「時は盗人である」という概念メタファー自体は、上位メタファーである「出来事は行為である」の一例なのだということである。つまり「時は盗人である」は「出来事は行為である」の下位メタファーである。下記の表現例（1）（2）は「出来事は行為である」という一般性の高いメタファーの表れであり、そこでは出来事と結びついたものに能動性が与えられる。よって、例えば、時は何らかの行為者として擬人化され、表現の中で描写されるのである。

アラビア語の「時間」における概念メタファー：〈時は盗人である〉		
メタファー写像のタイプ：イメージのメタファー		
「時間」に関する表現例	(1) saraqanî Al-waqt　سرقني الوقت 構成語の意味総和：時間は私を盗んだ。 慣用的意味：知らない間に時間が過ぎて行った。 例：la qad saraqanî Al-waqt　لقد سرقني الوقت 訳：時間が早く過ぎてしまった。 (出典：vb.arabseyes.com › ... ›)	
	(2) saraqa Al-zamân ʿumranâ　سرق الزمان عمرنا 構成語の意味総和：時は私たちの歳月（人生）を盗んだまたは奪った。 慣用的意味：知らない間に年をとっていった。	

表7

2.3　「時間は貴重品である」

次の表8の表現例（1）（2）では、日本語に見られる慣用的表現と同様に〈時間〉がまるで「貴重品」または「財産」のように見なされている。

日本語の慣用的表現に関する考察の表3で既述しているが、〈この時間＝貴重品〉というメタファーでは、時間が貴重な要素として貴重な所有物となり、手に入れたり、失くしたりすることができる物体として理解されている。貴重品また財産などとみなされる人生には、時間が重要な要素である。この動機づけから、kasaba Al-waqt（時間を稼ぐ）、ʾA.dâʿa Al-waqt（時を失くす）といった定句が成り立つのである。

253

第7章　日本語とアラビア語の〈時間〉にまつわる慣用的表現

アラビア語の「時間」における概念メタファー：〈時は貴重品である〉 メタファー写像のタイプ：命題的メタファー		
「時間」に関する表現例	(1) kasaba waqt　كسب وقت 構成語の意味総和：時間を稼いだ。 慣用的意味：時間を稼ぐ。 例：kasaba kathîran min Al-waqt　كسب كثيراً من الوقت 訳：彼は時間を多く稼いだ。 (2) Al-waqt .dâ'a　الوقت ضاع 構成語の意味総和：時間は失われた。 慣用的意味：時間が無駄にされる。 例：'A.da'a Al-waqt fî Al-kalâm　اضاع الوقت في الكلام 訳：おしゃべりに時間を無くした（無駄にした）。	
		(出典：lisân al-'arab)

表8

2.4 「時間は約束の地点に達することである」

　アラビア語の時間表現には、「時間は空間である」という存在のメタファーによって概念化されるものが少なく、時間を空間的位置や移動を通じて認識し、経験するのである。それを例証するのが次の表現である。

وَاخْتَارَ مُوسَى قَوْمَهُ سَبْعِينَ رَجُلًا لِمِيقَاتِنَا

　ムーゼは、われ（との会見）の時のために自分の民から70人の男たちを選んだ。（出典：コーラン、高壁章）

وَلَمَّا جَاءَ مُوسَى لِمِيقَاتِنَا

　ムーゼは我の約束した時に来て……（出典：コーラン、高壁章）

　次の表9の表現例は一見本論から外れる内容のものに見えるが、「死」と「時」の間にある関わりあいの関係は密接なものである。死は避けがたいものであり、また時が過ぎてゆくことによって、死という避けがたい出来事をもたらすと考えられる。

　しかし、先ず、ここで説明すべきことは、慣用的意味上、重要な役割を果たす構成語の1つ、Al-mîqâtとは何かということである。アラビア語には、〈時間〉の意味を表す語彙のひとつにAl-mîqâtという類義語がある。すでに第5章の〈死〉にまつわるアラビア語慣用的表現の意味分析で説

第 2 節　アラビア語の「時間」にまつわる慣用的メタファー表現の意味分析

明しているが、Al-mîqât とは「一定の行為を実行するために定められている時刻、日時」、または「特定の行為を行うために定められている場所」という二重の意味のある語である。そのため、Al-mîqât は、「特定の時間」もしくは「特定場所」のいずれの意味にも使用することが可能な語彙なのである。

「死」の瞬間が来た際に balagha Al-mîqât とアラブ人が言うとき、そこで意図しているのは時間の経過によって、「死」という出来事が不可避的に起きる、ということである。

次の表 9 に挙げた表現例 (1) には、2 つの異なる意味が読み取れる。「特定の場所にたどりついた」という構成語の総和の意味と、「死を迎える時が来た」という慣用的意味である。この表現が持つ「構成語の意味の総和としての意味」と「慣用的意味」の 2 つの意味の間には、「ある地点に達する」という共通点があって、慣用的意味が成り立っている。こうしたイメージ・スキーマ的な推論によって、私たちは身近に経験する空間的経験から慣用表現を理解するのに必要となる空間的ロジックを得ていると考えられる (Lakoff and Johnson : 1999)。

アラビア語の「時間」における概念メタファー： 〈時間は約束の地点に達することである (空間)〉	
メタファー写像のタイプ：イメージ・スキーマのメタファー	
「時間」に関する表現例	(1) balagha Al-mîqât بلغ الميقات (コーラン) 構成語の意味の総和：彼はその時間に達した。 慣用的意味：彼には死を迎える時が来た、または死に瀕している。

表 9

2.5　「時間は争う相手である」

ここでは、「時間は争う相手」であるというメタファーが用いられているが、それによって擬人法的解釈が強められている。ここに表現例として挙げている yata.sâra'u ma'a Al-waqt (時間と争う) というメタファー表現では、「時間」は強い男として描かれており、「時間」を巡る当人との間の争いになっている。

255

第7章 日本語とアラビア語の〈時間〉にまつわる慣用的表現

　時間を「争う相手」と見なすメタファーは、「時間は動く者である」という基本的なメタファーに加えて、時間は追う者（追跡者）であるといったメタファーによって構造化された知識を用いて、成立したと考えられる。この表現では、「時間は争う相手である」というメタファーを当てはめて、時間が過ぎる速さを指すものとして読むのである。これは、時間を〈食い尽くす動作主〉と見なす時にメタファー的に表現される。

　このメタファーは次のような背景によって成立している。人生において何らかの目標を達成すべく進んでいるとき、私たちは時と争っている。時に追い付かれれば、私たちは歩みを止め、目標を達成できなくなるのだ。そこでは、人間の意志の有無に関わらず、時間が過ぎていくものであり、かつ「時間の進行」は止められないといった基本知識を前提に、「争う情景」が成立している。

　擬人化が成り立つには、いくつかの概念メタファーと、出来事の性質やそこに介在する行為者についての知識が必要となる。この両者が組み合わさることで、擬人化が理解できるのである。ここで必要な知識というのは、「時間は有機体」という基本的概念メタファーであったり、時間の経過は早く、出来事の変化に因果的に関わるという文化モデルであったり、時には、この両方の組み合わせであったりすることもある。

アラビア語の「時間」における概念メタファー：〈時間は戦う相手である〉		
メタファー写像のタイプ：イメージのメタファー		
「時間」に関する表現例	yata.sâra'u ma 'a Al-waqt （時間と争う）	يتصارع مع الوقت
	構成語の意味の総和：時間と争う。	
	慣用的意味：時間を急ぐ。	

表10

2.6 「時間は物質的資源である」

　この種のメタファーは、日本語と同様のもので、物質的資源というのは、普通は原材料か燃料源であり、どちらも有意義な役目を果たしていると見なされる。燃料源にしろ原材料にしろ、どちらも数量化し、価値を付与することができる。原材料も燃料源も、役目を果たしているうちに、次第次

第2節　アラビア語の「時間」にまつわる慣用的メタファー表現の意味分析

第にその物質は使い果たされてしまう。以上を要約すると次のようになる。

物質的資源 {
　・物質の一種である。
　・数量化できる。
　・意義のある役目を果たしている。
　・一定の量単位で価値を付与することができる。
}

時間 {
　・物質の一種である。
　・数量化できる。
　・意義のある役目を果たしている。
　・一定の量単位で価値を付与することができる。
　・役目を果たしているうちに、次第次第にその物質は使い果たされてしまう。
}

図2

アラビア語の「時間」における概念メタファー：〈時間は物質的資源である〉 メタファー写像のタイプ：	
「時間」に関する表現例	(1) intahâ Al-waqt（時間が無くなる）انتهى الوقت (2) zâda Al-waqt（時間が増えた）زاد الوقت (3) waffara Al-waqt（時間を短縮する）وفر الوقت

表11

2.7 「時間はモノである」

　まず、次の表12の表現例では、共通の統語的振る舞いが見られる。表12のどの表現例も「動詞（動作主が含まれている）＋目的語」という組み合わせで、能動性のある出来事を表わしている。したがって、能動性を見出すことは、「行為が出来事である」というメタファーから来ているが、どの要素を認めるかというのは、擬物化の内容を決めることになる。ここでの擬物化とは、無生物を叙述する際に用いられる表現が抽象物、とりわけ〈時間〉に適応されるという言葉の綾である。日本語のこれに相当する慣用的表現と同様に、〈時間〉という直接的に認識することの困難な抽象的概念を、ほかのより経験的、具体的概念によって捉えるのである。その結果、本来、形や大きさを持たない〈時間〉という概念が〈モノ〉として捉えられ、〈時間〉は「使う」「作る」「のばす」「忘れる」「見つける」こと

257

第7章　日本語とアラビア語の〈時間〉にまつわる慣用的表現

ができる、形ある存在として認識・表現されるのである。

　概念メタファー理論において、〈空間〉という概念で〈時間〉を捉えるという心的操作は、根源領域である〈空間〉の構造が目標領域である〈時間〉に写像される過程として捉えられる（Lakoff 1987）。このメタファーの対応関係は次の通りである。

a）存在的対応関係

起点領域：モノ　　　目標領域：時間
①モノの存在＝時間の存在
②モノの形や量などは、時間の長さなどである。
③モノを作ったり、のばしたりすることは、時間調整の性質に相当する。
④動作主（人間）＝時間を使う、作る、のばすなどの行為の行為者

b）認識的対応関係

起点領域：モノを作ったり、のばしたりするなどの行為に必要なノウハウ
　　　　　やそれに伴う苦労や労力など。
目標領域：時間を調整することに必要なノウハウやそれに伴う苦労や労力
　　　　　など。

アラビア語の「時間」における概念メタファー：〈時間はモノである〉 メタファー写像のタイプ：イメージのメタファー	
「時間」に関する表現例	(1) yamuddu fî Al-waqt يمدُّ في الوقت 構成語の意味総和：時間をのばす。 慣用的意味：時間を延長する。 (2) ya.sna ʿu Al-waqt يصنع الوقت 構成語の意味総和：時間を作る。 慣用的意味：時間を割く。 (3) yajidu Al-waqt Al-fârigh يجد الوقت الفارغ 構成語の意味総和：空の時間を見つける。 慣用的意味：暇な時間を見つける。 (4) yansâ Al-waqt ينسى الوقت 構成語の意味総和：時間を忘れる。

表12

第3節　日本語とアラビア語の類似点と相違点

　以上のように、アラビア語において、慣用的メタファー表現を分析することにより、〈時間〉という概念領域について、次のような点を指摘することができる。
　私たちは、〈時間〉という現象を理解しようする際に、個々の経験をもとに何らかのモデルを利用することが多い。そのため、〈時間〉を語る際に私たちの利用するモデルは、具体的体験の日常の生活に基づく内容のものが多いのである。この様な経験に根ざしたモデルは、比喩を理解するための認知的基盤ともなっている。

3.1　日本語とアラビア語の「時間」と概念メタファー

　以上、日アにおける〈時間〉に関する慣用的表現がメタファー的に幾つかの異なった概念の枠内で理解されていることを見てきた。これらの概念メタファーによって、特定の慣用表現が特定の出来事を指示するために用いられる動機づけの一部を説明できる。日アの慣用的メタファー表現における、〈時間〉に関する概念構造としての〈概念メタファー〉を整理し、両言語の〈時間〉の認知モデルを示す概念メタファーを以下にまとめる。

慣用的表現における〈時間〉の概念メタファー
　　日本語の〈時間〉における概念メタファー
　　①〈時間はモノである〉
　　②〈時間は空間である〉
　　③〈時間は貴重品である〉
　　④〈時間は動く者（人）である〉
　　⑤〈時間は物質的資源である〉

　　アラビア語の〈時間〉における概念メタファー

第7章　日本語とアラビア語の〈時間〉にまつわる慣用的表現

① 〈時間は盗人である〉
② 〈時間は移動する者である〉
③ 〈時間はモノである〉
④ 〈時間は貴重品である〉
⑤ 〈時間は約束の地点に達することである（空間）〉
⑥ 〈時間は争う相手である〉
⑦ 〈時間は物質的資源である〉

　これまで考察してきた個々の表現からは、以下の表13のような基本要素を抽出できる。抽出されたこれらの要素は、〈基本レベルのメタファー〉と呼ばれており、Lakoff（1987）によれば、〈基本レベルのメタファー〉は、情報量が多く慣習的かつ心的イメージを持つ概念である上、もっとも直接的に経験に結び付けられているものである。以下は、本章で提示した、日アのそれぞれの〈概念メタファー〉に用いられる〈基本レベルの概念〉を、写像の傾向の観点から比較した結果をまとめたものである。〈時間〉の概念における構造を、〈モノ〉や〈有機体〉などの以下のような元素と要素から特徴づけることができる。

起点領域の各事象	日本語の〈時間〉	アラビア語の〈時間〉
貴重品・財産	○	○
モノ	○	○
空間	○	○
移動	×	○
有機体（人）	×	○
資源	○	○

表13　日本語とアラビア語の〈時間〉の起点目標領域への写像の傾向比較

　以上の分析から、日アにおいて、慣用的メタファー表現を分析することにより、〈時間〉という概念領域について、次のような点を指摘することができる。
　①日本語よりアラビア語の方が、擬人法が使用されている。
　②アラビア語において自然現象の構造と時間の概念構造には、認識的

第 3 節　日本語とアラビア語の類似点と相違点

対応が成立する。
③両言語とも「空間」と「モノ」との結び付きが強い。
④アラビア語のメタファーにしても、日本語のメタファーにしても、能動的側面が強い。

　上記の意味分析において、日アの〈時間〉にまつわる慣用的表現に見られる概念メタファーの表現例では、いずれも、なんらかの動作や動作主による行為が描かれている。〈時間〉に関する両言語の慣用的表現の大部分においては、メタファー上の行為としては同じような事物が使用されているが、擬人化、または擬物化されている対象はそれぞれ異なるものもあれば、重なるものもある。ただ、主題の立て方に関しては、kasaba kathiran min Al-waqt（彼は時間を多く稼いだ）、時間を作る、時間を削るなどのように、両言語の〈時間〉に関する個々の表現では、基本的には、有機体としての人間が主題として使われている。

3.2 〈時間〉における概念メタファーと文化的モデルについて

　第6章で行った〈恋愛〉の意味分析においてすでに指摘しているが、ギブズ（2008）が指摘するように、慣用的メタファー表現の意味基盤となる概念メタファーは、個々人の頭の中に存在しているだけでなく、社会的・文化的に共有されているものである。このことからは、慣用的メタファー表現、とりわけ〈時間〉に関する慣用表現における概念メタファーの体系的概念は、文化的モデルをも反映していることが分かる。〈時間〉を語る際に絶えず生じるアラビア語のメタファーには、以下のような種類を設定できる。

	時間経過のメタファー	時間調整のメタファー	時間損得のメタファー
アラビア語	① Al-waqt yajrî الوقت يجري 時は走っている（早く過ぎている）。 ② Al-waqt dhahaba الوقت ذهب 時間が行った（過ぎた）。	⑨ yamuddu fî Al-waqt يمدّ في الوقت 時間をのばす。 ⑩ ya.snaʻu Al-waqt يصنع الوقت 時間を作る。	① kasaba kathîran min Al-waqt كسب كثيراً من الوقت 彼は時間を多く稼いだ。 ② ʼA.dâʻa al-waqt fî Al-kalâm أضاع الوقت في الكلام おしゃべりに時間を無くした（無駄にした）。

表 14

第8章　日本語とアラビア語の慣用的表現における個別事例の分析のまとめ

　第5～7章では、認知言語学の知見を生かし、「死」「恋愛」「時間」を表す日アの慣用的メタファー表現について考察した。そして、メタファーの解（意味）は何かという作業を通して、「死」「恋愛」「時間」の抽象的意味を持つ慣用的表現をLakoff,G. and Johnson,M（1980）が示す体系に位置づけることができた。その分析過程で、日アという言語類型論的にも大きく異なる言語間においても、類似した比喩性を表す場合が見られた。このことが示しているのは、慣用的表現の構成要素の比喩性には、それぞれの言語の文法的側面よりも、それぞれの構成要素が各言語の話し手にどのようなものとしてイメージされているかという、認知的側面が反映されているということである。その上で、「死」「恋愛」「時間」のような抽象概念に関するイメージは、文法構造の大きく異なる言語の話し手においても、ある種の類似性が存在することが分かった。

　その上で、本章では、以下の4つの問題点を中心に両言語の慣用的表現の意味分析を行った。

(1) 本書で取り上げた「死」「恋愛」「時間」にまつわる慣用的メタファー表現の意味分析において見たように、メタファーによる意味理解とは、単なる言葉遊びではなく、奥深い概念的な本質をもったものである。メタファーは日常言語に内在し、「死」「恋愛」「時間」といった抽象概念を理解し、推論をめぐらすための主要な方法なのである。その上で、言語表現のレベルでは、「死」「恋愛」「時間」を表すメタファー的表現が潜在的には多くにあるにしても、比較的限られた数の概念メタファーが組み合わさって、それぞれの言語表現として機能しているのである。ある特定のメタファーの特色について論じる場合は、2つのレベルがある。それは、概念的レベルと言語的レベルの2種類で

第8章　日本語とアラビア語の慣用的表現における個別事例の分析のまとめ

ある。また、ある慣用的表現が一般に使われている概念メタファーを表している時にも、それが言語表現上普通のものである場合と、独特なものである場合とがある。

(2) 本書において筆者が示唆したように、「死」「恋愛」「時間」について用いる多様な表現は、経験上の様々な側面の多様な概念メタファーを反映している。話し手は、「死」「恋愛」「時間」について、しばしば多様な慣用的メタファー表現を用いる。このことから、「死」「恋愛」「時間」に関する単一の一般的な認知モデルあるいは文化モデルが存在する可能性があると言えるのだが、それは途切れることなく繋がっている一連の概念メタファーに基づいているものと思われる。例えば、抽象概念の一種である「恋愛」を例に取ってみると、次のような図で概念メタファーと抽象概念の概念体系の結びつきを説明できると思われる。

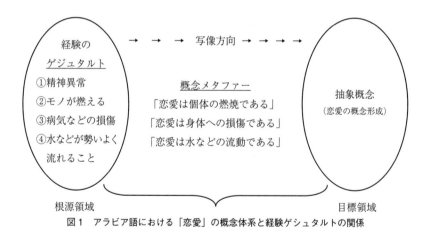

図1　アラビア語における「恋愛」の概念体系と経験ゲシュタルトの関係

上記の図1は、アラビア語の慣用的表現から抽出された種々の概念メタファーを軸にして、「恋愛」の概念体系と経験のゲシュタルト(26)との相関関係を表したものだが、メタファー的関係によって組織化された諸領域は、「死」「恋愛」「時間」に関する、私たちの身体経験と物理的環境や他者と

の相互作用の産物である「経験のゲシュタルト」を構成する。

　これらの経験には、普遍的ものもあれば、日本語またはアラビア語言語共同体のように、文化によって異なるものもある。メタファーは、その含意を通じて我々の経験を組織化しているのであり、それゆえにメタファーは私たちの社会的現実を作り出す一翼を担い、私たちの行為を先導するのである。

a）アラビア語共同体独自の経験
　「死」の場合：死は神との約束である、死は味覚による経験である、など
　「恋愛」の場合：恋愛は魔法である、恋愛は精神異常である、恋愛は摂食である
　「時間」の場合：時間は盗人である、時間は争う相手である

b）日本語語共同体独自の経験
　「死」の場合：死は有機体（花）である
　「恋愛」の場合：恋愛は導管である、恋愛は水の泡である
　「時間」の場合：時間は無くなる物質的資源である

(3) 上に挙げた抽象概念の「恋愛」のように、1つの概念（経験）に対して複数の構造のメタファーが存在するが、それらが互いに矛盾しているわけではない。多くのメタファーが存在することは、それに相応する概念の多面性を示唆しているのである。したがって「恋愛」には「個体の燃焼」に例えられる側面もあれば、「病気」などに例えられる側面もある、ということになる。Lakoff and Johnson は「恋愛」のように概念が抽象的であるほど、その理解はメタファーを通じて行われていると言う。逆に、具体的で直接的な経験であれば、メタファーという手段を用いなくてもそれ自体で理解はできるはずである。そのため、具象性のない抽象的な感情経験である「恋愛」を理解するためのメタファーが数多く存在することになる。

第8章 日本語とアラビア語の慣用的表現における個別事例の分析のまとめ

(4) これまで取り上げた各々の個別事例「死」「恋愛」「時間」において、メタファーモデルは、概念体系の中で、個々の慣用的表現の表現形式とは独立して存在している。その基盤になっているのが、習慣的イメージ[27]である。習慣的イメージは抽象概念の認知モデルの形成に大きな役割を果たしており、昔から存在する慣用的表現を理解したり、また新たな慣用的表現を創出したりするときに、その中核として働いているのである。

本書で抽出した、日アそれぞれの「死」「恋愛」「時間」の慣用的表現に見られる基本的概念メタファーとその認識をここで列挙することにしよう。

慣用的表現における〈死〉の概念メタファー
　　日本語の〈死〉における概念メタファー
　　① 〈死は移動である〉
　　② 〈死は眠りである〉
　　③ 〈死は有機体（花）である〉
　　④ 〈命は貴重品である〉

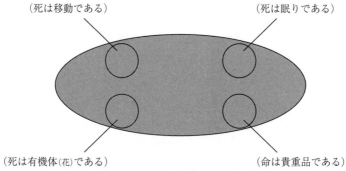

図2　日本語における「死」の概念体系

アラビア語の〈死〉における概念メタファー
① 〈死は移動である〉
② 〈死は特定の時間（眠り）である〉
③ 〈死は約束である〉
④ 〈死は追う者（追跡者）である〉
⑤ 〈死は特定の時点に達することである〉
⑥ 〈死は味覚による経験である〉

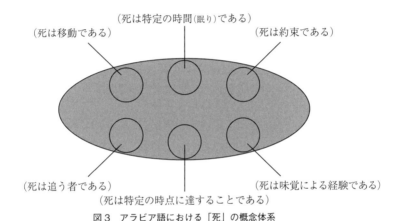

図3　アラビア語における「死」の概念体系

慣用的表現における〈恋愛〉の概念メタファー

日本語の〈恋愛〉における概念メタファー
① 〈恋愛は熱である〉
② 〈恋愛は火である〉
③ 〈恋愛は奪い取りである〉
④ 〈恋愛は身体への損傷である〉
⑤ 〈恋愛は恋愛感情の高揚を体の上昇・下降を通して捉える〉
⑥ 〈恋愛は水の泡である〉
⑦ 〈恋愛はあふれる水である〉
⑧ 〈恋愛は結ぶ糸である〉
⑨ 〈恋愛は導管である〉

第8章　日本語とアラビア語の慣用的表現における個別事例の分析のまとめ

⑩〈恋愛は有機体である〉

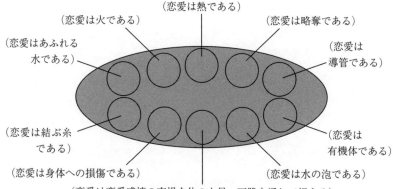

図4　日本語における「恋愛」の概念体系

アラビア語の〈恋愛〉における概念メタファー
① 〈恋愛は個体の燃焼である〉
② 〈恋愛は精神異常（狂気など）である〉
③ 〈恋愛は独裁的支配者である〉
④ 〈恋愛は摂食である〉
⑤ 〈恋愛は魔法である〉
⑥ 〈恋愛感情の高揚は身体への損傷である〉
⑦ 〈恋愛は体の上昇・下降である〉
⑧ 〈恋愛は水など流動体である〉
⑨ 〈恋愛は、綱、ロープなど双方を物理的につなぎ合わせるものである〉

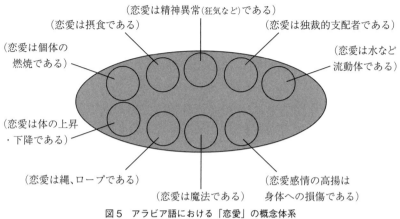

図5　アラビア語における「恋愛」の概念体系

慣用的表現における〈時間〉の概念メタファー

日本語の〈時間〉における概念メタファー
① 〈時間はモノである〉
② 〈時間は空間である〉
③ 〈時間は貴重品である〉
④ 〈時間は動く者である〉
⑤ 〈時間は物質的資源である〉

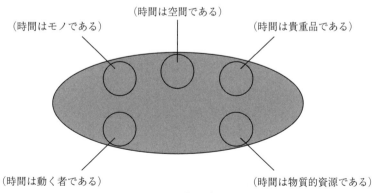

図6　日本語における「時間」の概念体系

269

第8章　日本語とアラビア語の慣用的表現における個別事例の分析のまとめ

アラビア語の〈時間〉における概念メタファー
① 〈時間は盗人である〉
② 〈時間は移動する者である〉
③ 〈時間はモノである〉
④ 〈時間は貴重品である〉
⑤ 〈時間は約束の地点に達することである（空間）〉
⑥ 〈時間は争う相手である〉
⑦ 〈時間は物質的資源である〉

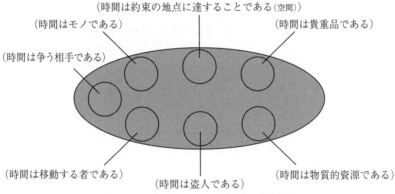
図7　アラビア語における「時間」の概念体系

　以上のように、日本語およびアラビア語に見られる「死」「恋愛」「時間」の認知モデルは多様なメタファーからなっており、それらのメタファーは、経過のメタファー、調整のメタファー、損得のメタファー、などの「時間」のメタファーに顕著なように、「死」「恋愛」「時間」に関する日アそれぞれの言語共同体のメンバーの理解の諸側面を捉えている。
　第5～7章の分析からは、日アの慣用的メタファー表現を分析することにより、「死」「恋愛」「時間」という概念領域について、次のような点を指摘することができる。

(1) 日本語よりアラビア語の方が、擬人法がよく使用される傾向がある。
(2) 日本語およびアラビア語において、自然現象の構造と抽象概念の構造

には、認識的対応が成立する表現例がよく見られる。
(3) 両言語が表す「死」「恋愛」「時間」の概念領域とその慣用的表現によって、表現内容や意味用法は異なるものの、基本的には「空間」と「モノ」「有機体」との結び付きが強い。
(4) 概念メタファーとその慣用的表現によって、抽象概念のもつ能動的側面か受動的側面のどちらかが前面に押し出されることになる。アラビア語の「時間」のメタファーにしても、また日本語の「時間」のメタファーにしても、能動的側面が強い。「死」については、アラビア語の「死」のメタファーは能動的側面が強く表れているのに対し、日本語は、受動的側面の方が前面に押し出されている。一方、感情表現、とりわけ「恋愛」の概念では、アラビア語の方が受動的側面が強い。
(5) 恋愛などのような感情的概念領域では、その表現内容は、両言語とも身体との結びつきが強い。
(6) 両言語の「死」「時間」の概念は、「位置変化」と「状態変化」の相関関係から特徴づけることができる。

　また、ここで抽象概念にまつわる慣用的表現の意味分析について特に注目しておきたいことが、2点ある。まず第1に、抽象的概念においては、根源領域と目標領域の間に成り立つ「概念メタファー」が、外的経験と内的感情・精神、それに認知状態の相関関係によって動機づけられていることである。そしてさらには、根源領域と目標領域の間にまたがる「写像」という現象は双方向によるものではなく、一方方向のものである (Sweetser: 1990)。つまり、写像プロセスにおいては、具体的経験が元となって認知状態を示す語彙が派生するが、その逆の方向性はない。
　第2に、「死」「恋愛」「時間」のような抽象概念の認識的意味は、具体的かつ物理的用法によって成り立っているのである。そのため、認識的領域（認識世界）と根源的領域（物理的世界）とのつながりはメタファー的なものでしかあり得ない。
　本書で行った「概念メタファーによる慣用的表現の意味分析」の方法は、辞典の編纂や外国語としてのアラビア語学習および日本語教育などで参照

第8章　日本語とアラビア語の慣用的表現における個別事例の分析のまとめ

されうるものと思われる。例えば、辞典においては、本書で提唱した意味の分析方法を適応すれば、個々の慣用的表現の意味理解を中心に、日本語とアラビア語のテキスト理解の促進や慣習化していないメタファー表現の意味理解への適応が可能となると思われる。また日本語教育では、教科書や教材で慣用的表現の意味用法を説明する際には、本書で抽出したような弁別的概念特徴が手掛かりになると思われる。

第9章　日本語とアラビア語の身体語の意味の慣用化
――「顔」と「wajh」にまつわる慣用表現を中心に――

第1節　要旨

　本章では、日アにおける身体語彙の慣用例をもとに、その意味以上、また構成上の特性について述べていく。
　身体語が慣用的表現の中で、どのように捉えられ、どのような認識や感情などと結びついているのかを分析する。これによって、日本人とアラブ人の身体に付与するイメージが明らかになるであろう。日本とアラブ世界という異なる文化的背景の中で、言語表現に現れる両文化の相違点・共通点が見えてくると思われる。
　慣用的表現の中には、身体語を含むものが多く見られることから、世界諸言語に通有の一般言語学的な特徴と言えよう。
　一方、日アにおいて、慣用表現と結ばれる身体部位名は必ずしも一致して現れるとは限らない。例えば、日本語の「つむじ、股」などは、アラビア語ではほとんど用いられないので、慣用表現とはならず、用例が採集できないものである。
　以上の指摘からもわかるように、身体の各部位は基本的に人体の器官としては同じであっても、慣用表現への出現度合いは言語ごとにまちまちなので、言語Aと言語Bにおける特定部位についての慣用表現数は必ずしも均一ではない。

1.1　目的と問題設定
　本章は、日アの「顔」にまつわる慣用的表現を比較対象とし、次の2点について考察する。

第9章　日本語とアラビア語の身体語の意味の慣用化

1）日本語とアラビア語の「顔」にまつわる用法。
2）日本語の「顔」とアラビア語の「wajh」の概念的背景の特徴。

　本章は同じ身体部位を表す日本語「顔」とアラビア語 wajh を用いた慣用的表現を取り上げ、その用法の重なりと相違を考察し、概念体系が言語共同体のすべての生活にかかわり支配することを前提として、それぞれと結びついている概念の違いを明らかにしようとするものである。この２つの語は、辞書のレベルでは意味的に対応しているが、たまたまある身体部位語を含む両言語の表現が辞書の上で対応するとしても、それぞれの言語共同体がその身体部位について抱く概念が必ずしも一致するわけではない。詳細に考察すれば、そこに異同が見いだされるはずである。両言語に見られる異同は、両言語の背景をなす文化と無関係ではあり得ないと思われる。

　日アの対照研究分野で、身体部位語を含む慣用表現のその字義的意味や慣用的意味に加えて、背景となる概念の特徴などを取り上げたものがこれまでにはなかったのである。身体部位、とりわけ「顔」を研究対象とすることには、次のような２つの理由がある。１つは、身体は我々人間にとって最も身近なものであると多くの研究によって指摘されているように、身体語彙を用いた慣用的表現は、各言語共同体の発想や論理などを基礎にした表現形式をもつものであり、言語表現を通じた文化理解を目指した研究の好材料である。

　もう１つは、両言語の身体表現の分析を通して、言語共同体の外側に特定の視点から光を当てれば、両言語の顕著な傾向が、コントラストとして浮かび上がってくると思われる (kekidze・田中 2006)。日本人とアラブ人は、互いが地理的にも、また文化的にも遠く離れており、両言語における慣用的表現、とりわけ「顔」にまつわる慣用表現に比較言語文化学の立場からアプローチすることは、日本人とアラビア語圏の母語話者（アラブ人）がお互いを理解する重要な役割を果たすものと考えられる。具体的な分析に入る前に、まずこうした概念について次項（以下）で簡単に確認しておきたい。

　以下は、本章において収集した日アの「顔」にまつわる慣用的表現を分

第 1 節　要旨

析するにあたり、分析対象を概念的側面と情緒的側面とに大きく 2 分し、どちらの傾向が相対的に顕著であるかを明らかにしていく。

　本章では、まず日本語「顔」およびアラビア語「wajh」の表す概念を大まかに分類し、両者がどのように対応しているかを検証し、両表現の対応しない用法を見る。次に対応していると思われる用法についてさらに詳細に検討し、その背景の違いを明らかにする。

第2節　日本語とアラビア語の顔にまつわる慣用的表現

「顔」は人または人格を代表する意味として良く用いられる。「顔」は、もとは「体全体の体つき・体形」を意味していたが、現代ではその語義範囲が縮まり、今日の「顔」になったという（国語大辞典）。また、「顔」に関する色の表現が他の身体部位より多く見られる。これについて、森田良行（1998：57）は、

> 人間が社会から見られている箇所は、ほかならぬ「顔」である……（中略）「顔」は世間に向けられた己の窓口、人間の内と外をつなげる接点であるから、「顔」イコール「その人物」というわけで……

と述べている。

「顔」は、目や鼻、口が生理的ないしは身体的行為の機能をする個別器官の性格とは違って、対外的関連からの概念と深い関連がある一方で、「顔」の多様な表情により、内面の感情とのかかわりが大きいようである。つまり、「顔」の意味的存在とは、身体部分の概念を核として構成される概念ネットワークにほかならない。以下に日アの2つの慣用的表現のそれぞれに結びついた概念ネットワークがいかに重なり合うかをまず見ていきたい。

2.1.　概念的側面とのかかわり：日本語とアラビア語で対応する用法
——「顔」と「wajh」の表す身体的概念——

アラビア語で「顔」に対応するのは、〈wajh〉という語である。以下、大意を添えて wajh（顔）と表記する。顔の基本的意味は首から上の部分を指している。

日本語「顔」とアラビア語 wajh وجه は、同一の身体部分を表す表現であるが、この基本的概念の中には、「容貌」や「表情」の概念も含まれている。この身体部位は、「意思表示」の座としても捉えられている。また、顔にまつわる慣用的表現は全般的に「見せる・見られる」ものと関わりを

第2節　日本語とアラビア語の顔にまつわる慣用的表現

もっていると考えられる。以下にそれぞれの例を挙げる。
　(1)「顔がほころぶ」「顔がこわばる」「きれいな顔」「暗い顔・嬉しい顔・得意顔」「顔お馴染み」「顔見知り」「顔に書いてある」「怒りが顔に出ている」
　(2) yafra.hu wajh وجه يفرح（顔が喜ぶ）、ya.hzan wajh وجه يحزن（顔が悲しむ）(悲しい顔)、wajh maʿrûf وجه معروف（知られた顔)、maktûb ʿalâ wajhihi مكتوب على وجهه（彼の顔に書いてある）。

①メンツ・名誉
「顔」は、その人自体を表す意味から転じ、その人の面目や名誉などを意味する表現としてよく用いられる。以下に日本語とアラビア語のそれぞれにまつわる慣用的表現を挙げる。

(1.a) 日本語の表現例：「顔に泥を塗る」「顔が立つ」「顔がつぶれる」「合わせる顔がない」「面の皮を剥ぐ」「どの面さげて」など。
(1.b) アラビア語の表現例：.hafa.za mâʾ Alwajh حفظ ماء الوجه /
.hâfa.za ʿalâ mâʾi Alwajh حافظ على ماء الوجه（顔の水を保つ：面目を保つ)、khasira mâʾ Alwajh خسر ماء الوجه（顔の水を失う：面目を失う)、la.ttakha wajha(n) bi Al.tîn لطخ وجه بالطين（顔に泥を塗る)、laysa ladaiya wajhu ʿuqâbiluhu bihi ليس لدي وجه أقابله به（彼に合わせる顔がない）など。

2.حافظ المنتخب السعودي على ماء وجه المنتخبات العربية الآسيوية بعدما تغلب على المنتخب الايراني

(2) .hâfa.za Almuntakhab Alsaʿûdî ʿalâ mâʾ wajhi Almuntakhabât Alʿarabîyat Al Âsiyawîyat baʿdamâ taghallaba ʿalâ Almuntakhab Alʾîrânî
　訳：サウジアラビア代表チームは、対戦相手であるイラン代表チーム

277

第9章　日本語とアラビア語の身体語の意味の慣用化

を下し、アジアアラブ地域の各サッカー代表の顔の水を保つことができた。

(www.filgoal.com/Arabic/News.asp?NewsID=53995 - 66k)

3. كرة الجزيرة خسارة ماء الوجه بجدارة

(3) kurat Aljazîrah　khasârat mâ' Alwajh bijadârah
　　訳：クラト・アルジャジーラ（サッカーチーム）が顔の水を失う（顔がつぶれた）。

(furat.alwehda.gov.sy/_archive.asp?FileName...)

日本語の例
(4) 仕方がない、ここはあなたの顔を立てて、我々が引き下がることにしましょう。（例解慣用句辞典）
(5) 私の顔を潰さないでくれ！（例解慣用句辞典）

　アラビア語の表現例 (2)(3) は、直訳すれば「顔の水を保つ」「顔の水を失う」となる表現が、一般には、「面目躍如たるところを見せる、または失うこと」という意味を表している。こうした日アの実例からも分かるように、「顔」と wajh はどちらも、「面目」と呼べるような概念と結びついている。森田（1998：57）は、

　　日本語には、外の人間と自己とを対照させた表現が多い。「顔を立てる」とは、当人の顔を立たせる、目立たせるという意味で、世間の人々からはっきりそれと分かるように、その人物の面目を保たせることである。

と述べている。
　一方、アラビア語において、顔にまつわるこのような表現は見られないが、「頭」にまつわる表現なら可能である。アラビア語には、「顔が立つ」に相当する「yarfa'u ra'sahu：頭を上げる」という意味の表現がある。このことからは、日本語だけが自己を外の人間と対照させるとは言いにくいと思われる。

第2節　日本語とアラビア語の顔にまつわる慣用的表現

②人・モノの〈一側面〉の用法

　顔と wajh には、人・モノが持つ多くの側面のうちの1側面だけを際立たせる用法がある。以下にそれぞれの実例を挙げる。

アラビア語用例

6. توجد أوجه عديدة لهذه المشكلة

(6) tûjadu ʾAwjuh ʿadîdah lihâdhihi Almushkilah

　　訳：この問題には様々な側面（複数の顔）がある

7. طرق الموضوع من كل أوجه

(7) .taraqa Almaw.dûʿ min kulli ʾAwjuh

　　（彼は）すべての面からその問題を取り上げた。

8. الحرب الألكترونية وجه أخر

(8) Al.harb Alʿilikutrûnîyah wajh Âkhar !

　　訳：IT 戦（IT 技術による戦争）は別面！

9. وجه آخر لأمة مصر مع حزب الله

(9) wajh Âkhar liʾAzmat mi.sr maʿ .hizb Allah

　　訳：エジプトとヒズボラの摩擦問題の別面

　　　　（www.islamonline.net/servlet/Satellite?c=ArticleA_C&cid=1237706111842&）

10. العروبة والأسلام وجهان لعملة واحدة

(10) Alʿurûbah wa Alʾislâm wajhâni liʿumlah wâ.hidah

　　訳：アラブ化とイスラムは2つの顔（両面）のあるコインである。

　　　　（www.kooora.com/default.aspx?showarticle=51562）

279

第 9 章　日本語とアラビア語の身体語の意味の慣用化

11.الارهاب والتجسس وجهان للعملة واحدة

(11) Al'irhâb wa Altajassus wajhâni li'umlah wâ.hidah
　　訳：テロとスパイ活動は2つの顔（両面）のあるコインである。
　　　　　　　　　　　　（www.moheet.com/show_news.aspx?nid=264271）

12.القاهرة مدينة الألف وجه

(12) Alqâhirah madînat Al'Alif wajh
　　訳：千顔を持つカイロの町

13.ما وجه الخطورة في هذا التصرف؟

(13) mâ wajh Alkhu.tûrah fî hadhâ Alta.sarruf
　　訳：この行動のどこが危険な面なのでしょうか。

日本語の用例
(14) 首相には4つの顔があるといわれる（東京新聞）
(15) 逮捕された西村議員にはウラの顔があるのか？
(16) 人には誰でも天使と悪魔の顔があるのでしょうか

　上記の例（10）（11）で用いられている wajhân（2つの顔）という双数形表現では、文脈によっては、マイナス評価を帯びた「裏があること」という意味を表すこともあるが、基本的には、マイナスでもプラスでもなく中立的意味を表している。また、例（8）（9）の「別の顔」という表現は、マイナスでもプラスでもない中立的意味を表しており、例（6）の「複数の顔」という表現とつながる。

　　③**全体を代表する部分の用法**
　上の 2-1-②にも触れたように個人を識別するのに最も有効な身体部位と言えば、やはり「顔」である。こうしたこと（性格）からも、「顔」と wajh が、ある存在物を代表する部分の概念を表すのは、理にかなっており、決して意外ではない。しかし、ここでの「代表」の概念が指す意味には2通

第2節　日本語とアラビア語の顔にまつわる慣用的表現

りがある。1つは、全体の内の良い面・すぐれた面などを示す"看板""目玉"などのケースと、もう1つは全体を評価するための指標としてのケースがある。1つ目のケース、いわば「看板」の意味としての代表を意味する場合には、日アのいずれにおいても、用法が見られる。一方、2つ目の用法、いわば「全体を示す指標」の用法では、アラビア語には相当する用法が見られないが、日本語には存在する。つまり、全体を示す指標用法においては、日アの間に用法上の相違が見られる。まず、「看板」の意味としての代表を表す用法の実例を以下に挙げる。

アラビア語用例

17.الحضارة الفرعونية هي وجه مصر

(17) Al.ha.dârat Alfir'awnîyah hiya wajh mi.sr
　　 訳：古代エジプト文明こそ、エジプトの顔である。

18.ملتقى القدس الدولي ينعقد تحت شعار "فلنحمي وجه الحضارة"

(18) multaqâ Alquds Alduwalî yan'aqid ta.hta shi'âr "falna.hmî wajh Al.ha.dârah"
　　 訳：エルサレムの国際フォーラムは、文明の顔を守ろうという名（スローガン）の下で行われた（文明を守ろうというスローガンを掲げて行われた）。

（www.arabcin.net/akbar/modules.php?name=News&file=article&sid=698&mode=thread&order=0&thold=0 -）

日本語の用例

(19) 大阪の顔となる新しい観光スポット、ユニバーサルスタジオ。
(20) エルメスの顔とも言えるケリーウォッチ。
　　 次は、「指標」としての用法である。
(21) 企業の顔であるエントランスは徹底的に作りこむ（株式会社アユプロジェクト）。

281

2.2. 日本語とアラビア語で対応しない用法

以上に見てきたように、両言語に共通する用法が多く見られる。つまり、それぞれの語と結びついている概念ネットワークはかなりの部分が重なり合っている。一方、両語で一致しない用法も存在する。

①日本語にないアラビア語の用法：〈対抗〉

アラビア語の wajh には、「～の顔に / 対して」の慣用表現がある。ここでは、wajh は〈対決〉といった概念を表す。以下の用例で取り上げる「～の顔に立つ」「～の顔に入港を拒否する」といった表現も〈対決〉という概念に繋がるものである。これは日本語に見られない用法である。

22.المجتمعات المحلية في أفغانستان تقف في وجه أعمال العنف

(22) Almujtamaʻât Alma.hallîyah fî ʻAfghânistân taqif fî wajh ʻAʻmâl Alʻunf

（www.unicef.org/arabic/infobycountry/afghanistan_43358.html - 27k）

訳：アフガニスタンの市民社会（団体）は、暴力（の顔）に対し立ち向かう。

23.عقبات تقف في وجه بلتر حول قانون تقليص عدد الأجانب في الفريق

(23) ʻaqabât taqif fî wajh bulatter .hawl qânûn taqlî.s ʻadad AlʻAjânib fî Alfarîq

（www.aksalser.com/?page=view_news&id=87da2fd55b937bc93b70d547d55bfbfc）

訳：外国人選手の削減問題がブラター（監督）の前に立ちはだかっている。

24.صرخة في وجه الغلاء

(24) .sarkhah fî wajh Alghalâʼ

訳：（物価）の高騰の顔に一喝！

（www.fao.org/news/story/ar/item/10012/icode/ - 30k -）

第2節　日本語とアラビア語の顔にまつわる慣用的表現

25.رطمة على وجه المجتمع المصري

(25) ra.tmah ʻalâ wajh Almujtamaʻ Almi.srî
訳：エジプトの社会に一撃を！

(www.topforums.net/showthread.php?p=618538)

②日本語にないアラビア語の用法：〈〈人物〉そのもの〉

人間がお互いを認識する上で、顔は人体の中で一番顕著な部分である。その心理的事実に基づいて、アラビア語の wajh は個人そのものや抽象的事象そのものを表す用法を持っている。次はその例である。

26.وجه جديد ينظر لتطوير التعليم من منظور إقتصادي

(26) wajh jadîd yan.zur lita.twîr Altaʻlîm min man.zûr ʼiqti.sâdî
訳：経済的視点から教育改革を捉える新顔　（特定の人物を指す）

(www.education.gov.qa/content/resources/detail/10579 - 22k)

27.نصير شمة وجه لامع معروف في عالم الصحافة

(27) na.sîr shimat wajh lâmiʻ maʻrûf fî ʻâlam Al.sa.hâfah
訳：ナスィール　シャッマ、ウード（弦楽器）界で輝かしく、知られている顔（人物）である。

(www.dw-world.com/dw/article/0,,1698225,00.html)

28.خالد المحاميد وجه ثقافي لأمانة جدة

(28) Khâlid Alma.hâmîd wajh thaqâfî liʼ Amânat jiddah
訳：ハリド　マハミードさんは、ジェッダ地域の文化的顔である。

(www.alwatan.com.sa/news/writerdetail.asp?issueno=3065&id=9587&Rname=147)

上に取り上げたアラビア語の表現は、人との関わりなどを含む表現で「顔」がその人自体を意味するものである。また、こうした用法を用いた

表現は「新顔が〜する」「顔を知っている」など、人物そのものを指す慣用的表現があるとして日本語においても使われることがある。

日本語の用例
（29）千葉知事選で新顔二人が立候補を届けた。
　　　　　（mytown.asahi.com/tokushima/news.php?k_id=37000000904140002 - 29k -）
（30）ここ1ヶ月、頭に浮かんで離れない顔があるんです。その人物を探しています。
（31）この1週間はやけに長かった。(3,000 安打と聞いて) 張本さんの顔が浮かぶ（顔を浮かぶ）。

③日本語にないアラビア語の用法：〈死〉

　アラビア語の <wajh> はさらに次の例文のように、「死」を表すことがある。この用法は、人物そのものを表す意味から転じたものと思われる。以下の「アッラーの顔に出会える（対面）」という表現がその用法の代表的な例となる。アッラーの顔を見られるには、死んでからでないとできないので、この表現は、死ぬことによって、アッラーの顔を見られるという暗示を伴う表現である。

32.كان الشيخ مكتوم قد لاقى وجه ربه فجر الاربعاء أثناء وجوده في أستراليا

（32）kana Alshaykh maktûm qad lâqâ wajh rabbihi fajr AlʿArbiʿâʾ ʾAthnâʾ wujûdihi fî ʾusturâliyâ
　　　訳：(ドバイの) マクトム首長は水曜日の明け方、オーストラリア滞在中に死去した（直訳：主の顔と対面した）。
　　　　　　　　　（www.shatharat.net/vb/archive/index.php/t-6949.html）

④ 日本語にないアラビア語の用法：＜全体＞

　この用法では、ある特定の事象または事物について「〜の全域」と表現し、その事象またはその事物の全体（全域）、すべてなどを表すことができ

第2節　日本語とアラビア語の顔にまつわる慣用的表現

る。

33.أكبر بقرة على وجه الأرض

(33) 'Akbar baqarah 'alâ wajh Al'Ar.d
　　地球上で（地球の顔の上で）最も大きな牛

　　　　　　　　　　　　（www.flh7.com/vb/t21142.html - 90k）

「顔」は、人間が互いに識別するために最も重要な身体部位である。その影響からか、アラビア語の身体部位に関する慣用的表現では、wajh が物事の最も中枢となる部分に転じて用いられるようになったと考えられる。一方、日本語の表現には、そういった用法は見られない。

34.بنات الصعيد يُغيرن وجه الحضارة المصرية

(34) banât Al.saʿîd yughayyrna wajh Al.ha.dârat Almi.sriyah
　　訳：南部の娘たちは、エジプト文明の顔を変えた。

　　　　　　　　　　　（www.lahona.com/show_files.aspx?fid=237448）

35.زلزال فظيع يغير وجه العالم

(35) zilzâl fa.zîʿ yughayyr wajh Al'âlam
　　訳：恐ろしい地震が世界（世界の顔）を変える。

　　　　　（www.aawsat.com/leader.asp?section=3&issueno=8423&article=78428 - 29k）

36.موظف محلي متواضع يغير وجه السياسة العراقية

(36) muwa.zzaf ma.hallî mutawâ.diʿ yughayyr wajh Alsiyâsat Alʿirâqîyah
　　訳：イラクの政界を抜本的に変えていくカルバラ出身の平凡なサラリーマン。

37.فلاسفة يهود غيرو وجه التاريخ

(37) falâsifat yuhûd ghayyarû wajh Altârîkh
　　訳：歴史（歴史の顔）を変えたユダヤ系哲学者

285

⑤ アラビア語にない日本語の用法：〈人脈〉

田中聰子、ケキゼ・タチアナ（2005）にも指摘されているように、以下の日本語の「顔」に関する慣用表現は、構成語の意味からすれば単に〈特別な顔〉という概念だけを表すものである。だが、これらの表現において、「顔」は〈影響力〉につながるものとして〈人脈〉といった概念に分類できる。これはアラビア語に見られない用法である。

日本語の表現例：顔が利く、顔パス、顔が広い、顔がつながる、なかなかの顔。

2.3. 情緒的側面とのかかわり
――〈顔〉と〈色〉の関係――

2.3.1.「恥ずかしさ」と「怒り」

顔にまつわる表現の中には、「色」を用いた慣用的表現がかなり多く、その表現はたいてい感情や心理的態度などを示すものとしてよく用いられることがある。

日アでは共に「赤」を用い「恥ずかしさ」と「怒り」を表す。その表現を具現できる身体部位は顔である。その理由は、おそらく「顔」は人に見せるものであるからであろう。

アラビア語の表現例

38.من الواضح آن العساف كان محرج للغاية للكلام عن السوق حتى أن وجهه اشتد حمرتاً

(38) min Alwâ.di.h ʾAnna Alʿassâf kâna mu.hrij lilghâyah lilkalâm ʿan Alsûq .hattâ ʾAnna wajhahu Ishtadda .humratan

訳：明らかなことに、アルアッサーフ（人名）は顔を真っ赤にするなど、（証券取引の）市場について話すのがきまり悪そうに見えた。

(www.thegulfbiz.com/vb/showthread.php?t=239383)

39.احمر وجه الأستاذ سعد وظهرت علامات الغضب عليه

(39) I.hmarra wajh Alʾustâdh sʿad wa .zaharat ʿalâmât Algha.dab ʿalayhi

訳：サードさんの顔が赤くなって、怒りの表情がその顔に現れた。
　　（サードさんは顔を赤くして怒っていた）

（raghdan.org/vb/showthread.php?p=77379）

日本語の表現例
(40) 毎度のことながら、彼の話をするときはいつも顔が赤くなってしまう。
(41) 顔面を真っ赤にして怒っていた。
(42) 日中、顔を真っ赤にして叫ぶように喋り、今にぶっ倒れるのではと心配になるほどだ。
(43) ハマコー　お前は何者？　ただ顔を真っ赤にして　訳の解らない事を言って　経済制裁をしてテポドンを打ち込まれたら
(44) よく図星をつかれた人が顔を真っ赤にして怒ってきますが、あれは自分を守るために否定するのですかね。

2.3.2.「驚き、動揺、恐怖」

　顔にまつわる驚きや動揺、それに恐怖などの表現には、「色」の使用がよく登場する。言語によって、その色はいつも同じ概念を表すものとは限らない。以下、日アの「顔」と「色」に関する表現例を見てみよう。

日本語の表現例
(45) その時、彼は余りの恐怖に文字通り凍りつき、真っ青になって答えた。
(46) メーカーの人達が真っ青になるようなデータが出てきました。
(47) 重大なミスを犯した私は、顔面蒼白となった。

　また、「顔」が周りのひとに見える人体を最も代表する場所というところから、健康状態を表す場合もある。

第9章　日本語とアラビア語の身体語の意味の慣用化

アラビア語の表現例

(48) 夕方になってトイレに行こうとして立ったときに失神（約数分間）を起こし、顔面蒼白となったため家族が救急車を呼び、救急搬入された。
(medical.nikkeibp.co.jp/leaf/mem/pub/series/kouno/200608/501222.html)

48. بيض الله وجهك

(49) bayya.da Allâh wajhaka
　　訳：アッラーがあなたの顔を白くするように祈る。

(50) I.sfarra wajhuhu min kathrati Alkhawf
　　訳：恐怖のあまりに顔が黄色くなった。

　日本人とアラブ人の「色」の感覚と「顔」を用いた言語表現において、多少意味やニュアンスの違いが見られる。日本語では、青は「驚き・緊張、動揺・恐怖」の表現に見られるが、アラビア語ではそれらの感情を表す色として黄色は用いられることが多い。これは、日本人とアラブ人の「色」に関するイメージが異なるからであろう。また、アラビア語では、「白」は「人目を気にして恥ずかしさをぬぐえるよう、アッラー（神様）から称賛や高い評価を受けるさま」という意味を表すが、日本語ではこのような用法は見られないのである。

　文化により、おめでたい色、好ましい色や好ましくない色、時にはタブーの色まである。同じ色でも各国の文化で解釈が異なることがある。たとえばアラブ世界では、緑色は、豊かさや繁栄などを感じさせる色だが、アメリカでは毒薬のビンに貼るレッテルの色で感じがよくないとされる（大崎：1998）。このように「色」は文化によって異なるイメージを持つものである。

　以上の例から見た色に対するイメージなどの心理的事実や大崎（1998）の述べている日本人の色に関するイメージに鑑み、以下に日本語とアラビア語の「顔」に表れる色に関するイメージを表1にまとめる。

第2節　日本語とアラビア語の顔にまつわる慣用的表現

色	日本語	アラビア語
赤	恥ずかしさ、怒り	恥ずかしさ、怒り
白		人目を気にして恥ずかしさをぬぐえるよう、アッラーから称賛や高い評価を受ける様
青（青じろ）	緊張や衝撃などによる不安、恐怖、極度の体調不良	不健康
黄色（土気色）		動揺、恐怖

表1

第 3 節　まとめ

　以上、日アにおける「顔」に関わる慣用表現は幾つかの異なった用法の枠内で理解されていることを見てきた。表 2 は、両言語の慣用表現に表れる「顔」に関する基本的概念的・情緒的用法を整理し、まとめたものである。

	概念的側面との関わり	情緒的側面との関わり —— 色の感覚 ——
日本語とアラビア語で対応する用法	1）面目・名誉 2）人・モノの〈一面〉 3）代表 4）人物そのもの	赤：恥ずかしさと怒り。 青＝不健康
日本語にないアラビア語の用法	1）対抗 2）全体 3）死	黄色（土気色）＝動揺、不安。
アラビア語にない日本語の用法	1）人脈	白＝顔が立つ、 青＝驚き、動揺、恐怖。

表 2

　これまでの両言語の用法とその事例を振り返ってみると、「顔」と wajh はその意味拡張においてかなりの違いが見られる。これは、本質的には人間にとって共通の意義を持つ存在物、とりわけ身体部位であっても、どこに焦点を置いて捉えるかは言語によって異なることを示すものである。
　まず、日アに共通した用法から見ていこう。先に日アに共通している用法として〈面目、名誉〉に関わる用法を挙げた。この用法は、日本語において重要な位置を占めているのに対し、アラビア語ではそれほど目立つものではない。確かにアラビア語にも、「面目・名誉」に関わる意味を表すものとして「.hafa.za حفظ / khasira خسر mâ' Alwajh ماء الوجه（面目を保つ/失う）」という慣用的表現があるが、これらの表現は、テレビや新聞などのメディアで用いられるような形式張った表現として用いられる

第 3 節 まとめ

ことが多い一方で、日常の会話においてはほとんど使われることはない。一方、日本語では、既に上にも触れたように「顔を立てる・顔が立つ」「顔を潰す・顔が潰れる」という慣用表現が日常において多用されている。このことからは、「顔」にまつわる〈面目・名誉〉の用法が、日本語において重要な位置を占めていることを窺がい知ることができる。また、その中での〈顔〉の概念には、日本語およびアラビア語を支える概念体系の特徴、両言語の母語話者による世界の捉え方の特徴が読み取れると考えられる。

ここで〈顔〉の概念体系の特徴を考える上で重要と思われるのは〈立場〉の概念である。日本語にしても、またアラビア語にしても、上に取り上げた「面目・名誉」を保つという慣用的表現の意味用法について理解すべきなのは、その面目や名誉が社会通念上の〈立場〉に伴うものだという点である。日常多用される慣用的表現の中で、人体の最も顕著な部分である「顔」と結びついているということは、日本語話者にとっても、またアラビア語話者にとっても、いかに名誉や面目を守ることが重要であるかを暗示している。

また、アラビア語に見られない〈人脈〉としての「顔」の用法では、〈立場〉という概念が重要であると思われる。「顔パスで入る」「誰かの顔が利く」などの状況を支えるのは、顔の持ち主である人物の〈立場〉に伴う名誉や権利を尊重することである（田中聰子、ケキゼ・タチアナ：2005）。

次に、アラビア語の〈wajh〉の用法の特質を考えてみよう。アラビア語の〈wajhu〉の特に重要な用法は、特有の性質、つまり人の〈個性〉を表す用法である。wajh のこうした〈個性〉の性質を示す例としては例（26）がある。

26.وجه جديد ينظر لتطوير التعليم من منظور إقتصادي
（26） wajh jadîd yan.zur lita.twîr Alta'lîm min man.zûr iqti.sâdî
　　　訳：経済的面から教育改革を捉える新顔　（特定の人物を指す）

（www.education.gov.qa/content/resources/detail/10579 - 22k）

291

第9章 日本語とアラビア語の身体語の意味の慣用化

上に挙げた個々の用例からも分かるように〈wajh〉の意味用法の1つである「個性」が、アラビア語において特に顕著な傾向を示している。また、〈wajh〉と〈個性〉との結びつきの示す言語事実として、使用頻度の高い言語形式の存在が挙げられる。それは「名詞＋形容詞」という表現形式である。これは特にある人の代表的な特色や得意な側面などを表す。この言語表現では、その人の代表的面・特徴に着目した明らかな特徴という意味での〈個性〉を表している。

① wajh lâmʻ　輝かしい顔　② wajh mutamayyiz　すぐれた顔
③ wajh ʻâlamî　世界的な顔　④ wajh ʼAkâdîmî　アカデミック的顔

また、さらには、上に挙げた構文は、以下の例（51）のように、内面的〈個性〉、その人の考え方、人格や価値観などという意味での個性（特質、得有など）を表す。

51.منظمة أقباط الولايات المتحدة الامريكية : ما هو الوجه الحقيقي لاوباما

（51）muna.zzamat ʼAqbâ.t Alwilâyât Almutta.hidat Alʼאmrîkîyah: mâ huwa Alwajh Al.haqî qî li ʻûbâmâ

訳：アメリカの全キリスト（カトリック）教徒連盟、オバマ大統領の真の顔はどんなものでしょうか？

（www.copts.com/arabic/index.php?option=com_content&task=view&id=4070&Ite）

以上のように、本章で明らかにした日アの両言語の「顔」の意味用法とその概念体系の特徴は、この特徴からあらゆる細部が予測できるというほど決定的ではない。しかし、一言語を支える概念体系は単純なものではない上に、どのような視点、またどのようなデータから分析や考察するかによってさまざまな側面が見えてくると思われる。日本語とアラビア語の対照という眼差しを通じて明確になった上記の特徴は、多くの異なる側面という以上に、「顔」における両言語それぞれの概念体系に固有の顕著な特性であると考えられる。

第 10 章　結び

　本研究は、日本語とアラビア語の慣用的表現を、概念的に、また意味分類や構造体系などの視点から分析した。そして、言語体系を異にする日本語とアラビア語文化圏の両言語における認知基盤とこれらの慣用的表現の概念特性との関わりを考察したものである。また、これまで行われてきた日本語の慣用句の意味分類を参照し、アラビア語慣用的表現の意味分類を試みた。本書のライトモチーフとなっている抽象概念の意味分析を通して、「死」「恋愛」「時間」それぞれの概念に関する日アの慣用的表現を対照することにより、両言語表現の意味用法と概念体系の関わり合いを理解することができた。

　水谷修（1994）は、次のように、ことばを使いこなすには、言葉の決まり以外の部分を把握するのが重要だと指摘している。

　　　日本語を母語しない人たちが日本語を適切に使いこなすためには、ことばそのもののきまりだけではなく、ことばの使用を支えている事象についても把握していなければならない。

　ことばというものには、人の経験や体験などが色濃く反映されている。ある表現が自分にとって意味があるとすれば、その意味の一部は自分をとりまく文化によって決定され、また他の一部は自分の経験との関連があるであろう。

　このように、言語表現、とりわけ慣用的表現は、人々を取り巻く環境とそこに活動する人々の経験によって支配されるということに注目した。

　以下、本書の各章で取り上げた内容とその結果・意義についてまとめるとともに、残された問題点や今後の課題について、2、3 の点に触れて本書を結ぶ。

　本書では、便宜的に広い範囲で、慣用的表現とされる日アの表現を対象とし、慣用的表現の定義・範囲の問題には深く立ち入らなかったが、これ

第10章　結び

は、慣用的表現の研究において重要な課題として残されている。ところで、本書で考察したアラビア語慣用的表現の意味分類およびそれらの概念特性の度合いは、慣用的表現を分類するための有力な手段であるとともに、日本語のそれに相当する慣用的表現の意味用法を区別するための指標にもなると思われる。

第2章では、今までの慣用的表現に関する先行研究を踏まえ、日アそれぞれの慣用的表現の品詞による構造体系を調べた。両言語は異なるシンタックスを持っているが、この分析により、日アの慣用的表現全体の組み合わせが見えてきた。また、この章では、日アの慣用的表現を形式的タイプや意味特徴などに分けて分析を行った。その上で、表現形式の特徴とその文化的背景についても考察を行った。

第3章では、意味という領域を言葉でどう切り分けるか、意味による分類規準をどのように設定できるか、という問題を中心として、アラビア語の慣用的表現の初となる「意味分類」を試みた。その上で、本書で収集した慣用的表現を、さらに「人間的項」と「モノ的項」に分類した。その中で特に注目したのが、人間が主体である「人間社会」にまつわる種々の側面を表す表現、いわゆる「人間的項」である。「人間的項」の各慣用的表現を「大分類」「中分類」「小分類」の3種類の分類規準を設定することができた。この分析の結果、人間的項の表現がモノ的項の数を大きく上回り、中でも最も多かったのは「言語的活動」や「褒貶関連」の慣用的表現である。また、集計結果では、女性の気質を表す項目が、男性の関連表現を大きく下回り、小分類の各項目の中で最も低い集計結果を見せた。これは、他人との間で、女性を話題の対象にすること自体を良しとしないというアラブ社会に見られる社会通念の現れと言える。本研究においては、アラビア語の慣用的表現の意味分類を試みたが、分類規準や表現例の内容などの面では日本語の慣用的表現との比較について論ずることができなかった。全般的言えることは、アラビア語の慣用的表現においては、自分の意思や感情を相手に強く訴えようとするような印象を与えることが多いということである。一方、日本語の慣用的表現の特徴として、感情表現や心理態度などが細かく分類されているところが目立つ。[28]

第5章では「死」、第6章では「恋愛」、第7章では「時間」と、3つの抽象概念にまつわる慣用的メタファー表現の概念特性とその意味理解のプロセスを分析・考察した。その上で、両言語の「死」「恋愛」「時間」それぞれに関する慣用的メタファー表現を提示し、その表現が表す概念的特性について分析を行った。その分析結果、日本語およびアラビア語それぞれの言語共同体の構成員の活動の中には、本質的に、メタファーに基づいて成り立っているものが多くあることが分かった。また、こうした活動を特徴づけている「メタファーからなる概念（概念メタファー）」が、「死」「恋愛」「時間」の概念体系を創り出しているものが多いことを明らかにした。また、その分析過程では、日アの「死」および「恋愛」にまつわる慣用的表現の分類案を提示した。
　日アの「死」「恋愛」「時間」を示す慣用的表現は、偶然「死」「恋愛」「時間」を表すようになった表現の寄せ集めではなく、むしろ、アラビア語の意味論に潜在する複雑な認知モデルによって構造化されているということを示した。このことが示しているのは「死」「恋愛」「時間」とははっきりとした構造を持たない漠然とした気分なのではく、むしろ複雑な認知構造を持っているということである。
　第9章では、日アの両言語の身体語彙やその表現に意味拡張された身体部位語を検討した。そこで、日本語「顔」とアラビア語のwajhuとは、身体部分としての意味のほか、〈全体を代表するもの〉〈ひとやものの個性〉〈ひとやモノの一側面〉〈面目〉といった用法を共有していることが分かった。
　また、その一方で、日本語による人脈としての用法はアラビア語になく、またアラビア語にある〈全部（すべて）を網羅する〉〈抗議・受け入れ〉などとしての用法は日本語にないというように、異なる用法もある。
　また、顔にまつわる驚きや緊張、それに恐怖などの表現については、「色」がよく登場する。言語によって、その色はいつも同じ概念を表すものとは限らない。日本人とアラブ人の「色」の感覚と「顔」を用いた言語表現において多少意味やニュアンスの違いが見られる。日本語では、青は「緊張・恐怖・驚き」の表現に見られるが、アラビア語では、それらの感情を

第10章 結び

表す色として黄色が用いられることが多い。これは、日本人とアラブ人の「色」に関するイメージが異なるからであろう。

　人間の概念思考と慣用的表現は切っても切れない関係にある。そのことを踏まえて慣用的表現の成立の大きな流れを考えてみると、次のように言えるであろう。どこかで、誰かがあること柄について何か発言したとする。それは、通常の言い回しや既存の言い回しよりも機知に富むものであった。当然、この発言はある特定の概念の下で生み出されたと考えられるが、その機構とは、抽象的で極めて一般性の高いカテゴリーについて写像が行われる「一般レベル」の概念メタファーと、具体的で経験的に関わり合いのカテゴリーから成り立つ「個別レベル」の概念メタファーをお互いに融通することである。このような慣用的表現も、時間が経つにつれ使い古されて行き、そして新しい慣用的表現が登場することによって、共存する期間へと移行するプロセスをたどる……といった具合に、ある慣用的表現の「誕生」と「ほかの既存の表現」との共存は、その元となる概念メタファーが決定するのであり、またこのように繰り返し行われる慣用的表現の意味成立のダイナミズムが見て取れると考えられる。

　一方、異文化間の差異に言及するものは、「一般レベルのメタファー」[29]に焦点をあてるものが多い。例えば、「時間」に関する概念メタファーでは日本語にもアラビア語と同じように、「時間は空間である」というメタファーは存在するが、日本語の「時間」は上下に動く（位置する）のに対して、アラビア語の「時間」は特定の場所であることが重視されることを述べる中で、「下る」「さかのぼる」という一般レベルの概念が重視されることが指摘できる。

　また、概念体系の多くは「包括的概念メタファー」および「個別的概念メタファー」に基づいた重層的構造によってできており、その理解の過程においては、個別的概念をほかの包括的概念メタファーに基づいて理解するのである。

　以上のように、日本語およびアラビア語における慣用的表現の概念的意味とその比喩性（メタファー）の働きという点について注目して分析を行った。本研究はメタファーという人間の言語活動および思考に深く関与して

いる現象の実践的研究対象として、日アの「死」「恋愛」「時間」に関する慣用的表現とその概念体系を採り上げることの有用性を示すものである。

今後、本研究で残した問題、とりわけアラビア語の慣用的表現の意味分類で提案した「小分類」のさらなる包括な分類規準の設定問題に取り組むとともに、日本語の慣用的表現の意味分類との比較を試みたい。

また、本論で提示した慣用的メタファー表現の意味の分析方法を用いれば、日アの個別言語に起きる「抽象概念」だけではなく、抽象概念および具象概念の対照研究にも有用と思われる。例えば、日アの具象概念を表す身体語では、以下のように、日本語の「顔」を表す慣用的表現とアラビア語のwajhを表す慣用的表現という概念の場を設定できると思われる。

日本語：顔が立つ、顔が利く、顔パス、顔が広い、顔がつながる、なかなかの顔、顔を真っ赤にする、蒼白顔面、〜顔である、など

アラビア語
 .hâfaza ma ʻa wajhahu/ .hâfaza ala ma ʻa Al-wajh
      （顔の水を保つ：面目を保つ）
 khasira ma ʻa wajhah （顔の水を失う：面目を失う）
 wajhân （両面）
 wajh jadîd （新顔）
 lâqa wajha rabbihi （アッラーと対面した：死んだ）
 ʻalá wajh Al-ʻard （地球の顔の上に）など。

次に、日アの概念の場とそれにまつわる慣用的表現をそれぞれ分析し、個々の身体語の弁別的特徴を1つずつ抽出していく。最後に、日アの概念の場を突き合わせてみて、どのような共通点・相違点があるのかを検討・記述する。

慣用的表現の中には、身体語を含むものが見られることから、世界諸言語に通有の一般言語学的な特徴と言えよう。身体語が慣用的表現の中で、どのように捉えられ、どのような認識や感情などと結びついているのかを

第 10 章　結び

分析する。これによって、日本人とアラブ人の身体に付与するイメージが明らかになるであろう。かつまた、日本とアラブ世界という異なる文化的背景の中で、言語表現に現れる両文化の相違点・共通点が見えてくると思われる。

　以上のように、具象概念の 1 つである「身体表現」を対象に、日アの「身体表現によるメタファー」とその意味用法はどのようにして理解されるのかについては、今後の検討課題としたい。

　謝辞

　本研究は平成 26 年度 JSPS 科学研究費（科学研究費助成金）（研究成果促進費）265078 の助成を受けたものである。ここに謝意を表する。

　This research was supported by Ministry of Education, Science, Sports and Culture, JSPS KAKENHI Grant in Aid for Scientific Research 265078.

　I wish to thank JSPS for their support

註

(1) 伊藤（1999）によれば、慣用句は次の3つのタイプに分けられる。
　　① 慣用句としての意味が比喩性に基づいて生じているもの（「腕を競う」など）
　　② 慣用句としての意味が具象性に基づいて生じているもの（「首を突っ込む」など）
　　③ 慣用句としての意味が比喩性及び具象性の2つに基づいて生じているもの（「尻尾を出す」）
(2) 慣用句の定義・範囲には決定的なものがなく、研究者によってどのようなものを慣用句と見なしているのかが異なっている。この問題は慣用句の研究における重要な課題であるが、上で述べたように本書の主眼は別の問題にあるので、機会を改めて論じることにする。
(3) 「国語慣用句辞典」「日本国語大辞典」「広辞苑」「日本語表現・文型辞典」「国語学大辞典」を参照。
(4) 宮地は、宮地（1982b）ではこのタイプの慣用句を「連語成句的慣用句」と称しているが、宮地（1985a）以降では全く同じものを「連語的慣用句」と呼んでいるので、名称の混乱を避けるためにも後者の語を用いることにする。また、宮地（1982a）以降で「連語成句」（あるいは「連語（成句）」）を「比喩的慣用句」とともに慣用句のタイプの1つとしている。
(5) 「一般連語句」はいわゆる「自由語」「自由連語」「自由な語結合」「自由な語連結」などに相当するが、宮地（1986、1991）などは一般動詞句や一般形容詞句の中でさえ何らかの文法・意味上の制約を負うものが多いことを重視し、「自由」という語を避けて「一般（連語句）」と称している。
(6) 宮地裕（1982）では縦書きになっているものを横書きに直した。
(7) 「成句」とは、挨拶語や商用類型文や書簡用定式文などを、いわゆる「決まり文句」（すなわち固定表現）から除外したものである（宮地1932）。
(8) ワファーアファーエド（2000）では多数の用例を挙げているが、本節では省略し、3つの用例を挙げることにする。
(9) 原因の1つには、慣用的表現は、他の言語現象には見られない、その言語を話す民族の文化的・社会的要因が色濃く反映されていることなど、慣用的表現独自の様々な特殊性を挙げることができる。そのため、慣用的表現は、語学的視点よりも、むしろ文化的視点に重点をおいて研究されることが多かった。
(10) 森田良行（1966：76）が指摘しているように、身体を用いた語彙が300語以上あること、そのような身体語彙を用いた慣用表現が日本語の慣用表現の23.4%を占めていることからもうかがえる。身体語彙を用いた慣用表現の研究は慣用句が研究の対象になることが少なかったにも拘わらず、これまで最も研究の対象として取り上げられてきたテーマである。その代表的研究としては星野命（1976）、宮地

註

(1987)、大月実（1987）がある。
(11) 言語においてある概念が存在するのは、同じ言語の中にこれを同じ「概念の場」に属する表現、つまり何らかの共通の意味を持つ表現があるからである。胸を焦がす」「身を焼く」「恋焦がれる」といった慣用的表現が1つ「概念の場」を構成していると考える。
(12) yanja.h（成功する）：yanja.h という動詞には、「学校やテストなどで合格する」というニュアンスがある。普通、yanja.h を用いる際は、難しいテストをパスしたなどというニュアンスが強く表われることが多い。
(13) この辞書は、語訳による意味の説明が制限されているため、表現によっては、その意味を充分に理解できないものがある。
(14) Lisânal-`arab（アラブの舌）：11 世紀に編纂された、11 巻に及ぶアラビア語の大国語辞典で、現在においてもアラビア語の国語辞典として最も伝統がありかつ収録語数が多いものである。
(15) 動詞の起源を辿ってみると、古くは命令形が原型であったとされる。また、動詞の時制には、完了形（過去）と未完了形（現在、未来、命令）の2時制しかない。
(16) 単語の構成からみても、基本単語は語幹と呼ばれ、ABC、BAC、CBA、XYZ のようにアルファベット3文字の組み合わせから成り立つ。すなわち、アラビア文字の28字を3個ずつ組み合わせるわけであるから、数学的、$28 \times 28 \times 28 = 28$ の3乗の組み合わせが得られることになる。この2万余りの組み合わせが基本的な動作や運動を表す単語、つまり動詞に割りあてられ、語幹となる。この基本の動詞語幹の形成そのものからして、すでに極めて論理的なのが、アラビア語なのである。
(17) 一般に3つの子音から構成された～a～a～a（fa`alá）の形式が動詞の基本形をなし、「彼は～した」の意を示す。
(18) 形容詞は名詞の後に置かれ、名詞の性・数・格に一致させる。
(19) サリとは雌ラクダにしか見られないお尻の部分にある贅肉を指す語である。
(20) 「人間的項」とは人間が主体である上、「人間社会」にまつわる種々の側面を表す表現である。
(21) 「モノ的項」とは「モノまたはこと」が主体で、モノの状態や形態などにまつわる種々の側面を表す表現である。
(22) 従来の分類とは、品詞または構成形式による分類のことである。
(23) Lakoff（1993）の論証によれば、各々のメタファーには、起点領域と、目標領域と、起点から目標への写像がある。メタファーはそれが人間の経験の構造に動機づけられているという点で自然なものだという。
(24) 包括的な概念メタファーとは、個別的概念との間に「大と小」のような関係を持っており、人間社会におけるより大きな人間的関係を指し示すものである。
(25) Kovecses（2005）は文化的・社会的に重要な一般レベルの概念に焦点を当てた分析がなされているものが多い。
(26) 多くの構成要素から成る「戦争」「議論」といった概念や経験を、1つのまとまった全体像としてコンパクトに記憶に納めることを「経験のゲシュタルト」という。
(27) 習慣的イメージとは、無意識的で自動的な、努力を要しないような、また個々人

の技能とも関係しないような認知の側面である。
(28)「例解・慣用句辞典」の目次とそれぞれの慣用的表現を参照。
(29) Lakoff は、概念に基づくメタファーを「一般レベルメタファー」と呼び、抽象的概念から「個別レベルメタファー」を区別し、「一般レベルメタファー」は日常的によく知っていて豊かな内部構造を持つ領域についての知識を用いて、怒りを理解し、推論を引き出すのに役立つと述べている。

参考文献

(1) 外国語の文献

Cruse,D.Alan.(1986) *Lexical semantics*. Camridge:Cambridge University Press

Dilin,L. (2002) *Metaphor, Culture, and Worldview*. University Press of America.

Eve E.Sweetser.(1990) *From Etymology to Pragmatics, Metaphorical and Cultural Aspects of Semantic Structure*. Cambridge University Press

Gibbs,R.,and O'Brien,J.(1990). *Idioms and mental imagery:The metaphorical movtivation for idiomatic meaning*. Cognition

Gibbs,R.W and Steen,G.J.(1997) *Metaphor in Cognitive Linguistics*. John Benjamins Publishing Company.

Ibrahim anis. (2004) *dalalat al-alfa-.z* , al-anjlu.

Johnson, M.(1987). *The Body in the Mind: The Bodily Basis of Meaning, Imagination, and Reason,* University of Chicago Press, Chicago and London.

Kövecses, Z. and Szabó, P. (1996). *Idioms: a view from cognitive linguistics*. Applied Linguistics. Oxford:Oxford University Press.

Kovesces,Zoltan (2000).*Metaphor and Emotion*.Cambridge University Press.

Kovesces,Zoltan (2002). *Metaphor.*Oxford:Oxford University Press.

Kovesces,Zoltan (2005). *Metaphors in Culture*.Oxford:Oxford University and Variation. CUP.

Karim Zaki (1985) *al-ta'bîr al-i.s.tilâ.hi* , al-anjlu.

Lakoff,G.and Johnson,M.(1980). *Metaphors We Live By*. Chicago:University of Chicago Press. （渡部昇一、楠瀬淳三、下谷和幸、1986『レトリックと人生』大修館書店）

Lakoff,G.and Johnson,Mark.(1999). *philosophy in the Flesh:The Embodied Mind and its Challenge to Western Thought*. New York:Basic Books.

Lakoff, G.(1987) *Women, fire, and dangerous things : what categories reveal about the mind*. Chicago:University of Chicago Press. （池上嘉彦、河上誓作、他訳、1993『認知意味論：言語からみた人間の心』紀伊国屋書店）

Lakoff,G.andTurner,M.(1989). *More than cool reason: A filed guide to poeticmetaphor.*Chicago :University of Chicago Press （大堀俊夫訳、1994『詩と認知』紀伊国屋書店）

Lakoff,G (1993) "The Contemporary Theory of Metaphor" *Metaphor and Thought* (second edition), ed. by Andrew Ortony, Cambridge University Press, Cambridge.

Lakoff,G(1996).Moral Politics.chicago:The University of Chicago. （小林良彰・鍋島弦治朗（訳）、1998『比喩によるモラルと政治』木鐸社）

Lenden (1974) *Comprendre la Semantique*. Belgique.

Richards,I.A. (1936). *The Philosophy of Rhetoric,* Oxford University Press, Oxford.

Wafa Faid (2000) *ba`d min .suwar al-ta`bîrât al-i.s.tilâ.hiya fî al-`arabîya al-mu`a.s.sirah.* majallat al-majma' al-'arabî .dimishq（Dammasqas）（第78巻第4号）

（2）日本語の文献

アグス　スヘルマン　スルヤディムリア（1999）「日本語・インドネシア語における身体語彙慣用句の比較研究——意味分野別構造分析のためのコードづけ基準についての試み——」『日本語研究6　言語と意味』和泉書院

あの人への思いを綴る会（1995）『天国の郵便局』ポプラ社

有薗智美（2006）「分解可能な慣用表現における身体部位詞の意味拡張」『日本認知言語学会論文集JCLA』第6巻、日本認知言語学会

——（2008）「分解不可能な慣用表現の慣用的意味の成立——〈身体の状態（の変化）〉から〈精神状態（の変化）〉への意味拡張」『日本認知言語学会論文集JCLA』第9巻、日本認知言語学会

——（2008）「「顔」の意味拡張に対する認知的考察」『言語と文化』第9巻、名古屋大学大学院国際言語文化研究科日本言語文化専攻

アブドーラ　アルモーメン（2008）「日本語とアラビア語の「死」に関する比喩的慣用表現と概念メタファーの意味関係」『学習院大学人文科学論集』第17巻、学習院大学人文科学研究科

——（2010）「「恋愛」にまつわる慣用的表現——〈恋愛〉の概念的特性の日本語・アラビア語の対照研究」『学習院大学国語国文学会』第53巻、学習院大学国語国文学会

——（2010）「「顔」と「wajh」にまつわる慣用的表現——〈顔〉概念の日本語・アラビア語の対照研究」『日本認知言語学会論文集JCLA』第10巻、日本認知言語学会

——（2011）「「時間」にまつわる慣用的表現——〈時間〉の概念的特性の日本語・アラビア語の対照研究」『学習院大学国語国文学会』第54巻（未公刊）、学習院大学国語国文学会

——（2004）『アラビア語が面白いほど身に付く本』中経出版

李　明玉（2006）「日本語と韓国語の慣用的表現に関する研究——比較言語文化学の立場から」学習院大学・人文科学研究科

李　眩浄（2007）「死を表わす間接表現及び程度を示す比喩表現の一考察」『日中対照言語学研究論文集——中国語からみた日本語の特徴、日本語からみた中国語の特徴』

池上嘉彦（1982）「発想と表現」国広哲弥編『発想と表現』（日英語比較講座4）、大修館

——（2006）『英語の感覚・日本語の感覚、言葉の意味のしくみ』NHKブックス

石田プリシラ（2003）「慣用句の意味を分析する方法」『日本語と日本文学』筑波大学国語国文学会

——（2003）「慣用句の意味分析：《驚き》を表す動詞慣用句・一般動詞を中心に」『筑波応用言語学研究』筑波大学大学院博士課程文芸・言語研究科応用言語学コース

板坂元（1976）「表現からみた日本文化」『日本語講座　第4巻　日本語の語彙と表現』大修館書店

伊藤眞（1999）「慣用句の具象性についての一考察」『言語文化論集』第51巻筑波大学

——（1992）「慣用句の意味構造」『言語文化論集』筑波大学現代語現代文化学系

伊藤創（2008）「日本語の時間表現——根源領域と目標領域の関係と不変化原理」『大

参考文献

阪大学言語文化学』第 17 巻、大阪大学言語文化学会
井上宗雄（監修）（1992）『言いたい内容から逆引きできる　例解　慣用句辞典』創拓社出版
Ehab Ahmad Ebeid（2004）「日本語とアラビア語の空間表現について」『大阪大学文化学』第 13 巻、大阪大学文化学会
大石亭（2008）「感情のメタファーの日英差をもたらす要因についての考察」『日本認知言語学会論文集 JCLA』第 8 巻、日本認知言語学会
大江健三郎・河谷集雄・谷川俊太郎（1996）『日本語と日本人の心』岩波書店
大月実（1987）「慣用句にあらわれる身体」『言語生活』一号
大野晋（1974）『日本語をさかのぼる』岩波新書
――（2000）『日本語の形成』岩波書店
奥律文夫（2000）『日英ことわざの比較文化』大修館書店
奥山益朗（1994）『慣用表現辞典』東京堂出版
木村新次郎（1985）「慣用句・機能動詞結合・自由な語結合」『日本語学』第 4 巻 1 号
楠見孝（2007）『メタファー研究の最前線』ひつじ書房
国広哲弥（1981）『日英語比較講座　第 3 巻　意味と語彙』大修館書店
――（1985）「慣用句論」『日本語学』第 4 巻第 1 号、明治書院
――（1985）「認知と言語表現」『言語研究』
国広哲弥・紫田武・長嶋善郎・山田進・浅野百合子（1982）「ニンゲン・ヒト・モノ」紫田他『ことばの意味 3――辞書に書いていないこと』平凡社
阪田雪子（1985）「日本語教育における慣用句」『日本語学』第 4 巻第 1 月号、明治書院
佐藤信夫（1992）『レトリック感覚』講談社学術文庫
白石大二（1950）『日本語のイディオム』国語双書、三省堂
――（1972）『日本語発想辞典』東京堂出版
杉本巧（2002）「日常的な会話における慣用的な隠喩の使用と「概念的メタファー」『日本認知言語学会論文集』日本認知言語学会
菅野盾樹（2007）『レトリック論を学ぶ人のために』世界思想社
スティーブン・ピンカー（1995）『言葉を生み出す本能・上』椋田直子訳、NHK ブックス
砂川由里子（2000）「空間から時間のメタファー」『空間表現と文法』くろしお出版
瀬戸賢一（1995）『空間のレトリック』海鳴社
――（1997）『認識のレトリック』海鳴社
――（1995）『メタファー思考、意味と認識のしくみ』講談社現代新書
――（1997）「意味のレトリック」巻下吉夫・瀬戸賢一（編）『文化と発想とレトリック』93-183、研究社
――（2005）『よくわかる比喩』海鳴社
権益湖（1999）「身体語彙「腹・胸」に関する韓日慣用表現――日本現代小説を中心に」『日本研究』第 14 号、中央大学校日本研究所
田中聰子（2003）「心としての身体――慣用表現から見た頭・腹・胸」『言語文化論集』第XXIV 巻第 2 号、pp.111-24、名古屋大学言語文化部・国際言語文化研究科
田中聰子、ケキゼ・タチアナ（2005）「顔と《ЛИЦО》――〈顔〉概念の日露対照研究」

参考文献

中村明（1985）『慣用句と比喩表現』日本語学1 vol.4、明治書院
樋口清之（1984）『日本の風俗の謎』大和書房
ビクトリア・フロムキン、ロバート・ロッド（1997）『言語学の視界』あぽろん社
松本曜（2003）『認知意味論』大修館書店
谷口一美（2003）『認知意味論の新展開、メタファーとメトニミー』研究社
星野命（1976）「身体語彙による表現」鈴木孝夫（編）『日本語講座第四巻日本語の語彙と表現』大修館書店
西尾寅弥（1985）「形容詞慣用句」『日本語学』第4巻第1号、明治書院
西山里見（1981）『類語大辞典の研究』講談社
牧野成一（1996）『ウチとソトの言語文化学－文法を文化で切る―』アルク
町田健（1995）『よくわかる言語学入門　解説と演習』バベル・プレス
町田健・籾山洋介（2002）『認知意味論のしくみ』研究社
水谷修（1994）「日本事情ハンドブック」大修館書店
宮地子（1979）『身心語彙の史的研究』明治書院
宮地裕（1982）『慣用句の意味と用法』明治書院
――（1985）「慣用句の周辺――連語・ことわざ・複合」『日本語学』第4巻1月号、明治書院
――（編）（1986）『論集日本語研究1　現代編』明治書院
――（1989）「日本語学要説講座」『講座　日本語と日本語教育』明治書院
村上真美子（1997）『LOVE、HATE AND EVERYTHING IN BETWEEN』講談社インターナショナル
籾山洋介（1997）「慣用句の体系的分類――隠喩・換喩・提喩に基づく慣用的意味の成立を中心に」『国語国文学』80、名古屋大学国語国文学会
森田良行（1966）「慣用的な言い方」『講座　日本語教育　第2分冊』早稲田大学語学教育研究所
――（1985）「動詞慣用句」『日本語学』第4巻第1号
――（1988）『日本語の類義表現』創拓社
――（1998）『日本人の発想、日本語の表現――「私」の立場がことばを決める』中公新書
――（2002）『日本語文法の発想』ひつじ書房
安井稔（2007）『言外の意味・下』開拓社
保田典重郎（編）（2008）『規範国語読本』佐藤春夫（監）、新学社
山口修・斎藤和枝（1995）『比較文化論―異文化の理解―』世界思想社
山添秀（2001）「手段・方法を表わすメタファー表現に関する一考察」『札幌学院大学人文学会紀要』札幌学院大学人文学会
山梨正明（2000）『認知言語学原理』くろしお出版
――（2003）『比喩と理解』東京大学出版会
――（2008）『概念化と意味の世界』研究社
レイモンド・W．ギブズ Jr.（2008）『比喩と認知』辻幸夫、井上逸兵、他訳、研究社
ワインライク・ラボヴ・ハーゾグ（1982）『言語史要理―ワインライク・ラボヴ・ハー

参考文献

ゾグの理論』山口秀夫大訳、修館書店
Walid Faruq, S(2002)『日本語・アラビア語語彙対照研究に基づくアラビア語シソーラス』じゅん文社

(3) 辞典類
① 日本語辞典類
　『日本語大辞典』講談社、1989
　『日本語発想辞典』東京堂出版、1972
　『慣用表現辞典』東京堂出版、1994
　『例解・慣用句辞典——言いたい内容から逆引きできる』創拓社出版、1992
　『類語大辞典』講談社、2003
　『国語大辞典』小学館、1980
　『広辞苑』CD-Rom 版、岩波書店、1998
　『日本文法辞典』明治書院、1970

② アラビア語辞典類

المعجم العربي الأساسي لاروس 1999 المنظمة العربية للتربية والثقافة والعلوم
al-muʿjam al-ʿarabî al-asâsî lârûs 1999 – al-muna.z.zamat al-ʿarabîyah li al-tarbîyah wa al-thaqâfah wa al-ʿulûm

المرشد إلى معاني المصطلحات الإنكليزية 2006 دار الخيال
al-murshid ilá maʿânî al-mustalahât al-inklîzîyah 2006 – dâr al-Khayâl

الياس الجبلي 1999 القاموس النادر دار الفكر اللبناني
Ilyâs al-Jabalî 1999 – al-qâmûs al-nâdir – dâr al-fikr al-lubnânî

معجم التعابير 2008 مكتبة لبنان
muʿjam al-taʿâbîr（表現辞典）・maktabat lubnân.

لسان العرب 1970 - دار لسان العرب بيروت
lisân al-ʿarab .1970 - dâr lisân al-ʿarab, Bairût

ملخص الكتاب في سطور

وبذلك نكون قد قمنا باستعراض أهم النقاط والقضايا التحليلة المطروحة في فصول هذا الكتاب وهذه الدراسة التي ركز الباحث فيها على أدوات علم اللغة الإدراكي في البحث والتحليل ، والتي تناول فيها على نطاق واسع وشامل لقضية مقارنة التعبيرات الاصطلاحية - المجازية على الأخص – لكل من اللغة اليابانية والعربية كلا على حدى وذلك استناداً للأسس البحثية لعلم اللغة المقارن. لكن على الجانب الاخر يجب علينا أن نعترف أيضاً أنه مازال توجد الكثير من النقاط والنتائج الغير وافية البحث والتحليل ، مما يلزم علينا أن نستكمل هذه الأوجه المتروكة في المراحل البحثية القادمة بإذن الله تعالى.

وأرجو من الله تعالى أن تكون هذه الدراسة خطوة أولى على الطريق وأن تتبعها خطوات أخرى لدراسة واستقراء التعبيرات الاصطلاحية بأسس إدراكية جديدة في كل من اللغة اليابانية والعربية تمهيدا لعمل معجم مقارن شامل لأهم التعبيرات الاصطلاحية المعاصرة في كل من اللغة اليابانية والعربية وهو عمل لاتزال تفتقر إليه المكتبة اليابانية وأيضاً المكتبة العربية.

viii

ملخص الكتاب في سطور

In this paper, I considered various conceptual meaning of a word "face" not only as a body part but also as its bias which has on people's mind, by comparing phrases and idioms both in Japanese and in Arabic, focusing on common composing element: "face", respectively "KAO "and "wajh".

In order to make linguistic comparison among different languages be meaningful, it is necessary to determine whether the homology found in the linguistic forms, corresponds to the homology of the world-views which constituent members in each linguistic community holds（Tanaka：2003）.

This paper classifies usage and/or meaning of phrases or idioms, which hold "KAO"/ "wajh" in its composition into two categories: conceptual aspects and emotional aspects, and intends to clarify the tendency. At first, this study classifies the concept of KAO and wajh and examines difference of background of them, and then picks out unique concept which has no correspondence relations with the counterpart language.

(In the result,) it is observed that understanding of the Japanese and Arabic phrases and idioms related with "face" is categorized into several different usages. The following list summarizes the differences based on their conceptual aspects and emotional aspects.

		Conceptual Aspects	Interaction with Emotional Aspects —Sensation of Colors—
Common usage in Japanese and Arabic	2.1) 3.2) 4.3) 5.4)	Face/Honor A Part of People or Things Representative A Person him/herself	Red = Embarrassment and Anger Blue = Unhealthy
Usage found only in Arabic	6.1) 7.2) 8.3)	Antagonism Entirety Death	Yellow (lurid) = Embarrassment and Anxiety
Usage found only in Japanese	1)	Human Network	White = Face Saving Blue = Astonishment, Embarrassment and Fearfulness

vii

ملخص الكتاب في سطور

2- لوحظ في كلا اللغتين كثرة وجود التعبيرات التي تقوم على فكرة إمكانية احداث تقابل في الاستيعاب الإدراكي بين عناصر ومكونات الظواهر الطبيعية. ..وعناصر ومكونات المفاهيم المجردة.

3- على الرغم من الاختلاف الواضح بين التعبيرات الاصطلاحية لكل من اليابانية والعربية من ناحية المعنى الدلالي والاسلوبي فيما بينها ، إلا أنه على القبيل الاخر يوجد بشكل أساسي ترابط قوي بين مكونات تلك التعبيرات والصورة المجازية المتعلقة بالعناصر الأتية : ((المكان)) ((الأشياء المادية)) ((الكائنات الحية والعضوية)) .

4- تمتلك المفاهيم المجردة جوانب عدة بعضها إيجابي وبعضها الآخر سلبي حامل ، وتختلف فيما بينها من ناحية إبراز إحدى الجوانب عن الآخر وذلك بناء على نوعية تلك التعبيرات الاصطلاحية والصور الذهنية الإيجابية ، فنجد أن مفهوم الوقت في كل من اليابانية والعربية يتميز بقوة الجوانب الفعالة النشطة عن الجوانب الخاملة المكونة لها.

5- لوحظ على الصورة المجازية المستخدمة بالتعبيرات الاصطلاحية المتعلقة بمفهوم الحب والغرام تميزها بارتباطها الوثيق مع الاستعارة المستمدة من شكل .. وهيئة ووظائف أعضاء الجسم.

6- أستطعنا من خلال ما حصلنا عليه من نتائج أن نرصد أحد خصائص الصورة الذهنية التي يرتكز عليها كل من مفهوم ((الموت)) ومفهوم ((الوقت)) التي تقوم على فكرة وجود ترابط طردي بين تغير الوضع المكاني لشئ أو شخص ما وبين تغير الحالة الفعلية له.

7- تعدد وتنوع التعبيرات الاصطلاحية الخاصة بمفهوم (الموت)) او((الحب)) او((الوقت)) تعكس مدى تنوع وتعدد أوجه الصورة الذهنية المبنية على الخبرات المختلفة المتعلقة بتلك المفاهيم ، كما يجعلنا ذلك أن نتبين من إمكانية وجود نموذج إدراكي او نموذج ثقافي أحادي يجعلنا قادرين على استيعاب هذه المفاهيم المجردة الثلاث.

الفصل التاسع

ولقد تم تلخيص هذا الفصل باللغة الانجليزية على النحو الأتي :-

ملخص الكتاب في سطور

وأما عن الناحية الفنية فلقد تم تقسيم التعبيرات الموثقة من عدة مصادر متعددة ومختلفة الى أكثر من ٧٥ وحدة تقسيمية دلالية تنبثق عن وحدتين رئيسيتين هما ((التعابير الانسانية)) و ((التعابير الجمادية الشيئية)) ، كما وضع ثلاثة أنواع من التقسيمات ذات المدى المختلف فيما بينها وهي كالتالي : -

1- ((التقسيم الأكبر))   2 - ((التقسيم المتوسط))   3- ((التقسيم الأصغر))

ومن منطلق القاعدة اللغوية والإدراكية التي تقول إن القيام بتقسيم التعابير اللغوية بما فيها التعبيرات الاصطلاحية على أسس دلالية قائمة على مفهوم المعنى واستخداماته كما وضحنا ذلك هو وسيلة فعالة لتقسيم الشعور الإدراكي للشعوب والمجتمعات اللغوية .

وعليه فقط توصلنا من خلال هذه الدراسة الى نتائج بحثية تفيد أن التعبيرات الاصطلاحية للغة العربية المتعلقة بتعبيرات الحديث والكلام هي الأكثر استحواذاً على النسبة الأكبر من عدد التعبيرات الاصطلاحية للمادة البحثية المستخدمة في هذه الدراسة . كما لوحظ أيضاً كثرة التعبيرات الاصطلاحية ذات المعاني الدينية (الإسلامية) ، مما يدل على مدى إنعكاس الشعور الديني على الأنماط والقوالب الفكرية للمجتمعات العربية .

كما لوحظ أيضاً في نتائج البحث كثرة نسب التعابير المتعلقة الذم والمدح، مما يدل من الجانب الإدراكي على أهتمام الشخصية العربية بهذا النوع من المعاني في التواصل مع الآخرين ، كما تبين لنا أيضاً قلة نسب نتائج أعداد التعبيرات الاصطلاحية المتعلقة بالصفات الخلقية للمرأة مقارنة بكم أعداد التعبيرات المقابلة لها للصفات الخلقية للرجل ، مما يجعلنا نستنتج وجود بعض المفاهيم الإجتماعية بالمجتمعات العربية التي لا تتخذ المرأة محور للوصف في الكلام والحديث بكثرة بين الناس.

الفصل الخامس والسادس والسابع

في هذه الفصول الثلاث تم طرح مسألة كيفية تحليل المفاهيم المجردة بشكل محدد في ثلاثة مواضيع هي ((الموت)) و((الحب والغرام)) و((الوقت))، وذلك في إطار تجربة بحثية جديدة تهدف الى الوصول الى تحديد خصائص المفهوم الذهني وطبيعة آلية فهم هذا النوع من التعبيرات الاصطلاحية للمفاهيم المجردة، ومن خلال تحليل المادة البحثية المجمعة في إطار هذه الدراسة معتمدين في ذلك على قاعدة مفهوم الصورة الذهنية وعلاقتها الطردية بتكوين الصورة الذهنية للتعبيرات الاصطلاحية المجازية تبين لنا أن فهم معاني هذا النوع من التعبيرات لا يكون قائم فقط على مهارة استيعاب العلاقات الدلالية والأسلوبية المكونة لها ، بل يتعدى حدود ذلك بعمق بعيد بحيث يتطلب إدراك البعد الذهني المكون لتلك التعابير والتي ترتكز عليها صورها التعبيرية والمجازية.

كما أستطعنا أيضاً من خلال هذه الدراسة أن نوضح أن المفهوم أو الصورة الذهنية التي تتكون من خلال الصور المجازية للتعبيرات الاصطلاحية هي الصانع والمكون للمنظومة الفهمية لكل من المفاهيم المجردة ((للموت)) و((الحب)) و((الوقت)) في كلا اللغتين اليابانية والعربية . كما قمنا أيضاً بطرح منظور جديد لكيفية تقسيم وتوزيع التعبيرات الاصطلاحية ذات الصور المجازية او الاستعارية لكل من مفاهيم ((الموت)) و((الحب)) و((الوقت))

وترجع أهمية الصورة المجازية في هذا الشأن إلى أنها توجد بشكل خفي وغير ظاهر داخل لغة الحياة اليومية مما يجعلها تلعب دورا هاماً في دفع القدرة على فهم واستيعاب المفاهيم الإنسانية المجردة أمثال مفاهيم ((الموت)) و((الحب)) و((الوقت)) المطروحة في هذه الدراسة . وعلى الرغم من كثرة وجود هذا النوع من التعبيرات الاصطلاحية المعبرة عن مفاهيم مجردة مثل الموت والحب والوقت ، إلا أنه قد تبين لنا أن تلك التعابير تتكون من خلال آلية تقوم على اندماج و تجمع لعدد معين ومحدود من الصور الذهنية يسفر عنه في النهاية ظهور للصطلاحية التعبيري المجازي أو الاستعاري في حياتنا اليومية . لذا فعندما نأتي و نتحدث عن تحديد خصائص لتعبير اصطلاحي بعينه فعلينا أن نطرق لمستويين من المستويات المعيارية ، ألا وهما المستوى الخاص بالمعنى اللغوي الدلالي والمستوى الآخر الخاص بالمعنى الذهني لهذا التعبير . كما يجب أن ننتبه أنه يوجد نوعان من الصور الذهنية المحددة للصور المجازية والاستعارية للتعبيرات الاصطلاحية، نوعاً يندرج تحت مسمى الصور الذهنية المشتركة لكافة البشر ونوع اخر يندرج تحت مسمى الصور الذهنية الخاصة بلغة ما أو مجتمع لغوي ما بعينه يميزه عن غيره من اللغات أو المجتمعات الأخرى

وفي هذا البحث ومن خلال ما قمنا به من تحليل لعدد من أهم وأكثر التعبيرات الاصطلاحية المجازية والاستعارية المعاصرة ذات العلاقة بمفاهيم الموت والحب والوقت في كل من اللغة اليابانية والعربية، توصلنا إلى رصد النقاط التالية من خلال النتائج البحثية التحليلية للفصل الخامس والسادس والسابع بهذا الكتاب.

1- شيوع نمط الاستعارة التي تقوم على فكرة التجسيد البشري في التعبيرات الاصطلاحية للغة العربية بكثرة عن اللغة اليابانية.

ملخص الكتاب في سطور

4. الفصل الرابع : القاعدة الإدراكية و سبل اتساع المعنى في الصورة المجازية للتعبيرات الاصطلاحية – أسس نظرية الصورة المجازية الإدراكية.

5. الفصل الخامس : دراسة تحليلية لبعض المفاهيم المجردة للتعبيرات الاصطلاحية في اليابانية والعربية – تحليل التعبيرات المجازية الاصطلاحية المتعلقة بمفهوم الموت في كل من اليابانية والعربية.

6. الفصل السادس : تحليل التعبيرات المجازية الاصطلاحية المتعلقة بمفهوم الحب والغرام في كل من اليابانية والعربية.

7. الفصل السابع : تحليل التعبيرات المجازية الاصطلاحية المتعلقة بمفهوم((الوقت)) في كل من اليابانية والعربية.

8. الفصل الثامن : ملخص نتائج تحليل التعبيرات الاصطلاحية المتعلقة بمفهوم((الموت)) و((الحب والغرام)) و((الوقت)) في كل من اليابانية والعربية.

9. الفصل التاسع : التعبيرات الاصطلاحية ومكوناتها من كلمات الأعضاء الجسدية في كل من اليابانية والعربية – دراسة تحليلية للتعبيرات الاصطلاحية المتعلقة بكلمة ((وجه)) في العربية وكلمة ((كاؤ)) في اليابانية.

10. الفصل العاشر : مضمون النتائج والقضايا المستقبلية المتعلقة بدراسات التعبيرات الاصطلاحية في كلا اللغتين .

ملخص لأهم النقاط والقضايا والنتائج البحثية المطروحة بفصول الكتاب

الفصل الأول

في هذا الفصل تناول الباحث قضية التعبيرات الاصطلاحات بشكل عام ، حيث تم طرح التاريخ البحثي للتعبيرات الاصطلاحية ورصد أهم القضايا البحثية المطروحة في مثل هذا النوع من الدراسات اللغوية ، كما تم توضيح أهداف البحث والمادة البحثية المستخدمة به والتي على رأسها محاولة تحليل المفاهيم ، وتحديد المفاهيم الخاصة بالتعبير الاصطلاحي وكيفية تغير وتحول تلك المفاهيم على مدى التاريخ البحثي في كل من العربية واليابانية ، كما تم التطرق أيضاً الى قضية تحليل ثلاثة من أهم المفاهيم المجردة ألا وهي الموت والحب والغرام والوقت في كل من اللغة اليابانية والعربية وذلك من خلال استخدام أدوات علم اللغة الإدراكي .

الفصل الثاني

بعد ما قمنا به من عملية سرد لأهم مراحل تاريخ التطور البحثي للتعبيرات الاصطلاحية لكل من اللغة اليابانية والعربية بالفصل الاول ، أنتقلنا في هذا الفصل إلى تناول قضية كيفية تحليل التراكيب النحوية وقوالبها المختلفة والعلاقات الدلالية والأسلوبية بين مكوناتها ، وبذلك استطعنا أن نرصد ونبرز رؤية عامة لواقع التعبيرات الاصطلاحية في كلا اللغتين ، كما استطعنا أيضاً أن نسلط الضوء على أهم الخصائص والأبعاد اللغوية والثقافية للتعبيرات الاصطلاحية في اللغتين، علاوة على قيام الباحث بطرح منظور جديد يعالج كيفية تقسيم التعبيرات الاصطلاحية ، وذلك من خلال استخدام معايير التقسيمات النحوية في كل من اللغة اليابانية والعربية معا.

الفصل الثالث

في هذا الفصل نجدنا ننتقل بأدوات البحث التحريري الى محاولة بحثية جديدة تهدف الى وضع معيار تقسيمي جديد للتعبيرات الاصطلاحية يقوم على أساس العلاقات الدلالية والأسلوبية لمعانيها ، لذا فلقد قمنا بتقسيم ما يقرب من أربعة آلاف تعبير إصطلاحي للغة العربية بمعيار جديد يقوم على فكرة التقسيم الدلالي مستفيدين في ذلك من الطرق والأنماط المتبعة في تقسيم معاني التعبيرات الاصطلاحية بالقواميس اليابانية ، حيث تم عرض أهم التقسيمات المتبعة في قواميس التعبيرات الاصطلاحية للغة اليابانية وإبراز أهم خصائصها في البحث والاستخدام .

ملخص الكتاب في سطور

التعبيرات الاصطلاحية بين كيفية فهم الدلالة وسمات الصورة الذهنية
دراسة مقارنة في اللغة اليابانية والعربية .

تقديم لموضوع البحث

تشيع في معظم لغات البشر صور من التعبيرات منها ما يندرج تحت التعبير السياقي أو المتلازمات اللفظية ومنها ما يدخل في إطار التعبير الاصطلاحي ، وفي الواقع فمن اهتم بهذا النوع من التعبيرات ليس بالكثير من علماء اللغة العربية وبالأخص في مجال دراسات علم اللغة المقارن ، وذلك من خلال ما نجده من قلة الأبحاث والدراسات المقارنة للتعبيرات الاصطلاحية للغة العربية مع نظائرها في اللغات الاخرى ، لاسيما مع لغات القارة الآسيوية بشكل عام ومع لغات منطقة جنوب شرق آسيا بلغاتها المختلفة والمتعددة بشكل خاص.
لذا ولما كانت هذه المنطقة من البحث شبه مهجورة رأى الباحث أن يحاول من خلال هذه المجموعة من الأبحاث المدمجة في هذا الكتاب تسليط الضوء على هذا النوع من التعبيرات الاصطلاحية ورصد المفاهيم الإدراكية وآليات فهم العلاقات الدلالية والأسلوبية بين مكوناتها وطرح تصور جديد لتصنيف معانيها في كل من اللغة اليابانية والعربية ، خاصة ما يتعلق منها بالمفاهيم المجردة مثل الموت والحب والوقت وتحليل الصورة الذهنية لتلك المفاهيم الإدراكية وسبل فهم معانيها الاصطلاحية في كلا اللغتين.

أهداف البحث

وتتركز هذه الدراسة في أدوات تحليلها على أدوات علم المعنى وعلم المعنى الإدراكي من أجل رصد وتحليل ثلاث قضايا أساسية متعلقة بالتعبيرات الاصطلاحية هي كالآتي :-

1- رصد أبرز التعبيرات الاصطلاحية في كل من اللغة العربية واليابانية وتصنيفها وفقا للعلاقة الدلالية والأسلوبية بين مكوناتها وأيضا معانيها المستخدمة.

2- رصد وتوضيح الخصائص الدلالية والنحوية لكل من التعبيرات الاصطلاحية في كل من اللغة اليابانية والعربية.

3- من منطلق تحقيق نظرية التقابل اللغوي للتعبيرات اللغوية بين لغتين ، ومن أجل أيضاً استكمال الصورة التحليلية المقارنة بين اللغتين اليابانية والعربية في دراستنا هذه ، وجب علينا أن نبحث قضية مدى تقابل اللغتين ليس ثما من الناحية النحوية والدلالية فحسب ، ولكن ، وجب علينا أيضاً بحثها من الناحية الإدراكية لكي يتسنى لنا من خلال ما حصلنا عليه من نتائج القدرة على التعرف على مدى رؤية وتناول كلا اللغتين وأفراد مجتمعهما للعالم المحيط بهما وعليه فلقد قمنا من خلال هذه الدراسة بطرح قضية كيفية تحليل المفاهيم الإدراكية للتعبيرات الاصطلاحية المتعلقة بالمفاهيم المجردة لكل من مفهوم ((الموت)) و((الحب)) و((الوقت)) في كل من اللغة اليابانية واللغة العربية كلا على حدة ، ومحاولة رصد القوالب التعبيرية الاصطلاحية لتلك المفاهيم وتوضيح أبعادها الإدراكية والعلاقات الدلالية والأسلوبية بين بعضها البعض .

وسوف نحول أن نعرض فيما يلي تلخيص مختصر لأهم النقاط التحليلية المطروحة في كل فصل من فصول هذا الكتاب التي تمتد على مدى عشرة فصول.

1. الفصل الأول : القيمة البحثية للتعبيرات الاصطلاحية وأبعادها التحليلية.

2. الفصل الثاني : التراكيب النحوية والدلالية وسمات التعبيرات الاصطلاحية في كل من اليابانية والعربية.

3. الفصل الثالث : محاولة تطبيقية لتصنيف معاني التعبيرات الاصطلاحية في اللغة العربية على أسس دلالية.

iii

ملخص الكتاب في سطور

" وفوق كل ذي علم عليم "

ملخص الكتاب في سطور

التعبيرات الاصطلاحية بين كيفية فهم الدلالة وسمات الصورة الذهنية

– دراسة مقارنة في اللغة اليابانية والعربية –

الدكتور/ المؤمن محمد فخر الدين عبد الله

أستاذ مشارك . جامعة طوكاي

طوكيو . اليابان

アルモーメン・アブドーラ（Almoamen Abdalla）
東海大学・国際教育センター准教授。
エジプト・カイロ生まれ。
2001年学習院大学文学部日本語日本文学科卒業。同大学大学院人文科学研究科で、日本語とアラビア語の対照言語学を研究、日本語日本文学博士号を取得。
NHKテレビ・アラビア語講座講師のほか、NHK・BS放送アルジャジーラニュースにおいて天皇・皇后両陛下やアラブ諸国首脳、パレスチナ自治政府アッバース議長などの放送通訳を務める。
元サウジアラビア王国大使館文化部スーパーバイザー。

主な著書に『地図が読めないアラブ人、道を聞けない日本人』（小学館）、『アラビア語が面白いほど身に付く本』（中央出版）などがある。

د.المؤمن محمد فخر الدين عبد الله

أستاذ مشارك بجامعة طوكاي (اليابان). ولد بمحافظة القاهرة والتحق بالدراسة بالجامعات اليابانية منذ عام 1997 بمرحلة البكلوريوس وحتى مرحلة الدكتوراة . حصل على درجة الدكتوراة في علوم اللغة اليابانية وآدابها من جامعة غاكوشئن بطوكيو .
عمل كمدير لقسم الاشراف الاكاديمي بالملحقية الثقافية السعودية باليابان على مدى ستة سنوات .
له العديد من الخبرات في مجال الكتابة الصحفية والتواصل الثقافي ، إلى جانب خبرته الطويلة بمجال الترجمة الكتابية والفورية والاذاعية على رأسها الترجمة لامبراطور وامبراطورة اليابان .
عمل بهيئة الاذاعة والتلفزيون اليابانية " ان اتش كي "كمقدم لبرنامج تعليم اللغة العربية على مدى خمس سنوات .
وله العديد من الابحاث والمؤلفات الخاصة بعلم اللغة المقارن والمقارنة بين أنماط السلوك العربي والياباني وتعليم اللغة العربية.

日本語とアラビア語の慣用的表現の対照研究
―― 比喩的思考と意味理解を中心に

ISBN978-4-336-05843-0

平成27年1月20日　初版第1刷発行

著　者　アルモーメン・アブドーラ
発行者　佐藤今朝夫

〒174-0056　東京都板橋区志村1-13-15
発行所　株式会社　国書刊行会
電話03(5970)7421　FAX03(5970)7427
E-mail: sales@kokusho.co.jp　URL: http://www.kokusho.co.jp

落丁本・乱丁本はお取替えいたします。　　印刷㈱シーフォース　製本㈱ブックアート